Johann Georg Kohl

Das Haus Seefahrt in Bremen

Geschichte und Hintergründe des ältesten europäischen Sozialfonds

EHV
HISTORY

Johann Georg Kohl

Das Haus Seefahrt in Bremen

Geschichte und Hintergründe des ältesten europäischen Sozialfonds

ISBN/EAN: 9783955642723

Auflage: 1

Erscheinungsjahr: 2013

Erscheinungsort: Bremen, Deutschland

EHV
HISTORY

Das

Haus Seefahrt

zu

Bremen.

Von

J. G. Kohl.

Bremen,

Druck und Verlag von Heinrich Strack.

1862.

AUS FREIGEBIGKEIT VON KAUFLEUTEN UND SCHIFFERN

Vorwort.

Die Verbindung der Bremischen Schiffer und Kaufleute, die man „das Haus Seefahrt" nennt, ist in mancher Beziehung so eigenthümlich und merkwürdig, daß eine recht eingehende und authentische Darstellung ihrer Geschichte und Verhältnisse gewiß als ein willkommener Beitrag zur Culturgeschichte unserer Städte, und namentlich unserer Deutschen Seestädte, betrachtet werden würde.

Bei dem vorliegenden Versuche zu einer solchen Darstellung, habe ich zwar getrachtet, mich in den Besitz aller auf diesen Gegenstand bezüglichen Dokumente und Traditionen zu setzen, habe dabei auch von manchen werthen Freunden und Gönnern mehrfachen Beistand gefunden. Die Vorsteher des Bremischen Staatsarchivs, des Hauses Seefahrt und des „Schüttings"*) haben mir mit großer Liberalität eine Benutzung ihrer Sammlungen alter Schriften gestattet. Auch haben mich sowohl in Bremen, als auch in Lübeck und Hamburg einige werthe und verehrte Männer mit ihrem Rathe und mit ihren Kenntnissen auf das dankenswertheste unterstützt.

*) Des alten Gildehauses der Kaufleute in Bremen.

Nichts desto weniger fürchte ich, wird meine kleine
Arbeit manche Anforderungen und Wünsche unbefriedigt
lassen und vielleicht in mehrfacher Hinsicht ungenügend befunden
werden. Ueber mehre recht interessante Verhältnisse war
es mir bei dem eifrigsten Bestreben nicht möglich, Quellen
aufzufinden oder Aufschlüsse zu erhalten. Und was ihm selber
an Befähigung abging, empfindet ein Autor immer erst dann
am schmerzlichsten, wenn das Resultat seiner Bemühungen
unabänderlich fertig vor ihm liegt. Doch beseelt mich die
tröstende Hoffnung, daß ich manchen meiner werthen
Landsleute einen kleinen Dienst geleistet habe und diejenigen, welche es einmal selbst versuchten, die eigenthümlichen Schwierigkeiten bei der Behandlung eines solchen
lokalen und fast diminutiven Gegenstandes der Geschichte
zu überwinden, werden am meisten zu einer nachsichtigen
Beurtheilung geneigt sein.

Jede Berichtigung etwaiger Irrthümer, die man mir
öffentlich oder privatim zukommen lassen will, werde ich
mit Dank annehmen und zu ferneren Verbesserungen dieses
Versuchs bestens benutzen.

Bremen, den 6. August 1862.

Der Verfasser.

Inhalt.

	Seite
Ein Blick auf die Zeit vor der Reformation	1 — 7
Stiftung der „armen Seefahrt" im Jahre 1545	8 — 24
Wie die „arme Seefahrt" ein Haus und Grundstück ankauft. 1561.	25 — 36
Die alten Gesetze und ersten Hauseinrichtungen in der Seefahrt nach dem Jahre 1561	37 — 50
Wie die Mittel des Hauses Seefahrt nach 1561 wuchsen und seine Einrichtungen sich entfalteten	51 — 61
Wie im Jahre 1575 vom Hause Seefahrt die Verhältnisse der Schiffskinder geordnet werden	62 — 74
Wie sich die Bootsleute-Brüderschaft mit dem Hause Seefahrt vereinigte. 1586	75 — 89
Aus dem Hause Seefahrt geht die Seeschiffer-Brüder-Sterbecasse hervor. 1618	90 — 100
Die Vorsteher des Hauses Seefahrt lassen den Hafen von Vegesack bauen und verwalten ihn vom Jahre 1619 bis 1679.	101 — 111
Wie in der Seefahrt für die Christensklaven bei den Barbaresken gesorgt wird seit 1642	112 — 119
Wie die Seefahrt im Jahre 1663 sich ein neues Haus baut und Schilderung dieses Gebäudes	120 — 144
Von einigen alten Freiheiten und Prärogativen des Hauses Seefahrt	145 — 153
Gründung einer Seeschiffer-Wittwencasse	154 — 159
Wie Bürgermeister Mindemann im Jahre 1775 die große Seefahrts-Mahlzeit abschaffen will, nebst der früheren Geschichte dieses Festes	160 — 177

Seite

Wie die große Seefahrtsmahlzeit heutzutage gefeiert wird .... 178 — 197

Ein Blick auf die Geschichte des Hauses Seefahrt in der neuern
Zeit von 1756 bis 1856........................... 198 — 206

Wie man in Bremen zum ersten Male nachdrücklich für das
Loos der Matrosen sorgt. Stiftung der Seemannscasse.
1855 .... 207 — 216

Jetzige Einkünfte des Hauses Seefahrt... .... 217 — 230

Die Spenden und Wohlthaten des Hauses Seefahrt .... 231 — 237

Von der jetzigen Verfassung, Verwaltung und Gesetzgebung
des Hauses Seefahrt.................... .... 238 — 249

Anhang.

Nähere Beleuchtung der Frage von dem Stiftungsjahre des
Hauses Seefahrt.................... ... 251 — 270

I.

Ein Blick auf die Zeit vor der Reformation.

Alte Seefahrer-Associationen und Schiffer-Gilden in unsern Hansestädten. — Und namentlich auch in Bremen. — Frühere Einrichtungen auf unsern Schiffen für fromme Zwecke. — „Brüche", „Strafgelder", „Gottesgelder", Gelöbnisse ꝛc. — Organisirung der Gotteskasten und des Diakonen und Armenwesens nach Luthers Kirchenreform.

Schon lange vor der Stiftung des Hauses Seefahrt im Jahre 1545 gab es wie in anderen Hansestädten so auch in unserem Bremen sowohl vielerlei Schiffer-Associationen zu besonderen Zwecken z. B. Maschuppeien, Börtfahrten ꝛc. als auch namentlich eine allgemeine, alle Seefahrer der Stadt umfassende „Schiffer-Gesellschaft" oder „Schiffer-Brüderschaft".

In verschiedenen alten Recessen des Hansabundes werden solche unter der Leitung von Oberalten stehende „Schiffer-Gesellschaften" als in allen Hansestädten existirend erwähnt. Doch liegt der erste Anfang und Ursprung dieser Verbindungen unserer Seeschiffer im Dunkel.

Die „Gemeine Schiffer-Gesellschaft" der alten Hauptstadt des Hansabundes, Lübecks, geht besonders hoch ins Mittelalter hinauf. Sie gedieh schon im Jahre 1401 zu einer engeren und festen Vereinigung in der in jenem Jahre gestifteten „St. Nicolaus-Brüderschaft", welche alle Seefahrer der Stadt Lübeck

1.

umfaßte. Eine ganz ähnliche Verbindung war in Hamburg die dort im Jahre 1492 gestiftete „St. Annen-Brüderschaft". ⁺)

Daß auch in Bremen die Seefahrer lange vor 1545 eine angesehene Corporation bildeten, geht aus verschiedenen Umständen hervor, unter anderen daraus, daß der Senat in dem von jenem Jahre datirenden Stiftungs-Briefe der Seefahrt die Schiffer-Gemeinheit ⁺⁺) mit ihren „acht Verordneten" (oder Vorstehern) und mit ihren „zwei und zwanzig Mannen" (oder Beisitzern) nicht als etwas für jene Gelegenheit erst Organisirtes, sondern als etwas längst Bestehendes zu bezeichnen scheint. Völlig gewiß bin ich darüber freilich nicht. Ich werde das Dokument selbst weiter unten mittheilen.

Dasselbe beweist die nicht unbedeutende Rolle, welche die „Schiffer" (d. h. in jener Zeit die Schiffskapitäne) in den berühmten Unruhen der 104 Männer zu Bremen spielten. Wir

---

⁺) S. hierüber N. Stapborst Hamburgische Kirchengeschichte. Hamburg 1731, S. 162. Eigene Nachforschungen und briefliche Mittheilungen, welche mir einige ausgezeichnete Kenner der Lübeckischen und Hamburgischen Geschichte zukommen zu lassen die Güte hatten, überzeugten mich, daß der Ursprung und die Geschichte unserer Hanseatischen Seeschiffer-Gesellschaft während des Mittelalters ein noch fast völlig unbearbeitetes Feld ist. In Hamburg sind durch den großen Brand viele vermuthlich kostbare, auf diesen Gegenstand sich beziehende Dokumente und Materialien zerstört worden, fast Alles, was die alten Hamburgischen Brüderschaften und Gilden betraf. In Bezug auf Lübeck sagt einer meiner geehrten Correspondenten Folgendes: „Eine Geschichte der Lübeckischen Seeschiffer-Gesellschaft zu geben ist unmöglich. Die Art und Zeit ihrer Entstehung ist nicht nachzuweisen und für eine Darstellung ihrer innern Entwickelung und äußeren Schicksale fehlt es durchaus an zureichendem Materiale." — Etwas besser sind wir über die Verbindungen der Flußschiffer, die mir im Ganzen viel älter als die Associationen der Seeschiffer zu sein scheinen, berathen. Doch habe ich diesen Gegenstand hier nicht weiter auszuführen.

⁺⁺) „De Gemeenen Schippfarde unser Stadt" (die gemeinen Schifffahrer unser Stadt) werden sie in jenem Dokumente genannt. Und das hieß in der Sprache jener Zeit so viel als: die Allgemeine Schiffer-Gesellschaft, eben so wie damals „de Gemeene Koopmann" so viel hieß als: die Kaufmanns-Gilde.

sehen sie in dieser Periode mit den Vorstehern der Kaufmannschaft (den vorzugsweise sogenannten „Aelterleuten") gemeinschaftlich agiren.

Am 30. Januar und wiederum am 7. Februar des Jahres 1532 traten zehn Männer vor den Rath, wovon fünf aus der Kaufmannschaft und fünf aus den Schiffern waren, um ihre alten Gerechtsamen gegen die aufrührerischen 104 Revolutionäre zu vertheidigen. Ein solches Auftreten läßt sich kaum denken, ohne die Annahme, daß die Schiffer damals schon eine ähnliche einflußreiche Körperschaft bildeten wie die Kaufleute, und höchst wahrscheinlich waren die in den Chroniken genannten „fünf Männer aus den Schiffern" Vorsteher der alten Schiffer-Gilde. *)

Auf die sehr frühe Existenz einer Bremischen Seeschiffer-Gilde weist endlich auch der Umstand hin, daß von Alters her bis auf die Neuzeit die fremden in unsern Hafen anlegenden Seefahrer zum Vortheil der Einheimischen gewisse Abgaben bezahlen mußten, welche man „Gildegelder" nannte. Für die Einforderung dieser Abgabe war ein Beamter bestellt, der sogenannte „Gilde-Diener". Es gab ein „Gilde-Haus" und zur Oberaufsicht über diese Einkünfte eine Inspections-Behörde, die sogenannten „Herren von der Gilde".

Den Ursprung und Anfang dieser Branche der städtischen Finanzen hat trotz vielfacher Nachforschungen noch Niemand ergründen können. **) Die ganze Einrichtung, namentlich auch die Geringfügigkeit jener Abgaben (der „Gilde-Gelder"), die auf ganz kleine Seeschiffe, wie man sie in frühen Zeiten

---

*) S. hierüber C. N. Keller Geschichte der Stadt Bremen. Bremen 1800. Theil III., S. 12—14, und J. H. Duntze Geschichte der freien Stadt Bremen. Bremen 1848. Band III., S. 90 und 92.

**) Ich habe auf dem Bremer Staats-Archiv vergebens darüber nachgesucht. Auch befinden sich in diesem Archive mehre bei verschiedenen Gelegenheiten von den betreffenden Beamten und Kennern der Bremischen Geschichte (z. B. von Bürgermeister Schöne) abgefaßte Aufsätze, in denen „die Unergründlichkeit" der Sache bezeugt und beklagt wird.

hatte, berechnet zu sein scheinen, und die für jedes Schiff, welcher Größe es auch sein mochte, gleich viel betrugen, deutet aber auf ein hohes Alter. Gab es nun sehr alte „Gilde=Gelder" für die Schiffe, so muß auch eine sehr alte Schiffer=Gilde existirt haben.

Bei dieser ihrer alten Association mochten die Schiffer verschiedene Zwecke verfolgen. Sie mochten sich verbrüdert haben, theils um, wie sie es 1532 bei jenen „Unruhen der 104 Männer" thaten, ihre Gerechtsamen gegen ihre Mitbürger zu wahren, theils um, wie es durch die „Gilde=Gelder" geschah, fremde Schiffer von Concurrenz abzuhalten. Auch mochten in ihren Versammlungen, wie wir es später noch bei den Berathungen in dem „Hause Seefahrt" sehen, die Verhältnisse und Pflichten des Schiffsvolks geregelt werden. Namentlich aber wurde in den alten Schiffer= Brüderschaften für das Seelenheil der Brüder und für die Kirche fleißig gesorgt.

Vermuthlich thaten sie auch schon etwas für die vielen Armen und Verunglückten ihres so vielen Gefahren ausgesetzten Standes. Jedenfalls gab es auf den Schiffen von uralten Zeiten her bestehende Geld = Sammlungen, die frommen und milthätigen Zwecken gewidmet waren. —

So wurde beim Kaufe oder Verkaufe von Schiffen ein sogenanntes „Gades=Gelt" (Gottes=Geld) gegeben, d. h. eine kleine Abgabe vom Kaufschilling, die man den Kirchen oder Armen bestimmte.

Auch bei dem Abschlusse des Heuer=Contractes zwischen dem Schiffer und seinen Matrosen fiel ein solches „Gades=Gelt" der Kirche und den Armen zu; und überhaupt, wie es scheint, bei dem glücklichen Zustandekommen aller auf Schifffahrt bezüglichen beiden Parteien ersprießlichen Abmachungen, z. B. auch bei einer Versöhnung zweier Veruneinigten, die sich nach einem Streite verglichen und dabei zu frommen Zwecken Etwas her gaben.

Auch waren von alten Zeiten her an Bord unserer Schiffe Geldstrafen für gewisse Verbrechen und Versehen, sogenannte

„Bröke" im Gebrauch, die der Kapitän auf der Reise einsam=
melte und dann bei der Heimkehr „zur göttlichen Ehre und
Nothdurft der Armen verwenden sollte."

Eben so kam es in katholischen Zeiten auch häufig vor
daß bei Seegefahren in Sturm und Noth die Kaufleute, Schiffer
und Matrosen auf den Schiffen „um Gotteswillen" und für
ihre Rettung eine Summe gelobten, die sie den Kirchen oder
Armen bestimmten.

Die Schiffer, welche von unseren Hansestädten und auch
namentlich von Bremen aus schon von alter Zeit her „in die
Fischlande" (d. h. nach Norwegen, Island und den Shetlands=
Inseln) fuhren., bildeten unter sich sogenannte „Maschuppeien",
d. h. Gesellschaften, die gemeinschaftlich für die Unternehmung
und für ihren Unterhalt während des Fischfanges Geräthschaften
und Victualien zusammenbrachten. Wenn jenen Maschuppeien
von diesen Dingen etwas unverzehrt übrig blieb, so pflegten sie
auch solche Reste und Ersparnisse wohl an Kirchen für Messen und
andere fromme Zwecke zu verschenken. *)

In den alten festen katholischen Glaubens=Zeiten mögen
alle diese Gottes=Gelder, Brüche, Gelöbnisse, Ueberreste und
Ersparnisse gewissenhaft zu ihrer Bestimmung verwandt und an
die Kirchen und Stiftungen gelangt sein. Im Anfange des
sechszehnten Jahrhunderts aber bei dem Anbrechen einer neuen Zeit,
als die katholischen Priester und ihre Anstalten den Credit verloren,
scheinen sich zunächst, ehe etwas Besseres an die Stelle gesetzt werden
konnte, Unordnungen und Mißbräuche eingeschlichen zu haben.

Da die Kirchen=Reform seit dem Jahre 1525 in Bremen
durchdrang, die Klöster und die mit den Kirchen zusammenhan=
genden frommen Brüderschaften, bei denen bis dahin auch die

---

*) Alle diese Dinge werden in dem Stiftungs=Dokumente der Seefahrt
vom Jahre 1545 als schon „seit alten Zeiten her gewöhnlich" aufgezählt.
Und ganz ähnliche Gewohnheiten bezeichnet, als auf der Hamburger Flotte
existirend, die Stiftungs=Urkunde des Trosthauses der Seefahrenden Armen
zu Hamburg vom Jahre 1556. S. Staphorst l. c. p. 504.

Armen aller Stände Hülfe und Trost gefunden hatten, aufge=
hoben wurden, so flossen wie alle Einkünfte der Institute der
katholischen Kirche auch jene auf den Schiffen gesammelten
Gelder nicht mehr ihrer frühern Bestimmung zu. Sie wurden,
wie es in dem Stiftungs=Dokumente der Seefahrt heißt, „in
Essen und Trinken und mit anderen leichtfertigen Handlungen
verthan und vergeudet" und man mußte nun andere Canäle
für sie bereiten und sie wieder für die neuen und verbesserten
Milden Stiftungen, welche aus der Reformation hervorgingen,
concentriren. Es blühten allmählig vielfache ganz neue Werke
der Wohlthätigkeit auf.

Allgemeine Maßregeln für die Armen der Stadt traf man
in Bremen alsbald nach dem Reformations=Jahre (1525). Schon
im Jahre 1526 ordnete man, um der Straßenbettelei zu steuern,
einige Diakonen an, welche die in den Hauptkirchen eingehenden
Gaben für die Armen sammeln sollten, und es wurden dazu
in den Kirchen die sogenannten „Gottes=Kisten" oder „Armen=
Kasten" eingerichtet. In der Kirchenordnung des Jahres 1534
führte man in der allgemeinen Armenpflege noch weitere Ver=
besserungen ein, bestimmte nun zum ersten Male, daß die
Diakonen an Sonn= und Festtagen in den Kirchen umgehen
und sammeln sollten, und daß entschieden Alles, was bisher
von den zahlreichen Brüderschaften in den Kirchen für Vigilien,
Messen, Memorien, Kerzenwachs aufgebracht und verwandt
worden war, in die „Armen=Kisten" kommen sollte. *)

Allmählig erst ergriffen die mit der Kirchen=Reform ver=
bundenen und aus ihr hervorgehenden Umgestaltungen auch
besondere Classen der bürgerlichen Gesellschaft. Alle Verbindungen,
alle Brüderschaften und Innungen fingen nach und nach an
auf eine bessere und energischere Weise für ihre Armen zu
zu sorgen. Die Seefahrer, die so vieler Noth und Drangsal,
so großen Schicksalswechseln ausgesetzt waren, hatten dazu in

---

*) S. hierüber Duntze l. c. Band III. S. 38.

der Gefährlichkeit ihres Berufes eine besondere Aufforderung.
Alles Elend, was Sturm, Schiffsverluste und Seeräuber unter
ihrer Classe hervorriefen, mochte von den allgemeinen Armen-
Anstalten kaum erreicht und gemildert werden. Hat man doch
selbst in der Neuzeit wegen jener Berufsgefährlichkeit Schiffer
und Schiffer-Wittwen von der Theilnahme an den allgemeinen
Wittwen-Cassen und an den Lebens-Versicherungen hie und da
ausdrücklich ausgeschlossen.

Es war natürlich, daß die Schiffer bald darauf zu denken
anfangen mußten, nach dem Vorgange und Muster der Umgestaltung der Allgemeinen Armenpflege auch für ihre Nothleidenden besser und in der durch die Kirchen-Reform vorgezeichneten
Weise zu sorgen und die ihnen dazu von alten Zeiten her
gebotenen Hülfsmittel, Einrichtungen und Kräfte zu concentriren.

II.

Stiftung der „armen Seefahrt" im Jahre 1545.

Die Schiffer-Gilden aller Hansestädte regen sich um diese Zeit mit Reformirung und Ordnung ihrer Angelegenheiten. — In Lübeck 1542. In Hamburg 1544. In Bremen 1545. — Schiffer treten in Bremen mit einem Vorschlage zur Begründung der „armen Seefahrt" vor den Rath.— Der Rath confirmirt ihre „Ordnung" und Fundation. — Anhänge: 1) eine getreue Copie der plattdeutschen Stiftungs-Urkunde der Seefahrt vom Donnerstage nach dem Sonntage Laetare 1545. 2) eine hochdeutsche Uebersetzung dieses Dokuments.

Es scheint, daß gegen die Mitte des 16. Jahrhunderts, von dem Geiste der Neuzeit und Reformation geweckt, die alten Schiffergesellschaften in allen unsern verbrüderten Hansestädten sich fast gleichzeitig regten, und ihre Angelegenheiten auf einen neuen Fuß setzten.

Die Lübecker Seefahrer bauten schon damals (1538) ihr „Gildehaus", das noch jetzt existirt und brachten zu derselben Zeit ihr erstes ordentliches Reglement die sogenannte „Ordinancie uppe de Schippere unde bosslüde" (Ordonnanz der Schiffer und Bootsleute) zu Stande, die vom Jahre 1542 datirt ist, und welche die Verhältnisse der Gesellschaft im Wesentlichen so begründete, wie sie noch heutzutage bestehen.*) Einige Zeit später fügten die Lübecker Schiffer ihrem Gilde-Hause auch Wohnungen für ihre Wittwen und Armen bei.

Auf ähnliche Schöpfungen dachte man zu derselben Zeit in Hamburg. Auch dort wollten die Schiffer ein Gast- und

---

*) Siehe hierüber Lübecker Blätter 1828. Nr. 20. ff.

Trosthaus für ihre Armen und Leidenden bauen.*) Schon ehe dieses Haus noch ins Leben trat, fingen die Hamburger Bürger an, dasselbe mit Legaten in ihren Testamenten zu bedenken, in denen sie die ausgesetzten Capitalien „den betrübten Seekranken und Bootsleuten, sofern die Vorsteher der Schiffer-Gesellschaft ein Haus für dieselben bauen würden", vermachten. Das älteste Testament dieser Art in Hamburg datirt vom Jahre 1544. Dann giebt es wieder einige von 1548.**) Aber erst im Jahre 1556 kam die Fundation des „Trosthauses der Seefahrenden Armen" in Hamburg wirklich zu Stande.***)

In Bremen waren die Verordneten und Aeltesten der dortigen alten Schiffer-Gesellschaft ebenfalls — vermuthlich schon seit dem Anfange der vierziger Jahre — mit Versammlungen und Berathungen darüber thätig, wie sie die Leiden der Armen und Unglücklichen ihres Standes mindern könnten. Sie wurden endlich darüber einig und brachten „etliche Artikel" zu Papier, die sie im Anfange des Jahres 1545 dem Rathe der Stadt zur Confirmation vorlegten.

Sie setzten in dieser Schrift dem Rathe auseinander, wie von alten Zeiten her an Bord der Bremischen Schiffe Gaben gesammelt seien, die man den Kirchen und andern frommen Stiftungen zugewandt habe, wie jetzt aber nach Verwandlung oder Aufhebung dieser Stifte, jene Intraden den Armen gar nicht mehr zum Troste und zur Besserung gereichten, vielmehr auf allerlei leichtfertige Weise vergeudet würden. „Der All= mächtige Gott", sagten sie, „dem man doch für jede glückliche

---

*) Ein „Versammlungs-Haus" sollen sie schon seit 1522 besessen haben. Siehe hierüber einen Aufsatz von Dr. Otto Beneke im Gemeinnützigen Almanach auf das Jahr 1862 vom Geometer Schubad. Hamburg 1862. S. 48.

**) Siehe diese Legate in dem Werke: Die milden Privatstiftungen zu Hamburg. Hamburg 1845. Seite 74, 218 und 222.

***) Siehe das Fundations-Dokument in N. Staphorst's Ham= burgische Kirchengeschichte. Hamburg 1731. Seite 504 — 511.

Seereise hätte danken sollen, sei in der letzten Zeit schon oft
durch solchen Leichtsinn zur Ungnade und Strafe bewogen
worden, und die vernachläſſigten Schiffer sähe man zur Unehre
und Verkleinerung der Schiffahrt, auf den Straßen der Stadt
liegen oder vor den Thüren der Häuſer betteln, truggeln und
Almoſen bitten."

Sie erſuchten nun den Rath, ſie dazu zu autoriſiren, daß
ſie alle jene alten Schiffsgelder „Brüche", „Gottes-Pfenninge",
„Gelübde-Gelder", die man ehedem zum Theil zu Kirchenmeſſen,
Altardienſt und „andern jetzt für ungöttlich gehaltenen Verrichtungen" verwandt habe, bloß zum Vortheil der Armen einziehen
und die zuſammengebrachte Summe „in eine Kiſte, die ſie dazu
hätten machen laſſen," deponiren dürften. Sie baten auch, daß
ſie von den Schiffen, welche von den Matroſen glücklich gegen Seeräuber vertheidigt und gerettet werden würden, eine Abgabe erheben
dürften, zum Nutzen derjenigen, die etwa bei der Vertheidigung
verwundet oder gelähmt werden möchten. Sie erklärten ihre
Abſicht, „diejenigen, welche in die Fiſchlande zu fahren pflegen",
einzuladen, die Erſparniſſe und Ueberreſte aus ihren Maſchup-
peien nicht mehr wie früher den Kirchen zuzuwenden, ſondern
dieſelben ebenfalls ihrer „Gotteskiſte" zußließen zu laſſen. Endlich
ſprachen ſie die Hoffnung aus, daß Mancher ſeine milde Hand auf-
thun und ihr Unternehmen durch Gaben und Beiträge unter-
ſtützen werde und gelobten, daß deſſen Name aufgezeichnet
werden ſolle.

Dies Alles ſollten die acht „Verordneten" oder Vorſteher ins
Werk ſetzen und mit und neben ihnen „zweiundzwanzig andere
Männer aus den Schiffern" als Beigeordnete.*) Die acht Vorſteher ſollten das Geld verwalten und die Geſchäfte führen, in
wichtigen Dingen aber und namentlich bei Veränderung der

---

*) Ob dieſe acht Verordneten und zweiundzwanzig Beigeordneten ſchon
eine längſt beſtehende Vorſteherſchaft der alten Schiffer-Gilde waren, oder
ob ſie expreß erſt bei dieſer Gelegenheit im Jahre 1545 creirt wurden, ſcheint
mir aus dem Dokumente nicht ganz klar hervorzugehen.

Grundgesetze („Ordnung") ihrer Gesellschaft nichts ohne Berathung mit den „zweiundzwanzig Männern" unternehmen. Die
Zweiundzwanzig sollten für ihre Lebenszeit in ihrem Amte
bleiben. Von den acht Vorstehern sollten aber jedes Jahr die
beiden ältesten abgehen und dann zwei andere fromme Leute
in ihre Stelle gewählt werden. Bei ihrem Abgange sollten
die Vorsteher allen andern Verordneten über Empfang und
Ausgabe Rechenschaft ablegen und was bei diesem Akte an
Bier und sonst verzehrt und vertrunken werden möchte, das
sollte ein Jeder pro rata aus seinem eigenen Beutel gelten.

Der Bremische Rath fand die ganze Einrichtung sehr
nützlich, „christlich billig, rechtmäßig und zur Ehre des Allmächtigen und aus Liebe des Nächsten eingerichtet," und da er, wie
er sich in seinem Bestätigungs-Dokumente ausdrückt, solche Dinge
zu handhaben und zu erhalten pflichtig und schuldig sei, so
confirmirte und befestigte er die besagte „Ordnung, damit sie
unverbrüchlich zu Ewigen Tagen möge gehalten werden", und
stellte den Schiffern darüber am Donnerstage nach dem Sonntage Laetare 1545 einen „pergamentenen Brief" aus, an dem
er das Sekret der Stadt hängen ließ. Er fügte indeß in diesem
Briefe hinzu, daß „wenn er in zukommenden Zeiten ein Besseres
daran finden könne, er sich dies vorbehalten haben wolle." Es
ist ein Vorbehalt, den später der Rath bis auf die neueste Zeit, bei
a l l e n Bestätigungen der Gesetze des Hauses Seefahrt gemacht hat.

Dieser „pergamentene Brief" des Senats, mit dem
daran gehängten Stadtsiegel, von einer schönen deutlichen Hand
geschrieben, ist uns noch unversehrt und in untadelichem Zustande
aufbewahrt. Es ist das früheste und kostbarste Dokument,
welches das Haus Seefahrt besitzt. Die Concepte, welche die
Schiffer schon zuvor über ihre „Artikel" aufgesetzt haben mögen,
und die Schrift selbst, die sie dem Rathe übergaben, sind uns
leider verloren gegangen.

Wir wissen auch nicht mit Bestimmtheit anzugeben, in
welchem Lokale sie v o r und in der ersten Zeit n a c h dem Jahre

1545 ihre Versammlungen gehalten, wo sie ihren „Gotteskasten"
aufgestellt und wo sie ihre bald nach dem Jahre 1545 gesam=
melten Gaben ausgetheilt haben mögen. Wir wissen vor dem
Jahre 1561, wo, wie ich alsbald zeigen werde, die Gesellschaft
ein Haus aquirirte, überhaupt nichts von einer besonders ihr
angehörigen oder von ihr etwa gepachteten Lokalität, die sie für ihre
Zwecke eingerichtet hätte.

Da indeß in mehreren spätern Dokumenten mit Be=
stimmtheit gesagt wird, daß die ganze Schiffergesellschaft, selbst
nachdem sie schon ein eigenes Haus besaß, und während des
ganzen Laufes des 16. Jahrhunderts noch häufig ihre Ver=
sammlungen in der St. Marien oder U. L. Frauenkirche gehalten
habe, so glaube ich mit Recht annehmen zu dürfen, daß auch
um und vor 1545 diese Kirche ihr Haupt=Versammlungsort
gewesen ist.

In jener Kirche auch mögen sie ihre „Kiste" verwahrt
haben,*) wie denn noch bis auf den heutigen Tag einige unserer

---

*) Unter den über die Geschichte der St. Marien Kirche vorhandenen
Papieren habe ich indeß vergebens versucht, mir eine Aufklärung über diese
Punkte und über das Verhältniß unserer Schiffer zu dieser Kirche zu ver=
schaffen. Zu einer Bodenkammer der besagten Kirche habe ich eine große
alte mit 4 Schlössern versehene Kiste gefunden, auf der mit großen Buch=
staben „Godes-Kist" geschrieben steht. Diese Kiste stammt einem in ihr
enthaltenen Papier zufolge aus dem Jahre 1526 und mag einer der ersten
noch jetzt erhaltenen Armenkasten der Stadt sein. Wer sich die Mühe geben
will, diese Antiquität zu besichtigen, kann sich einen Begriff von der „Kiste" machen,
mit der das Haus Seefahrt sein Existenz und sein Besitzthum anfing. Der Zu=
sammenhang unserer alten Schiffer mit der Kirche bei dem sogenannten „Kauf=
manns=Mühlenkamp" gehört einer viel früheren Zeit an. Und der Zu=
sammenhang des Hauses Seefahrt mit der Stephani= und mit der Ansgarii=
kirche einer spätern Periode. Von der Kirche bei dem Kaufmanns=Mühlenkamp,
die auch „de Koopmanns Kerke" oder auch „tho St. Johans den Nakenden"
genannt wurde, heißt es in der Sparenbergschen Chronik wie folgt: „Wenn
de Schippers ther See tegen, gingen se dar mit eren selle in, unde leten
sik dar dat Sakramente geven, darmede strax ther sewardt; wenn se wedder
tho Huß quemen, gingen se dar ersten in, ehr se in de stadt gingen unde
danckeden Gott."

Innungen und Gilden in den Kirchen der Stadt sowohl ihre
Versammlungen gehalten, als auch ihre Kisten und Gilde-
geräthschaften deponirt haben.*) Desgleichen ist es nicht unwahrscheinlich, daß die Seeschiffer in oder neben der besagten Kirche
zuerst ihre Almosen und „Pröven" (Präbenden) an die seefahrenden Armen vertheilten, wie denn häufig solche Austheilungen
von „Pröven" von den Brüderschaften und Gesellschaften in oder
bei den Kirchen geschahen.

Wo die Schiffer ihre in dem Stiftungs-Dokumente erwähnte Rechnungs-Ablage gefeiert und das dabei herkömmliche
„Bier" getrunken haben mögen, das bleibt mir ein Räthsel. Vielleicht geschah es, wie noch jetzt bei der Fischer-Gilde, im Hause
eines der Vorsteher der Gesellschaft. Vielleicht benutzte man
dazu irgend ein Bierlokal der Stadt.

Es mag einige Zeit gedauert haben, bis man die oben
genannten auf den Schiffen hergebrachten Abgaben und Gelder
in den neuen Canal zu fließen gewöhnte und etwas Erkleckliches
zusammenbrachte. Bedeutende Summen und testamentarische
Geschenke scheinen auch nicht gleich herbeigeströmt zu sein. Wenigstens finden sich Nachrichten von dergleichen weder unter den
Papieren der Seefahrt selbst, noch in den auf dem Bremischen
Staatsarchive aufbewahrten Testamenten der Bürger der Stadt vor
dem Jahre 1565 angemerkt. Aus diesem Jahre datirt das erste
Testament eines Bürgers, welcher die „seefahrenden Armen"
bedacht hat.**)

---

*) Noch im Jahre 1862 hatten die Bremer Tonnenmacher ihre Gilde-
versammlungen in einer Abtheilung der St. Ansgarikirche. Und in denselben Jahre hatten auch die Fischer noch ihre Todtenlade und ihre Mahlzeits-
geräthe in einem ihr dazu abgetretenen und verschlossenen Mauerraum der
St. Stephanikirche.

**) In einem Concepte, welches sich auf der Bremer Dombibliothek be-
findet und Copieen mehrerer Legate und Testamente unter Lebenden enthält,
findet sich kein älteres. Auch hat ein großer Kenner der Bremischen Geschichte,
Herr Pastor Kohlmann im Horn, der sorgfältige Nachforschungen über diesen
Punkt angestellt hat, die Güte gehabt, mich zu versichern, daß er kein älteres
habe finden können.

Hiernach ist es sehr wahrscheinlich, daß die Gesellschaft bis zum Anfange der sechziger Jahre des 16. Jahrhunderts gar keine Mittel besaß, um sich ein Grundstück und Gebäude zu verschaffen. Alle ihre Wohlthaten mochten nur in Vertheilung von Victualien, Bier, Brod, Käse, Oel, Speck, Kohlen, Butter und gelegentlichen kleinen Geldspenden bestehen, wie wir denn dergleichen „Pröven" zu jener Zeit auch bei andern Wohlthätigkeits-Anstalten als hergebracht aufgezählt finden. An Behausung der Armen konnte noch so bald nicht gedacht werden.

Man hat auch vergebens die ganze Stadt nach einem vor 1561 etwa existirenden Seefahrtshause durchforscht. Auch findet sich in allen spätern Dokumenten, welche Anspielung auf frühere Zustände enthalten, keinerlei Hindeutung auf ein Haus. In den Kaufbriefen und Quittungen von 1561, in welchem Jahre ein Haus gekauft wurde, werden die Verwalter des Instituts nicht etwa wie bald nachher Vorsteher des Hauses Seefahrt, sondern nur „Vorsteher der armen Seefahrt" genannt. Dies „die arme Seefahrt" mag bis dahin der Titel des milden Stifts gewesen sein. Wie er sich allmählig eingeschlichen hat, vermag ich nicht zu sagen. In dem Stiftungs-Dokumente von 1545 kommt er noch nicht vor.

Außer diesem Stiftungs-Dokumente hat sich nicht die geringste Aufzeichnung aus der Periode von 1545 bis 1561 erhalten. Es ist dieser Umstand ein abermaliger Beweis für die Nichtexistenz eines Seefahrts-Hauses in dieser Periode. Man mochte überhaupt wenig oder nichts aufschreiben, so lange man noch kein eigenes Dach und Fach hatte. Gleich von 1561 an, wo dies beschafft wurde, werden dagegen die aufbewahrten Aufzeichnungen, Dokumente und Protokolle zahlreicher.

Anhänge zu II.

1. Copie der Stiftungs-Urkunde der „armen Seefahrt".*)

„Wy Borgemestere unde Rabtmanne der Stadt Bremenn
bokennenn unde botugenn apenbar in dussem breue, Dat Reyner
Wacke, Dyderick Kordewacker, Erp Jocke, Hinrick Ruter, Hinrick
Stenwech, Berndt Schroder, Hermen Wedeman, unde Gert
Losekanne unse borgere alse vorordente der gemenen Schippfarde
unser stadt, vor uns brachtenn etlicke artikel, de tho nottruff=
tiger underholdinge, der jennenn, so in thokamenden tydenn,
van deme Szefarendenn volcke, in nabel unde armoet vallenn
mochtenn, angerichtet unde gemafet, unde ludenn de artykel so
hyr volget." —

„Nachdeme hyrbovorn, je unde allewege, ock bethanherto
van den Schipperenn, Kopludenn und Schepesvolcke in gebruck
gewesenn unde geholdenn wurden, alse wanner ein yder Schipper
mit schepe, gudern un volcke, dorch Godtlyke verleninge alhyr
wedderumme gelucksceligenn angekamenn, dat denne dat gelt,
wo uppe der reyse van onhen tho bröfe gesammelt, nicht tho
der Godlyken eere unde nottrufft der armen, Sunderen tho
idelenn unde unnuttem etende, supende unde suftes anderer licht=
ferdigenn Handelinge angelecht unde gekeret, Wor dorch de
almechtige (deme vor sodane wilferige reyse byllyken tho dancken)

---

thor ungnabe unbe ſtraffe vororſaket unbe bewagen, ock be
armenn baruan gar nichtes getroſtet unbe gebetert.

„Derhaluen uppe bat ber Gobtliken uneere, unbe ber licht=
ferbigenn Handelinge vortmer moge vorgekamenn werbenn, So
ſchole unbe wylle vortmer ein yber Schipper, be van hyr
ſegelenbe werbe, bynnen ſynem ſchepe, ein Gobtlick, Chriſtlick
unbe Erlick regiment holben, Unbe ſo bar jemanbes entiegens
bebe, wes ben in ſobanenn ſchepenn tho bröcke upgebracht unbe
vorſammelt, ſchole be Schipper in ſyner Heymekumpſte, by
upbonompten vororbente bringenn, be ibt in ene kyſtenn, ſo
bar tho gemaket leggenn unbe vorſlutenn ſcholenn, tho volgender
meninge tho gebrukenbe.“ —

„Alſe qwemet, bat jemanbes van ben Schipperen, Koplu=
benn offte ſchepesvolcke, borch vorlus ber Szee, ober anbers in
nabeel unbe ſchaben qwemen offte bynnen ſchepes borbe ge=
ſchatenn, vorſzeriget unbe gelemet ober ſuſtes in nottruſftigen
arbeybe, ſchepes unbe gubern, gebrecke unbe vorſeringe gefregenn,
alſo bat beſulfftenn nicht mer ſegelenn unb ohre neringe ſökenn
konbenn, unbe berhaluenn vorarmenn wurben, bes ſcholen
beſulfftenn, uth ber vorgerorbenn kyſten, na eines yberen not=
truſft unbe gelegenheibe, underholbenn unbe vorſorget werbenn,
uppe bat beſulfftenn, tho vorkleninge ber Schippfarbe, nicht uppe
ben ſtraten liggenn offte vor ben boren truggelenn*) unb bibben
borſſen. —

Szo ock jemant, ibt were Schipper, Kopman ober ſchepes=
volck bynnen Schepes borbe, tho vorbibbinge**) bes ſchepes
unbe guber van ben vianbenn vorbornenn offte ſuſtes in not=
truſft bes ſchepes geſzeriget unbe ſchampferet, unbe alſo wo

---

*) „truggeln“ iſt ein altes Plattbeutſches Wort, bas nach bem Bremi=
ſchen Lexicon ſo viel bebeutet als: „mit beſtänbigem Bitten anliegen.“

**) „Vorbibbinge“ iſt ein altes Plattbeutſches Wort, bas hier mit „Ver=
theibigung“ überſetzt werben kann. Es exiſtirt noch im Engliſchen: „forbib“
= verhinbern.

vorſchreuen in nadel unde gebreck qweme, unde derhaluen under=
holdenn muſten werdenn.   Des ſchole tho der behoeff van deme
ſchepe unde ſampt guderenn, eine temelyfe tolage vorſammelt in
de vorgerordenn kyſtenn, thor vorwaringe, gebracht werdenn. —

Weret ock dat jemant nuvort, uth Chriſtlykem gemote
tho voriger behoeff van deme jennen, ſo ohme van deme almech=
tigenn vorleuet, ſyne myldenn Handtrefinge unde gaue, dar tho
don wulde, des ſchole deſſulfften name angetefent werden, der=
geſtalt So he in thokamendenn tyden, in fentlyfenn nadel unde
ſchadenn qweme, dat omhe hulpe unde troſtes nodich unde
boderff ſyn wurde, dat he den uth der vorgerordenn fiſtenn,
nach nottrufft ock vorſorget werdenn ſchole.

Unde darmede tho duſſer behoeff etwas vorſammelt unde
tho hope gebracht moge werdenn, des ſchole ein jder ſchipper,
foepmann, oder ſuſt anders, de ein Schip, idt ſy Kraffell[*]),
Hollick[**]), Smacke offte anders an ſick fopenn offte vorfopenn
werde, dat Gades gelt in de vorgerordenn fiſten bringen. —

Ock welck Schipper ſyn ſchepes volck huret, des ſchole dat
Gades gelt, wo einen jderenn, he ſy Sturman, Houetboſman
offte anders na ſyner gelegenheyde gegeuen, ock gebracht wer=
denn, in de vorgerordenn kyſtenn, unde nicht wo vorhen, un=
nuttlick vordrunckenn werdenn.

Dergelyckenn ſcholen ock de Schippern van orher Huere,
hyr ane uth gudeme wyllenn ohre mede tolage ferenn.

Qwemet ock dat ſick jemant bynnen ſchepes borde, oder
uppe der reyſe mit einem anderenn vorumwilligen wurde, unde
alſo tho ſlegenn und vorwundinge qwemen, wes den in der

---

[*] „Kraffeelen" oder „Kraweelen" waren nach dem Bremiſchen Lexicon
„große Kauffartei=Schiffe". Das Wort iſt gewiß mit dem Spaniſchen
„caravela" und auch mit dem Ruſſiſchen „Korabl" verwandt.

[**] „Hollick" oder „Holk" iſt nach dem Bremiſchen „Lexicon eine Art
Kauffahrer, den wir jetzt Jolt oder Tjalt nennen." Das Wort findet ſich
noch im heutigen Engliſchen als „Hulk".

gude thor affbracht unde vorsoninge dar ane gehandelt, des
schole sodant anders nergens wor hengekeret, sundern tho voriger
behoff in der vorgerordenn Kysternn ock gebracht werden.

Ezo ock in vortydenn uth den maschuppenn de in de
vyschlande, alse Bergenn, Islande unde Hytlande*) to segelende
plegen in orher wedderheymkumpste, tho missen unde anderenn
ungodtlyckenn denstenn angelecht unde keret, wes in densulff=
tenn maschuppenn auerboholden unde nicht vorteret. Eo nu
ein sodant deme Godtliken worde entiegens, des wyllenn alse
nu de jennenn de sodane Masschup holden, dat jenne wo se in
orhen heymkumpsten auerbeholdende werdenn, tho vorbeteringe
der vorgerordenn Kysternn, alse tho enem mylden unde Christ=
lickenn wercke ock anleggenn unde kerenn, wes des ener joeren
Masschup na ohres Handels unde personen gelegenheyde wyl
anstann unde tho donde syn, jdoch also, dat se gelyck dar tho
unvorbundenn scholenn wezenn. —

Unde so de upbonomptenn verordentenn, tho vortsettinge
unde vormeringe dusser ordennnge etlwes vorheddenn, des se
suck allenen nicht undervonnden dorssten, dat se den de Tweunde=
twintich manne, de nessens onhen uth den gemenen Schipperen,
Kopludenn unde Szefarerenn vorordent, dar tho erforderenn unde
vorbadenn mogenn lathen. Densulstenn unde sustes nicht anders,
na nottrufft tho boredenn unde tho boradtslagende. —

Dar mede nu dusse lofflicke Handelinge tho der behoff, wo
desulffte angerichtet, tho ewigenn dagen, also vast unde unvor=
brakenn geholdenn unde vullenthogen moge werdenn, des scholenn
van den vorbenompten achte vorstendern jarlickes twe de olde=
stenn affgan unde dar vor in de stede. Twe andere frame lude
de dar tho denstlick, uth deme gemenen Sefarenden mannen
wedderumme kesen, des denne de olden vor orheme affgange,
den anderen vorordentenn Rekenschup don scholenn, wes se ent=

*) Mit „Hytland“ bezeichnete man die jetzigen „Schetlands-Inseln“.
Es ist der ursprüngliche nordische Name dieser Gruppe und bedeutet so viel
als: „Basalt-Land“.

fangenn unde wedder uthgegeuen hebbenn, welckent ock also
stedes vorthann dermatenn geholdenn schole werden.

Qweme idt ock, dat middeler tydt des jares ener van den
Achte vorstenderenn vorstorue, edder justes tho enen anderen
Handel gekaren wurde, des scholenn de anderenn vorstendere
bynnen den negest uolgendenn achte dagenn dar na enen anderen
kramen, uth den Schipperenn unde gemener Szefart, dar vor in
de stede kesenn, dussen Handel getruwelick mede vortostande unde
hanthauen helpen.

Unde wanner de Rekenschup alle jar, wo vorgerort gehol=
denn, wes alsden an bere oder anders vorteret unde verdruncken,
dat sodant uth der vorgerordenn kystenn tho nadell unde schadenn
der armen nicht schole genamen werdenn Sundern ein jder schole
synen anpart uth synenn egenen budel geldenn unde botalenn.

Wante wy nu de vorgerordenn Artickell tho der Erhe des
almechtigen unde der leste des negesten angerichtet alse
Christlick billick und rechtmetich ersporet unde bofunden, de wy
ock dermathenn, tho hanthauenn unde tho erholdende plichtich
unde schuldich, Deme nha so wyllenn wy, alse de ouericheide
de sulfftenn artickell, in macht dusses breues bostabet unde bouestet
hebbenn, dat sze vortmer tho ewigenn dagenn, dermatenn vast
unde unuorbracken wohl geholden scholen werdenn.

Idoch also dat wy in tokamenden todenn ein beters dar ane
finden kondenn, dat wy alse de Ouericheide datsulffte hyr ane
wyllenn vorbeholdenn hebbenn, Unde dusses inorkunde So hebbenn
wy Borgemestere unde Radtmanne upbonompt unser Stadt
Secrett an dussenn breff don hangenn.

Gegeuen na Christi unses heren gebort Dusent Viffhundert
darna im vyff unde vertygstem jar, am Donredage na deme
Sondage Letare.

———————

2. Ueberſetzung des vorhergehenden Dokuments.

———

Wir Bürgermeiſter und Rathmänner der Stadt Bremen
bekennen und bezeugen offenbar in dieſem Briefe, daß Reiner
Wacke, Diederich Kordewacker, Erp Focke, Hinrich Ruter,
Hinrich Steenwech, Berndt Schroder, Hermen Wedeman und
Gerd Loſekanne, unſere Bürger und Verordnete der Gemeinen
Schifffahrer unſerer Stadt, etliche Artikel vor uns gebracht
haben, die zur nothdürftigen Unterhaltung, derjenigen, welche in
kommenden Zeiten aus dem ſeefahrenden Volke in Nachtheil
und Armuth fallen möchten, angerichtet und gemacht ſind. Und
es lauten die Artikel ſo wie hier folgt:

Nachdem es hierzuvor je und aller Wege und bis anhero
bei den Schiffern, Kaufleuten und Schiffsvolke in Gebrauch
geweſen und gehalten worden iſt, daß wenn ein Schiffer mit
Schiff, Gütern und Volk durch göttliche Verleihung allhier
wiederum glückſelig angekommen iſt, alsdann die Summe
welche auf der Reiſe durch die Brüche geſammelt wurde, nicht
zu der göttlichen Ehre und zur Nothdurft der Armen, ſondern
zu eitlem und unnützen Eſſen und Trinken und zu andern
leichtfertigen Handlungen angelegt und verwendet iſt, wodurch
der Allmächtige, dem man doch für eine ſolche günſtige Reiſe
hätte danken ſollen, zur Ungnade und Strafe verurſacht und
bewogen wurde, und auch die Armen dabei in nichts getröſtet
und gebeſſert wurden, —

Derohalben, auf daß der göttlichen Unehre und dem leicht=
fertigen Verfahren forthin möge vorgebeugt werden, ſo ſolle
und wolle zunächſt der Schiffer, der von hier ſegeln wird, auf
ſeinem Schiffe ein göttlich chriſtlich und ehrlich Regiment halten,
und wenn etwa einer von ſeinen Leuten dagegen handelt, ſo
ſoll der Schiffer die dabei aufgebrachten Brüche bei ſeiner Heim=
kehr zu den obengenannten Verordneten bringen, die es in eine

Kiste, welche dazu gemacht ist, niederlegen und verschließen
sollen, um es zu folgendem Zwecke zu gebrauchen:

Im Fall, daß Etliche von den Schiffern, Kaufleuten, oder
vom Schiffsvolke durch Seeverlust, oder sonst in Nachtheil oder
Schaden kämen, oder an Bord des Schiffes geschossen, ver=
wundet, oder gelähmt würden, oder sonst bei Arbeiten die für
das Schiff oder die Ladung nöthig waren, sich Gebrechen und
Verwundungen zuzögen, so daß sie sonst nicht mehr segeln und
ihre Nahrung suchen könnten, und daher verarmen müßten, so
sollen dieselben aus der oben berührten Kiste jeder nach seiner
Nothdurft und Gelegenheit unterhalten und versorgt werden,
damit sie nicht nöthig haben, zur Verkleinerung der Schifffahrt
auf der Straße zu liegen, oder vor den Thüren zu betteln und
um Almosen zu bitten.

So auch Jemand, er sei Schiffer, Kaufmann oder vom
Schiffsvolke, an Bord des Schiffes bei Vertheidigung des
Schiffes und der Güter von den Feinden verdorben, oder sonst
im Schiffsdienst geschossen, verwundet und schimpfirt worden
und also, wie zuvor geschrieben, in Nachtheil und Gebrechen
gekommen, und deßhalb unterhalten werden müsse, so soll zu
dem Behuf von dem Schiffe und seinen Gütern eine ange=
messene Zulage erhoben und dieselbe ebenfalls in der vorbe=
nannten Kiste zur Verwahrung gebracht werden.

Wäre es auch, daß Jemand aus christlichem Gemüthe zu dem
angezeigten Behufe von dem, was der Allmächtige ihm ver=
liehen, seine milde Handreichung und Gabe dazu thun wolle,
so soll desselben Namen aufgezeichnet werden, damit wenn er
in kommenden Zeiten in kenntlichen Nachtheil und Schaden
käme, und ihm Hülfe und Trost nöthig sein würden, er dann
auch aus vorberührter Kiste nach Nothdurft versorgt werden
möge. —

Und damit zu diesem Zweck etwas angesammelt und zu=
sammengebracht werden möge, so sollen die Schiffer oder Kauf=

leute, die ihr Schiff, sei es eine Karavele, Hulk, Schmack oder sonst ein anderes kaufen oder verkaufen, das Gottesgeld in die vorberührte Kiste bringen.

Ebenso soll, wenn ein Schiffer sein Schiffsvolk dingt, das Gottesgeld, das von einem jeden, sei er Steuermann, Hauptbootsmann oder was anders, nach seiner Gelegenheit gegeben wird, in die vorgedachte Kiste gebracht und nicht wie bisher unnütz vertrunken werden.

Desgleichen sollen auch die Schiffer von ihrer Heuer aus gutem Willen einen Beitrag geben.

Geschähe es auch, daß sich Jemand an Bord des Schiffes oder auf der Reise mit einem Andern verunreinigte, und daß es dabei zu Schlägen und Verwundungen käme, und die Sache dann durch Bestimmung einer Geldbuße in Güte abgemacht würde, so soll diese Buße dann nicht zu etwas Anderem verwandt, sondern ebenfalls zu dem obigen Behufe in die besagte Kiste gebracht werden.

Auch das, was von den Zuschüssen der Maschuppeien, die in die Fischlande, nämlich nach Bergen, Island und Hitland zu segeln pflegten, wohl übrig blieb und nicht verzehrt wurde, und was man in vorigen Zeiten bei der Heimkehr zu Messen und anderen ungöttlichen Diensten auskehrte und anlegte, welches wenn man es jetzt thäte, dem göttlichen Worte entgegen sein würde, das möchten nun die Schiffer gewillt sein zur Verbesserung der besagten Kiste, als zu einem milden und christlichen Werke zu verwenden. Was denn jeder Maschuppei nach ihres Handels und ihrer Personen Gelegenheit zu thun gefallen möge, jedoch so, daß sie dazu nicht sollen verbunden sein.

Und wenn die obengenannten Verordneten zur Fortsetzung und Vermehrung dieser Ordnung etwas vorhätten, dessen sie sich allein nicht unterwinden dürften, so mögen sie dann die 22 Männer, die neben ihnen aus den gesammten Schiffern,

Kaufleuten und Seefahrern verordnet sind, dazu auffordern und einladen, um sich mit denselben nach Nothdurft zu bereden und zu berathschlagen, und sonst auf keine andere Weise.

Damit nun diese löbliche Handlung zu dem Zwecke, zu welchem dieselbe eingerichtet ist, zu ewigen Tagen also fest und unverbrüchlich gehalten und vollzogen werden möge, so sollen von den vorbenannten acht Vorstehern jährlich zwei der ältesten abgehen und in ihre Stelle zwei andere fromme Leute, die dazu passen, aus der gesammten Seefahrerschaft wiederum erforen werden, und dabei sollen die Alten vor ihrem Abgange, den andern Verordneten Rechenschaft ablegen, über das, was sie empfangen und wieder ausgegeben haben, welches dann nun auch fortan dermaßen so soll gehalten werden.

Käme es auch, daß mittlerweile im Laufe des Jahres Einer von den acht Vorstehern verstürbe, oder sonst zu einem andern Amte erwählt würde, so sollen die andern Vorsteher innerhalb der nächsten acht Tage darnach, einen andern aus den frommen Schiffern und gesammten Seefahrerschaft in seine Stelle wählen, um diesem Handel getreulich vorzustehen und ihn handhaben zu helfen.

Und wenn die alljährliche Rechenschaft, wie oben bestimmt, gehalten wird, was dann dabei an Bier oder sonst verzehrt und vertrunken wird, das soll nicht zum Nachtheile und Schaden der Armen aus der vorgenannten Kiste genommen werden, sondern ein jeglicher soll seinen Anpart aus seinem eigenen Beutel vergüten und bezahlen.

Sintemalen wir nun die obigen Artikel als zur Ehre des Allmächtigen und der Liebe des Nächsten eingerichtet und als christlich, billig und rechtmäßig befunden und erspüret haben,— wir auch solche Dinge zu handhaben und aufrecht zu halten pflichtig und schuldig sind, so wollen demnach wir, die Obrig= keit, dieselbigen Artikel durch Macht dieses Briefes bestätigt

und befestiget haben, auf daß sie forthin zu ewigen Tagen der=
maßen fest und unverbrochen sollen gehalten werden.

Sofern wir jedoch in kommenden Zeiten ein Besseres daran
finden könnten, so wollen wir uns dies, als die Obrigkeit,
vorbehalten haben.

Und dem zur Urkunde haben wir obengenannte Bürger=
meister und Rathmänner unserer Stadt Sekret an diesen Brief
anhängen lassen.

Gegeben nach Christi, unsers Herrn, Geburt Tausend fünf=
hundert darnach im fünfundvierzigsten Jahre am Donnerstage
nach dem Sonntage Laetare. —

III.

Wie die „arme Seefahrt" ein Haus und Grundstück ankauft. 1561.

Frühere Geschichte dieses Hauses und Grundstücks, das in den Händen verschiedener adlicher Herren und Patrizier war. — Warum und wie die Vorsteher der Seefahrt es kauften. — Wie der Ankauf möglich wurde. — In Aussicht gestellte Legate und Geschenke. — Vereinigung der Schiffer mit den Kaufleuten; — und neue Organisation der Gesellschaft. — Anhang: 1) Uebersetzungen der Kaufbriefe des Hauses vom Canonicus Bomgarden und vom Herrn von der Sandbele. — 2) Schrift der Vorsteher der Armen-Seefahrt über den Ankauf des Hauses, und die Bezahlung des Kaufpreises.

Nach der Fundation der „armen Seefahrt" im Jahre 1545 ist das nächste für sie bedeutsame und auch hinlänglich doku-mentirte Ereigniß der Ankauf eines Hauses und Grundstücks in der Hutfilterstraße, welches seit 300 Jahren bis auf den heutigen Tag das Hauptbesitzthum und die eigentliche Residenz der Gesellschaft geblieben ist.

Wir besitzen noch fast alle die Kaufbriefe, Lassungen, Quittungen und Servituten-Verträge, die sich auf diesen Ankauf beziehen, und aus ihnen geht denn Folgendes hervor:

Auf einem ziemlich weitläuftigen Gehöfte zwischen der „Hutfilterstraße" und der zum sogenannten „Schützenwalle" führenden Gasse*) lag ein Wohnhaus, das, vermuthlich nach einem frühern Besitzer, das Blomenhagensche Haus („Herrn

---

*) So wird in den alten Seefahrts-Dokumenten gewöhnlich die Straße, welche wir jetzt „Jacobistraße" nennen, bezeichnet.

Blomenhagens Huß") genannt wurde. In der ersten Hälfte des
sechszehnten Jahrhunderts war dieses Haus, — seit wie lange
läßt sich nicht bestimmen, — im Besitz des „Erbaren und Festen
Herrn Jost van Hasbargen". Von der Wittwe dieses Ritters
kaufte es, — die Zeit ist ungewiß, — „Herr Johann Bomgarden,
Canonicus zu St. Stephan binnen Bremen" unter der Bedin=
gung, daß besagter Wittwe das Recht bleibe, in Zeiten von
Gefahr und Kriegesnoth in dasselbe zu flüchten und zwei oder
drei Kisten mit Gütern hineinzusetzen.

Wie lange Canonicus Bomgarden in dem Hause gelebt,
ist nicht bekannt. Im Jahre 1553 am Donnerstage nach dem
Sonntage Misericordia Domini verkaufte er es an „den Ehr=
baren und festen Herrn Jooste van der Sandtbecke", und machte
dabei wieder zu Gunsten der Frau von Haßbargen die Bedingung,
daß derselben der genannte Joost von der Sandtbecke „mit
Bewilligung seiner lieben Hausfrau" in Kriegsnöthen Zuflucht
gewähren müsse.

Alle die genannten Hausbesitzer, die Blomenhagen, die
Herren von Haßbargen, die Bomgarden und die von der
Sandtbecke *) gehörten zu namhaften Bremischen Familien. Der
Canonicus Bomgarden wurde von dem Grafen von Hoya mit
der Pfarre Seehausen im Bremischen Gebiete belehnt und
Manches aus seiner Lebensgeschichte läßt sich nachweisen bis
zum Jahre 1589, wo er starb.**) Die von Haßbargen kommen
häufig in der Geschichte Bremens vor. Die von Sandtbeke
hatten schon damals einen Landsitz in der Nähe der Stadt, den
ihr zum Adel des Herzogthums Bremen gehöriges Geschlecht
auch noch heutiges Tages besitzt. Das besagte Haus war
demnach augenscheinlich ein solches altes Patrizierhaus, wie es

---

*) Ich brauche nicht zu sagen, daß man bei allen diesen Namen keine
consequente Rechtschreibung erwarten darf. Bald heißt es in den alten Doku=
menten: Haßbargen, bald: Hasbergen oder: Hasbarghen. Eben so bald: von
der Sandtbeke, oder: von dem Santbeke oder: von Santbeke rc.

**) Nach Mittheilungen, welche ich der Güte des Pastors Kohlmann in:
Horn bei Bremen verdanke.

wohl abliche Herren innerhalb der Mauern der Stadt zu besitzen pflegten. *) Da es aber die Besitzer so schnell hinter einander wechselte, so mochte es wohl, trotzdem daß Herr von der Sandbeke neue Einrichtungen und Bauten darin gemacht zu haben scheint, **) nicht sonderlich solide oder doch unbequem und daher billig sein. Ich werde weiter unten zeigen, wie die neuen Ankäufer von 1561 (die Vorsteher der Seefahrt) schon nach vier Jahr= zehnten anfingen, über seine „Baufälligkeit" zu klagen. Uebrigens mochten sich auch gerade damals, da die Stadt und ihre Bürger nach der Reformation immer selbstständiger wurden, auch andere abliche Geschlechter aus den Mauern der Stadt ziehen und wie die Sandtbeke ihre städtischen Grundstücke aufgeben.

Das Grundstück war wie gesagt ziemlich groß, bot neben dem Hause ein langes Gehöfte und einen breiten Gartenraum dar, hatte außer dem Haupthause vorn noch drei und hinten zwei „Buden" (kleine aus Holz gebaute Nebenhäuser) und das Ganze konnte daher für die Zwecke einer milden Stiftung einigermaßen geeignet scheinen. Auch mochte man die Nähe der Kirche des heiligen Ansgarius dabei in Anschlag bringen, so wie den Umstand, daß in derselben Gegend der Stadt schon seit längerer Zeit zwei andere Milde Stiftungen existirten, nämlich erstens seit dem vierzehnten Jahrhunderte ***) das St. Jürgen=Gasthaus und dann das Ilsabeen=Stift seit 1499, das noch heutiges Tages als ruhiger und willkommener Nachbar dem „Hause Seefahrt" im Osten zur Seite liegt. — Bald kam dazu auch noch das „Rothe Waisenhaus", welches ebenfalls mit der Seefahrt gränzt.

Im Westen des Grundstücks lag ein Haus, das damals einem gewissen Gerd Bockhorst gehörte. Derselbe hatte aus seinem Hause eine Thür nach dem Gehöfte des Herrn von dem

---

*) Es giebt sogar noch heutiges Tages in der Stadt Bremen ein Haus und Gehöfte, welches das Majoratserbe einer Hannoverschen Familie von der Borg ist.

**) Herr von Sandbeke nennt in einem der von ihm ausgestellten Do= kumente sein Haus: „min noet Huß."

***) S. darüber Cassels Bremensia. Bremen 1797. Thl. II. S. 71—73.

Sandbecke, die schon der Gegenstand eines alten nachbarlichen Streites gewesen sein mochte. Herr von dem Sandbecke hatte im Jahre 1558 mit dem besagten Bockhorst einen Vertrag über diese Thür abgeschlossen, worin letzterer gelobte, daß er dieselbe in der Regel zugeschlossen und ungebraucht lassen wolle, daß auch weder er, noch seine Hausgenossen aus dieser Thür Gegenstände heraustragen oder gießen sollten, und worin dagegen Herr von dem Sandbeke erlaubte, daß sein Nachbar sich dieser Hinterthür zum Ausgange in seinen (Sandbeke's) Hof für den Fall bedienen könnte, daß die Hauptthür des Bockhorst'schen Hauses nach der Straße zu mit Fässern oder anderen Waaren belegt wäre. Wenn von Seiten der Bockhorsts hiergegen gehandelt würde, so sollten Herr von Sandbeke und seine Erben das Recht haben, besagte Thür sogleich zumauern zu lassen. Es wurde über diese Angelegenheit vor Bürgermeister und Rath ein Dokument aufgenommen, das nachher, da das Bockhorstsche Haus in die Hände anderer Besitzer kam, noch wiederholt beschworen und transsumirt worden ist, „damit es nicht machtlos würde" und welches bei verschiedenen späteren Streitigkeiten und Prozessen, in welchen die Nachfolger des Herrn von Sandbeke (das Haus Seefahrt) mit den verschiedenen Nachfolgern des Herrn Bockhorst im Laufe von drei Jahrhunderten über das Oeffnen und Schließen der Thür verwickelt wurden, bis auf unsere Tage herab seine Rolle gespielt hat. *)

Auch mit dem Nachbarn auf der andern Seite, mit dem Ilsabeen-Gasthause, hatte schon Herr von dem Sandbeke die Rechte und Lasten seines Grundstücks „in Bezug auf Ablauf des Himmelswassers und den Tropfenfall" so geordnet, wie sie ungefähr noch heutzutage bestehen.

Wie das alte im Jahre 1561 von der Seefahrt angekaufte Gebäude im Uebrigen beschaffen war, darüber erfahren wir eben

---

*) Mehrere Acten über solche Prozesse sind auf dem Bremischen Staatsarchiv aufbewahrt.

so wenig etwas, als darüber, welche Vorrichtungen nun die
Vorsteher der Seefahrt für ihre Zwecke darin treffen mochten.
Aus den Kaufbriefen erhellet nur, daß sie für das ganze
Erbe, „so bezäunt und bezimmert wie es damals war, erdfest
und nagelfest mit allen seinen Rechtigkeiten, Zubehörungen und
Servituten" und mit 650 Mark Handfesten, die darin steckten,
so wie mit 5 Pfennigen Königszinse, *) die das Gasthaus St.
Jürgen darin hatte, die Summe von 1650 Bremer Mark oder
circa 750 Thaler in verschiedenen Terminen bis zum Jahre 1567
auszuzahlen gelobten. **)

Da uns alle Nachrichten über die dem Ankaufe vorherge=
gangenen Unterhandlungen und Berathungen, welche ein Licht
auf frühere Zustände werfen könnten, fehlen, so vermögen wir
es nicht näher zu schildern, wie die Seefahrts=Angelegenheiten
allmählig zu einer solchen häuslichen Ansiedlung und Einrichtung
gereift und erstarkt sein mochten. Wahrscheinlich hatte man im
Verlaufe der seit der Stiftung (im Jahre 1545) verflossenen sechszehn
Jahren einige Ersparnisse gemacht. Vermuthlich waren der armen
Seefahrt auch schon einige größere Geschenke und Gaben von
reichen Wohlthätern in Aussicht gestellt, die dann seit
1565 in verschiedenen Testamenten verwirklicht wurden, und
durch welche die Vorsteherschaft sich in Stand gesetzt sah, die
späteren Zahlungstermine einzuhalten.

---

*) „Königs=Tinse" war eine meist geringe jährliche Abgabe, welche
aus einigen Häusern unserer Stadt, zuweilen den Kirchen oder geistlichen
Stiftungen und auch Privaten um Martini vor Untergang der Sonne ent=
richtet werden mußte. Wer diesen Königszins nicht zur rechten Zeit bezahlte,
dem sollte die Abgabe verdoppelt werden, so oft die Thurmuhr schlüge, der
Hahn krähte, der Wind wehte, Sonne und Mond, Ebbe und Fluth auf
und nieder gingen („so oten de Klocke schleit, de Haan trewet, de Wind
weihet, Sunne und Man, Ebbe und Fleet up und daal geit").

S. Bremisch=Niedersächsisches Wörterbuch.

**) Im Laufe der Zeiten hat sich der Werth dieses Grundstückes beinahe
auf das Dreißigfache erhoben.

Vor allen Dingen aber wurde der Credit der Schiffer-
Gesellschaft durch ein höchst wahrscheinlich gerade um diese
Zeit eintretendes Ereigniß, nämlich durch den Beitritt der reichen
Kaufleute so bedeutend gehoben, daß vorzugsweise dadurch der
Hausankauf ermöglicht werden mochte. Wir haben über diese
Haupt-Reform der Gesellschaft nur ein einziges sehr interessantes
Dokument, dessen angebliches Datum aber ungewiß ist. Es ist die
sogenannte älteste Gesetz-Tafel oder das Organisations-Patent
der Seefahrt, das wir leider im Original nicht mehr besitzen,
von dem indeß eine Reihe mehr oder weniger abweichender
Abschriften vorhanden sind.

In den Einleitungsworten dieser Schrift *) wird gesagt,
daß eine Reihe von Jahren nach der Fundation der Seefahrt
und nachdem sich die Geschäfte der Stiftung gemehrt, die
Schiffer-Vorsteher eine allgemeine Versammlung der 22 Männer
berufen und vor denselben erklärt hätten, wie ihr unsteter
Schiffer-Beruf sie bald hierhin, bald dahin führe, wie sie daher
fänden, daß sie die wichtigen Angelegenheiten ihrer Verbindung
an Ort und Stelle nicht fleißig genug wahrnehmen könnten, und wie
es daher gut sei, auf andere Vorsteher Bedacht zu nehmen. Sie
wollten sich deßhalb an die reichen und in der Stadt fest ansäßigen
Kaufleute wenden und aus diesen vier „vornehme Männer" erwählen
und sie einladen, die Vorsteherschaft der Anstalt zu übernehmen.

Dieser Vorschlag, über den natürlich die bisherigen
Schiffer-Vorsteher auch schon vorläufig Rücksprache mit der Kaufmannschaft genommen haben mochten, fand Beifall; und so
wurde die Verbindung der Schiffer mit den Kaufleuten realisirt,
die das Ganze erst auf einen sicheren Fuß stellte, den Hausankauf
möglich machte, und der Gesellschaft denjenigen eigenthümlichen
Charakter eines Vereins der beiden sich so nahe stehenden Gesell-
schafts-Classen, den sie bis auf den heutigen Tag behauptet hat,
mittheilte. —

*) Siehe dieselbe im Anhange zu dem nächstfolgenden Kapitel.

Es versteht sich, daß alle besagten mehr oder weniger gleichzeitig zusammentreffenden Veränderungen allerlei neue Bestimmungen über das Verhältniß der alten Schiffer-Verordneten zu den neuen kaufmännischen Vorstehern, über die Rechte und Pflichten beider gegen einander, über die inneren Einrichtungen des angekauften Hauses rc. nöthig machten. In dem folgenden Capitel will ich es versuchen, diese Neuerungen nach Anleitung der uns erhaltenen alten Schriften zu schildern.

Anhänge zu III.

Aus den im Archive der Seefahrt vorhandenen sich auf den Hauskauf beziehenden Schriften will ich hier diejenigen, die mir für die Geschichte des Ankaufs die wichtigsten scheinen, in getreuen Uebersetzungen mittheilen. Nämlich erstens das Dokument über den Verkauf des Grundstücks vom Canonicus Bomgarden an Herrn von Sandtbeke, — zweitens den Brief des Herrn von Sandtbeke über den Verkauf des Grundstücks an die Seefahrt, — drittens die gerichtliche Lassung hierüber, — und viertens eine Schrift der Vorsteher der Seefahrt über den bezahlten Preis.

1. „Brief" des Canonicus Bomgarden über den Verkauf seines Grundstücks und Hauses an Herrn Joost von dem Sandtbeke. Anno 1553.

Ich Johannes Bomgarden, Canonicus zu St. Stephan binnen Bremen, bekenne und thue kund für mich, meine Erben, Testamentarien und vor Jedermänniglich, bezeuge in Kraft dieser

Zertern, daß ich dem Ehrbaren und Besten Jooste von dem
Santbeke und seinen Erben recht und redlich verkauft habe,
und verkaufe hier mit Gegenwärtigem für eine Summe Geldes
wie wir deß eins geworden, welche Summe mir zu meiner
vollen Genüge in guter Pagimente *). dankbarlich von ihm
gegolten und bezahlt ist, mein Haus und Hof mit allen des Hauses
Gerechtigkeiten und Zubehörungen nichts außenbeschieden, **)
wie es nun belegen ist in der Hutfilterstraße binnen Bremen,
ehezuvor Herrn Blomenhagen's Haus genannt gewesen, in allem
Maaße, wie ich dasselbe von dem Ehrbaren und Besten Joste
von Haßbargen seiner Frau und Erben gekauft habe, und ich
lasse ihn und seine Erben mit Hand und Munde in das Eigenthum,
Besitzung und Habe desselben eintreten, nach der Weise, wie
man binnen Bremen belegene Baulichkeiten ***) und Häuser zu
lassen pflegt, — und sage ihn und seine Erben der Bezahlung
halber ganz quitt, frei, ledig und los, — mit dem Vorbehalte,
daß der genannte Joost von dem Sandtbeke mit Bewilligung
seiner lieben Hausfrau in Zeit der Gefahr oder Krieges, dem
Jooste von Haßbargen seiner Frau und Erben erlaube, daß sie
sich in das Haus flüchten und zwei oder drei Kisten mit Gütern
hineinsetzen dürften, — und auch daß ich Johannes Bomgarden
oder meine Erben die nächsten sein sollen, das bemeldete Haus
und Hof wieder zu kaufen, wenn Joost von dem Sandtbeke oder
seine Erben es wieder verkaufen oder abstehen wollen, und wenn
ich dafür geben will, was Andere dafür geben wollen, — Alles
ohne Arglist. In Urkunde und zum Zeugniß sind von diesem
Zerter zwei Abschriften desselben Lautes gemacht, und von beiden
Parteien bewilligt; mit derselben Hand geschrieben, durch den

---

*) Englisch: payment = Bezahlung.

**) „nichts buten beschieden" heißt es in dem plattdeutschen Originale.

***) „upstaende Erven" (aufstehende Erben) heißt es in der Urkunde.

Namen Jesus von einander geschieden, *) und mit meines und
meines lieben Vaters und auch Joost's von dem Sandtbeke's
Pitzern (Petschaft) darunter gedruckt und versiegelt, und jedem
der beiden Parteien eins gegeben. Geschrieben im Jahre nach
Christi Geburt fünfzehn hundert drei und fünfzig am Donnerstage
nach dem Sonntage Misericordia Domini.

2. „Brief" des Herrn Joost von dem Sandtbeke über den Verkauf seines Grundstücks und Hauses an die Vorsteher der Armen Seefahrt. Anno 1561.

Ich Joost Sandbeke bekenne für mich und meine Erben
und für sonst jeden, den es angeht, **) daß ich verkauft
habe den Vorstehern der Armen Seefahrt zu Bremen meinen
Hof, belegen in der Hutfilterstraße bei Gerd Bockhorste's Hause,
mit allen Rechtigkeiten und Zubehörungen, so wie es im Erb-
buche geschrieben ist, für eine Summe Geldes, welche mir die
Vorsteher als mit Namen: Cord Bockelmann, Harmen Wedeman,
Jochim Schaarhaar, Dirich Hoißmann und Arende Meyer,
gänzlich entrichtet und bezahlet haben, und danke ich diesen

---

*) Die sogenannten „Zerter" oder „Tzerter" (Englisch charter vom
Lateinischen carta) waren schriftliche Aufnahmen oder Kauf-Verträge. Es
wurde dabei der Vertrag zwei Mal von derselben Hand auf die beiden Hälften
eines Papierbogens gesetzt. In den Zwischenraum zwischen den beiden Copien
schrieb man der Länge nach ein beliebig gewähltes Wort, z. B. Veritas
(Wahrheit) oder auch wohl, wie es im obigen Falle geschah, den Namen
„Jesus". Und bei der Austheilung der beiden Copien des Vertrags an die
beiden Parteien wurde dann der Bogen so getrennt, daß dabei das besagte
Wort im Zickzack oder schlangenförmig mitten durchgeschnitten wurde. Bei
vorkommenden Streitigkeiten konnte man dann durch Zusammenhalten der Copien
und des zerschnittenen Wortes die Echtheit des Documents leicht ausmachen.

**) Im Originale steht: „unde vor als weme."

3

vorbenannten Vorstehern für gute Bezahlung für mich und meine Erben, und alle meine Nachkömmlinge, geborene und ungeborene, hierauf nicht wieder zurückzukommen.*) Zur Urkunde der Wahrheit habe ich Joost Sandbeke dieß geschrieben mit meiner eigenen Hand und mein gewöhnliches Petschaft hierunter gedrückt. Geschrieben nach der Geburt Christi Tausend fünf hundert und ein und sechszig.

3. Schrift über die Lassung von dem Hause und Hofe mit fünf Buden der Seefahrt.

Anno 61 am Montage nach Misericordia Domini bekannte der Ehrbare Joost vom Sandbeke vor dem Ehrbaren Rathe, daß er habe verkauft an Cord Bokelmann, Harmen Wedemann, Eler Meyer, Mauritius Mekeline, Jochim Scharbar, Arende Meyer und Johann Fresen, **) als verordnete Vorsteher der Armen Seefahrt, sein großes Haus mit drei Buden vor und mit zwei Buden hinten, belegen in der Hutfilterstraße bei Gerd Bockhorste's seinem Hause im Osten, und streckt sich dasselbe von besagter Straße bis hinten auf die Straße nach dem Schützenwalle, mit aller Gerechtigkeit, Zubehör quit und frei ausgestreckt,***) fünf Pfennig Königszinse, und Rente drei und dreißig halbe Bremer Mark, die man nach dem Laute der Handfesten wiederum daraus kaufen mag. Und Joost vom Sandbeke habe den verordneten Vorstehern das Haus mit den

---

*) Im plattdeutschen Originale steht: „Hier nicht wedder up tho spreken."
**) Es werden hier einige Namen der Vorsteher genannt, die im Kaufbriefe des Jost von Sandbeke nicht genannt sind, und einige, die dort vorkommen, sind hier ausgelassen.
***) Im plattdeutschen Originale steht: „quit und fri uthgestraten."

fünf Buden gelassen. Vor unseren Herren von Bremen Gericht zum rechten Tingzeit-Tage. Und derselbe Joost gelobte Währung nach unser Stadt Rechten.*)

---

4. Schrift der „Vorsteher der Armen Seefahrt" über den Ankauf ihres Hauses und den dafür bezahlten Kaufpreis.

Im Namen des Herrn, Amen!

Im Jahre nach Christi Geburt, unsers lieben Herrn, Tausend fünf hundert ein und sechszig am zehnten April haben wir als Verordnete und hierzu gekohrene Vorsteher von wegen der Armen Seefahrt allhier zu Bremen, mit Namen wie folgt als: der Ehrsame Kordt Bockelmann, Hermann Weddemann, Ehler Meyer, Mauritius Mekeline, Gerdt Garbade, Arend Meyer, Jochem Scharhar, —

Hier beneben die vier Schiffers, nämlich Johann Linse, Evert Hoysmann, Hinrich Redemeyer und Lüder Meyer auf Befehl der Seefahrt gekauft von dem Ehrbaren Jost von dem Sandbeke, seinen Hof, so als er bezimmert und bezäunt ist, erdfest und nagelfest, und ist belegen in der Hutfilterstraßen bei Gerdt Bockhorst seinem Hause im Osten, und streckt sich von der Hutfilterstraße an so durchgehends hin bis hinten auf der Straßen nach dem Schützenwall, nach Vermeldung des Kaufbriefes und als es in das Erbbuch gezeichnet ist, und ist der Kauf in allem sechszehnhundert Bremer Mark.**) In dieser benannten Summa sind sechshundert und fünfzig Mark Hand-

---

*) Im Original steht: „Unde besulffte Joost lewede Wahrschup nach unser Stadt Rechte."

**) Die hier genannte Summe stimmt freilich nicht genau mit der am Schlusse gegebenen. Doch steht Beides so in der hier abgedruckten Schrift. Leider ist diese Schrift nur eine später gemachte Copie eines verloren gegangenen Originals. Sie schien mir hier aber doch einer Mittheilung werth.

festen, die die Vorsteher vom Graffen Moncken darin haben,
und noch fünf Pfennig Königs-Zinse, die St. Jürgens Gasthaus
darinne haben, deß wollen wir nun bezalen, vierhundert
Mark, die nachständigen fünfhundert und fünfzig Mark zu
bezahlen auf nächstkommenden Michaelii Ao. 61, welche zur
gnüge entrichtet und bezahlt, nach Vermeldung seiner Quitance.

Ins Erste entrichtet . . . . 400 Mark
Zum letzten bezahlt . . . . 550 „

bezahlt in Summa. . . . . 950 Mark

Anno 1565 auf Ostern noch bezahlt 300 Mark
   „   1566   „   Weihnachten bezahlt 200 „
   „   1567   „   noch bezahlt . . . . . . 200 „

Summa. . . . . 1650 Mark.

IV.

Die alten Gesetze und ersten Hauseinrichtungen in der Seefahrt nach dem Jahre 1561.

Die Schiffer wählen vier „vornehme Leute" zu Vorstehern, — behalten ihre acht Ober-Alten und zweiundzwanzig Aeltesten bei. — Neue Einkünfte des Hauses. — Einführung der „Bodmerei" oder „Reisegelder". — Erste Bedeutung und anfängliche Geschäfte der „Schaffer". — „Bodmerei-Schaffer". — Verwalter des Hauses. — Vertheilung der „Pröven". — Gebete dabei. — Lange Dauer dieser alten Einrichtungen. — Anhang: Eine Uebersetzung der alten Gesetztafel.

Wegen des mit dem Hauskaufe, wie ich sagte, gleichzeitigen Beitritts der Kaufleute, veränderte man zunächst die innere Verfassung und Verwaltungsweise der Gesellschaft.

Die Hauptgeschäfte waren bis dahin in den Händen der acht „Verordneten aus den Schiffern" gewesen. Jetzt traten anstatt ihrer die Kaufleute an die Spitze.

Derer sollten vier sein,*) und sie sollten „Vorsteher des Armen Seefahrenden Hauses" genannt werden. Sie sollten die Oberverwaltung der ganzen Anstalt haben und 8 Jahre lang im Amte bleiben, und zwar so, daß alle zwei Jahre einer von ihnen austräte und dann ein anderer Kaufmann in seine Stelle

---

*) Die Zahl vier spielt bei der Vorsteherschaft aller unserer alten Brüderschaften und Collegien eine große Rolle. Die Stadt selbst hatte ja auch vier Bürgermeister.

gewählt werde. Auch sollte zur Zeit nur einer von diesen vier
Vorstehern die Administration und zwar zwei Jahre führen.
Nach Ablauf seiner zwei Jahre sollte er der Gesellschaft über
Empfang und Ausgabe Rechenschaft ablegen und dann „das
Buch einem andern Vorsteher abgeben."

Die acht Schiffer=Verordneten blieben zwar auch bestehen,
traten aber nun vor den neuen kaufmännischen Verwaltern einen
Schritt zurück und hießen von nun an auch blos „die Ober=
Alten" („de Overolden"). Sie bildeten jetzt gleichsam das
Ober=Haus der kleinen Gemeinde, standen den das Regiment
führenden Vorstehern in manchen wichtigen Fällen als Berather
zur Seite und sollten mit ihnen, wenn eine Vakanz einträte,
einen neuen Vorsteher aus der Kaufmannschaft wählen. Alle
Monate sollten sie sich auch mit den Vorstehern in einer Gesammt=
session unter dem Präsidium „des Buchhalters" (so nannte man
den administrirenden Vorsteher) versammeln und über wichtige
Angelegenheiten berathschlagen. Auch sollten die Vorsteher keine
bedeutende Neuerungen in der Einrichtung und Verfassung des
Hauses ohne den Consens der acht Ober=Alten vornehmen
dürfen.

Auch die „zweiundzwanzig Männer" blieben bestehen und
bildeten nach wie vor gleichsam das Unterparlament der Ge=
meinde. Sie gingen nicht durch Wahl, sondern durch das
Recht der Anciennität aus den „Gesammt=Schiffern" (den
sämmtlichen Schiffer=Mitgliedern des Hauses Seefahrt) hervor,
so daß nicht nur bei einer eingetretenen Vacanz unter den Zwei=
undzwanzigern, sondern auch, wenn etwa einer oder mehrere
derselben bei einer nöthig werdenden Berathung nicht in Bremen
zugegen wären, die nächstfolgenden ältesten Haus=Mitglieder
von selbst an die Stelle der Ausgeschiedenen oder Fehlenden
träten. Sie waren mithin ein sehr wandelbarer Körper. Es
wurden zu ihnen jedes Mal die am Platze vorhandenen zwei=
undzwanzig ältesten eingeladen, so daß also in dem einen Jahre
Einer zu den Zweiundzwanzig gehören konnte, der im nächsten

Jahre nicht dazu gehörte. Sie hießen daher auch einfach „die Aeltesten des Hauses" („de Oldesten").

Aus diesen zweiundzwanzig Aeltesten gingen auch die acht Oberalten hervor, jedoch nicht durch Anciennität sondern durch Wahl. Und zwar sollten, wenn eine Vacanz bei den Oberalten einträte, zu einer Neuwahl aus den Zweiundzwanzigern die übrigen Oberalten und die Vorsteher zusammen berechtigt sein.

Die zweiundzwanzig Aeltesten sollten sich in der Regel mit der Administration des Hauses nicht beschäftigen, wohl aber mit der Gesetzgebung. Bei allen sehr wichtigen und durchgreifenden Neuerungen, „wo die Vorsteher und Oberalten sich nicht allein zu entscheiden getrauten," sollten sie die Zweiundzwanziger mit bescheiden und berathen. Auch sollten sich noch außerdem regelmäßig alle Jahre ein Mal die Vorsteher mit den Oberalten und mit den Zweiundzwanzigern in der St. Marienkirche an einem Vormittage versammeln, um etwa nöthige Verbesserungen in den Einrichtungen der Anstalt zu besprechen.

Zu einer Theilnahme an dem Hause Seefahrt als Mitglieder und zum Genusse seiner Wohlthaten, sollten nur diejenigen Schiffer berechtigt sein, die wenigstens drei Jahre lang von der Stadt und für dieselbe seewärts gefahren und sich während dieser Zeit zur Zufriedenheit der Schiffer- und Kaufmannschaft verhalten hätten.

Wie in Bezug auf Verwaltung und Gesetzgebung der Gesellschaft so wurden nun auch über die Einkünfte des Hauses neue Bestimmungen festgesetzt. Was schon früher über die Herbeiziehung der alten „Brüche", der sogenannten „Gottesgelder" ꝛc. festgesetzt war, blieb bestehen. Manche dieser alten Intraden, mögen wenig ergiebig gewesen. Es wurden daher nun sämmtliche Mitglieder des Hauses einer allgemeinen und regelmäßigen Abgabe unterworfen.

Vor allen Dingen wurden sogenannte „Bodmereigelder" eingeführt. Jeder von Bremen segelnde Schiffer sollte bei seiner Abreise „aus den Armen-Geldern" des Hauses 20 Thaler

ausbezahlt erhalten. Dieses Capital sollte als ein zu verzin=
sendes „Bodmerei=Darlehen" betrachtet werden, d. h. es sollte
auf dem Schiffe stehen und wenn dieses verloren ginge, auch
selbst verloren sein. Für dieses Capital sollte der Schiffer aber
hohe Zinsen oder Prämien, die sogenannten „Bodmerei=Gelder",
an das Haus Seefahrt entrichten, von einer größeren Reise
mehr, von einer kleineren Reise weniger. Diese Zinse oder
Prämie sollte er jedes Mal nach vollendeter Reise abtragen
und dann auch das Capital selbst „drei Wochen nach Martini",
zu welcher Zeit die Schiffer von allen Seiten heimgekehrt zu
sein pflegten, an das Haus zurückzahlen. Wie hoch sich die
Zinsen für das dargeliehene Bodmerei=Capital belaufen sollten,
wird in den alten Gesetzen nicht bestimmt. Tarife über die
Bodmerei= und Reisegelder sind uns erst aus neuerer Zeit
erhalten.

Auch sogenannte „Monats=Gelder" wurden zugleich ein=
geführt. Doch wird nirgends gesagt, worin diese bestanden
haben.

Mit dem Geschäfte, die „Bodmerei= und Monats=Gelder"
von den Schiffern einzukassiren und dieselben zu belegen und
zu verwalten, wurden insbesondere die sogenannten „Schaffer"
betraut, deren zu dieser Zeit zum ersten Male Erwähnung
geschieht, und die in dem Stiftungsbriefe der Seefahrt noch
nicht vorkommen.

Diese „Schaffer" sollten ganz ausschließlich nur mit den
Monats= oder Bodmereigeldern zu thun haben, und dieselben
den Vorstehern einliefern. Die andern Geldgeschäfte des Hauses,
die Annahme der dem Hause gemachten Geschenke und Legate,
die Anlegung dieser Capitalien, die Vertheilung der Einkünfte
an die Armen gingen die „Schaffer" nichts an. Dies war
Sache der Vorsteher.

So wie die Vorsteher zu einer jährlichen allgemeinen gro=
ßen Rechnungsablage über den gesammten Wachsthum des
Hauses, — oder wie der gewöhnliche plattdeutsche Ausdruck

lautete „von wegen des Hufes Upkumpst" — so waren die „Schaffer" insbesondere zu einer ebenfalls jährlich wiederkehren= den Rechnungsablage über ihre Reise= und Monatsgelder ver= pflichtet. Jedoch sollten sie diese einer Versammlung der fämmt= lichen Schiffer, von denen allein jene Gelder kämen, vorlegen, während die Vorsteher nach den ältesten und ersten Gesetzbe= stimmungen ihre Rechnung nur den acht Oberalten abstatteten.*)

Ueber die Anzahl der „Schaffer" ist in jenen ersten Gesetzen nichts verfügt. Doch finde ich in den ältesten Protokollen, so weit diese hinaufreichen, immer vier genannt, zwei für die „Bod= merei=Gelder" und wieder zwei für die „Monats=Gelder". Und zwar war jedes Mal einer dieser zwei Schaffer „aus den Schiffern", und einer „aus den Kaufleuten". Dabei scheint es auch bald Sitte geworden zu sein, daß diese vier Schaffer bei ihrer Rech= nungsablage oder doch gleich nach derselben, eine kleine Mahl= zeit gaben.

Dieses Amt der „Schaffer" oder wie sie auch dann und wann genannt werden, der „Bodmerei=Schaffer" in der Seefahrt, hat später eine andere Bedeutung erhalten. Ihre Geschäfte fielen allmählich auch den Vorstehern und Oberalten zu. Es werden mit dem Namen „Schaffer" heutzutage nur diejenigen, theils kauf= männischen, theils seefahrenden Mitglieder des Hauses Seefahrt bezeichnet, welche die jährliche große Mahlzeit der Gesellschaft beschaffen. Sie haben jetzt nichts mehr mit den Geldange= legenheiten des Hauses zu thun.**)

---

*) Siehe hierüber das Dokument im Anhange zu diesem Capitel.

**) Der Name „Schaffer" hängt ursprünglich wahrscheinlich mit „Ge= schäft" zusammen und ist daher vermuthlich zunächst mit „Geschäftsführer" (negotiator, oeconomus) zu übersetzen. Wir finden im 15. und 16. Jahr= hundert in vielen Anstalten in ganz Deutschland diejenigen Angestellten, die über ein untergeordnetes Personal zu beschäftigen und kleine Anordnungen zu machen hatten, „Schaffer" genannt. In Nürnberg hießen „Schaffer" die ältesten Diakonen der beiden Hauptkirchen. Auch gab es dort in den beiden Zwölfbrüder=Klöstern solche „Schaffer". Ebenso hieß der Geschäfts=

Wann diese Veränderung eingetreten sei, kann ich nicht genau bestimmen. Doch ist es aus den Protokollen der See= fahrt gewiß, daß noch im Jahre 1716 (den 20. Januar) „die Schaffer die Rechnung über ihre Gelder ablegten und dann wieder neue Schaffer für die Bodmerei und Monatsgelder er= wählt wurden." Auch noch 1745 und 1747 ist in den Pro= tokollen der Seefahrt. die der großen Mahlzeit vorhergehenden Rechnungsablage von den Bodmereigeldern so erwähnt, als ob die „Schaffer" sie abgelegt hätten. Dagegen sagt der buchhaltende Vorsteher des Jahres 1764: „er habe am 22. Februar dieses Jahres die Bodmereigelder=Rechnung vor seinen Collegen, vor den Schiffer=Aeltesten und vor sämmtlichen Herrn Schaffern abge= legt," und darauf hätten den andern Tag die Schaffer die große Mahlzeit gegeben. Hiernach möchte man schließen, daß die besagte Veränderung erst um die Mitte des 18. Jahrhunderts statt gehabt haben müsse. Ich habe darüber nirgends einen besondern Beschluß verzeichnet gefunden, und doch läßt sich nicht denken, daß sich die Sache ohne einen solchen gemacht habe.

---

führer und Geldverwalter im Frauenhospital zu Regensburg „Schaffer" (Siehe darüber Schmellers Bairisches Wörterbuch. Stuttgart 1836. Bd. III. S. 330.) Auch in Bremen wurde das Wort „Schaffer" häufig in diesem Sinne genommen. So hießen z. B. die vier Cassenführer und Vorsteher der städtischen Wasseranstalt: „die vier Schaffer des Wasser=Rades". Auch die Cassen= und Buchführer der später aus der Seefahrt hervorgehenden Seeschiffer Brüderschaft Todtencasse, hießen, wie ich weiter unter zeigen werde, „Schaffer". In ähnlichem Sinne scheinen nun auch im 16. Jahrhundert und auch noch viel später, in dem Bremischen Hause Seefahrt selbst die Verwalter der Bodmereigeldercasse „Schaffer" genannt zu sein. — Auf den Schiffen der deutschen Hansestädte, und auch sonst noch in Deutschland heißt „schaffen" so viel als „das Mittagsmahl beschaffen". Als später den „Schaffern" die Geldgeschäfte genommen, die Beschaffung ihrer alten Rechnungsmahlzeiten aber gelassen wurde, da nahm man das Wort hinführo bloß in dem letzteren Sinne, und so heißen denn jetzt nicht die abtretenden und die Rech= nung ablegenden Geschäftsführer, sondern nur die die Mahlzeit gebenden und sich damit empfehlenden neu eintretenden Seefahrts Mitglieder „Schaffer".

So viel von der Umgestaltung der Verfassung der Gesell=
schaft zur Zeit des Hausankaufs.

Da man nun ein gemauertes Haus und ein Grundstück hatte,
so wurde vor allen Dingen auch die Einsetzung eines Haus=
verwalters und eine Hausordnung nöthig.

Die Aufsicht über das Haus, so wurde bestimmt, sollte
einem alten seefahrenden Manne von gutem Namen anvertraut
werden, der den Vorstehern und Oberalten, so oft sie es nöthig
befänden, Rede und Antwort stehen, auch genugsame Caution
und Bürgschaft stellen solle.

Was die Hausordnung betrifft, die der Verwalter zu
übernehmen hatte, so sollten sich „alle die binnen der Seefahrts=
pforten wohnten" bei Zeiten zu Haus verfügen, damit die
Pforten des Abends 9 Uhr geschlossen werden könnten. Die
aber, welche aus der Seefahrt den „Pröven" genössen, sollten
sich, um ihn abzuholen, bei Zeiten des Morgens vor 8 Uhr im
Hause versammeln. Da sollte alsdann „der Verwalter des
Hauses mit ihnen anheben und Gott zu Ehren drei geistliche
Psalmen singen, darnach ihnen das Evangelium sammt der
Auslegung vorlesen und endlich mit dem Gebete (Vaterunser)
und dem Dankpsalm beschließen." Nach dieser umständlichen
frommen Ceremonie sollte dann erst der Pröven ausgetheilt
werden. Auch einer von den Vorstehern und einer von den
Oberalten sollte hierbei zugegen sein, „um zu sehen, daß Alles
recht und ordentlich bei dem Armenhause vertheilt werde."

Auch sonst wollte man auf die Frömmigkeit und Mora=
lität der Armen eine ernsthafte Aufsicht üben. „Alle, die aus
der Seefahrt den Pröven genössen, sollten sich fleißig zur Kirche
halten und sich bei Anhörung des göttlichen Wortes befinden
lassen, vornehmlich aber Sonntags um 8 Uhr die Predigt nicht
versäumen." Würde Einer muthwillig dagegen handeln, so
solle ihm der Pröven genommen werden. Dasselbe sollte ge=
schehen, wenn sich Einer „mit gottlosen Worten und mit Trun=

kenheit (oder wie der plattdeutsche Ausdruck lautet „mit drun=
ken Drinken") verlaufen würde.

Auffallend ist es, daß sowohl in den alten Gesetzen, als
auch in den Protokollen aus dieser Zeit, von in dem Hause mit
Wohnung versehenen Armen noch gar nicht die Rede ist, viel=
mehr nur von solchen, die „aus dem Hause ihren Pröven
holen". Aus einem Protokoll von 1567, ersieht man, daß da=
mals noch sowohl ein Theil des großen Hauses, als auch die
dazu gehörenden 5 „Buden" an fremde Leute vermiethet waren.
Der Pachtschilling, den jede dieser Buden vor und hinter dem
Hause gab, ist in dem Protokolle genau aufgezeichnet. Es wird
daraus wahrscheinlich, daß man erst trachten mußte, aus dem
Hause noch etwas zu gewinnen, um den Kaufpreis ganz ab=
tragen zu können, und daß man erst später im Stande war,
die Buden an die Armen umsonst zu geben. Es ist schade,
daß uns die alten Protokolle nicht so vollständig erhalten sind,
um die Zeit der Einquartierung der Armen in dem Hause selbst
genau zu bestimmen. So viel ist indeß aus spätern Schriften
gewiß, daß sie noch vor Ende des 16. Jahrhundert erfolgte.

Alle jene Bestimmungen, — über die Vereinigung der
Schiffer mit den Kaufleuten, — über die Vermehrung der Ein=
künfte der Gesellschaft, — über die Verwaltung ihrer Gelder, —
über die Ordnung ihres Hauses und das Verhalten ihrer
Prövener, — wurden vermuthlich in Folge einer Reihe von
Berathungen und Beschlüssen beliebt und nach und nach ein=
geführt. Endlich, — ich glaube erst einige Zeit nach dem Jahre
1561,*) — formulirte man sie in einer Schrift von 17 Artikeln
legte dieselben dem Rathe der Stadt zur Confirmation vor**)

---

*) Siehe hierüber die diesem Buche angehängte Abhandlung „über das
Datum der Stiftung des Hauses Seefahrt".

**) Diese Confirmation des Rathes war wohl hauptsächlich der Ver=
einigung der Schiffer mit den Kaufleuten wegen nöthig, wodurch die Gesell=
schaft einen ganz andern Charakter erhielt.

und verzeichnete sie dann auf einer hölzernen Tafel, die als die alte Gesetztafel in der Halle des Hauses aufgehängt wurde.

Ein vorgängiges Concept dieser Gesetze ist uns leider unter den Papieren der Seefahrt nicht erhalten. Auch existirt darüber kein Original-Dokument des Senats.

Ebenso ist auch leider die alte „hölzerne Tafel," auf der die Gesetze, nach der Mitte des 16. Jahrhunderts, geschrieben und aufgehängt wurden, längst verloren gegangen. Im Jahre 1633 existirte die alte Tafel noch. Doch war sie schon ganz „unleserlich" geworden und „halb zerstört". Daher die damaligen Vorsteher des Hauses es für nöthig fanden, sie „mit einer deutlichen Hand auf das Neue geschrieben" und dann in diesem Transsumpte, wiederum auf einer hölzernen Tafel geschrieben, aufhängen zu lassen.

Auch diese zweite „hölzerne Gesetztafel von 1633", die aber nach verschiedenen hie und da vorkommenden Andeutungen, noch sehr lange in der Seefahrt gehangen haben muß, existirt jetzt nicht mehr. Wir haben nur Abschriften von ihr, die indeß alle aus einer viel späteren Zeit herrühren. Die ältesten sind aus dem Ende des 17. Jahrhunderts.

Seit der Zeit, wo diese 17 Artikel zuerst aufgeschrieben wurden (kurz nach 1561) bis auf das Jahr 1816, also beinahe 300 Jahre, haben sie als die Fundamentalgesetze der Seefahrt gegolten. Sie wurden noch im Jahre 1816 als „in der großen Herrenstube hängend" erwähnt. Wahrscheinlich aber war es damals nicht mehr die hölzerne Tafel von 1633, sondern schon wieder eine spätere Copie. Erst seit 1816 wurden alle im Laufe der Zeiten gefaßten Beschlüsse, Regulirungen und zur Gewohnheit gewordenen Satzungen der Seefahrt in einem neuen Gesetzcoder zusammen verschmolzen, und dann zum ersten Male im Jahre 1823 die Seefahrtsgesetze durch den Druck bekannt gemacht.

Anhang zu IV.

Alte Gesetze des Hauses Seefahrt.

———

Die Copien der alten plattdeutsch geschriebenen Gesetze des Hauses Seefahrt, oder vielmehr des auf einer hölzernen Tafel im Jahre 1633 gemachten Transsumptes dieser Gesetze, sind sehr zahlreich. Sie weichen aber alle nicht nur in ihrer Orthographie und in andern Punkten, sondern namentlich auch in den in ihnen enthaltenen Angaben über das Abfassungsjahr so sehr ab, daß es bei dem Mangel des Originals unmöglich ist, einen correcten plattdeutschen Text herzustellen. Ich theile diese alten Gesetze daher hier nur in einer Uebersetzung mit, der ich diejenige Abschrift zum Grunde gelegt habe, welche mir ihrer Handschrift nach die älteste zu sein schien. Doch lasse ich dabei die darin enthaltenen offenbar unrichtigen und sich widersprechenden Angaben des Jahres der Abfassung dieser Gesetze, so wie des Jahres der Stiftung der Gesellschaft aus und verweise in dieser Beziehung den Leser auf meine dem Buche angehängte Abhandlung „über das Datum der Stiftung der Seefahrt", in welcher ich diese Punkte zu erörtern und festzustellen gesucht habe.

Die besagte Copie lautet in buchstäblicher Uebersetzung wie folgt:

Anno sechszehnhundert dreiunddreißig den sechszehnten Januar sind die vier Vorsteher, nämlich:

Johann Holle, Gerd Meyer, Arend Meyer und Lüder Tidemann, Aelterleute und Bürger, wie auch die acht Oberalten als:

Willem Hoyer, Berendt Hase, Arendt Vogelsanck, Johann Sandt, Otte Janzen Wemmers, Gerdt Meyer, Hinrich Winters und Dierich Janzen Ploch, Schiffer und Bürger in Bremen, in der armen Seefahrt bei einander gewesen, und haben es hochnöthig befunden, daß eine alte Tafel, so in Anno 15??

mit Beliebung eines Ehrenvesten, Hoch und wohlweisen Rathes geordnet, dieweil dieselbe fast unleslich und theils zerstöret, mit einer deutlichen Hand aufs Neue umgeschrieben werden möchte, welche denn von Wort zu Wort lautete wie folgt:

Anno 15?? auf Drei-Königs-Tag haben die acht Aeltesten der Schiffer eine Tafel entworfen, dieselbe den Schaffern der Seefahrt sammt den Zweiundzwanzig vorgehalten, welche sich solche sämmtlich haben gefallen lassen, und bei einem ehrbaren Rathe Confirmation erhalten folgenden Inhalts:

Erstlich thaten sich die acht Oberalten beklagen, daß sie nicht alle Wege zu Haus sein könnten, um den Armen nach Nothdurft so vorzustehen, wie es der Sachen Wichtigkeit erforderte; mußte man daher auf andere Vorsteher bedacht sein. Ist also ein ehrbarer Rath ersucht und veranlaßt worden, daß die acht Oberalten Macht haben sollten, vier vornehme Männer aus den Kaufleuten und Schiffsrhedern zu küren und zu erwählen zu Vorstehern des armen seefahrenden Hauses, die demselben auch mit Treue vorzustehen acht ganze Jahre sollen verpflichtet sein, und alsdann nach gethaner guter Rechnung einer zur Zeit abdanken, dann auch nicht ferner bemüht oder beschwert werden sollen. Sondern es sollen dann die übrigen Vorsteher mit den acht Oberalten zusammen treten, und einen aufrichtigen redlichen Bürger in des Abgedankten Stelle küren, und so die Zahl der vier Vorsteher wiederum ergänzen.

Zweitens. Die Vorsteher sollen auch alle Jahre, bevor die Schiffer von Haus fahren, den acht Oberalten in der Seefahrt, von allen bei dem Hause und zum Unterhalte der Armen aufgewandten Ausgaben, richtige gute Rechnung zu thun schuldig sein.

Drittens. Die Schaffer, gleicherweis beide vom Monats- und Bodmereigeld, sollen Alles gegen Rechnung in guter Baarschaft, zur Zufriedenheit der gesammten Schiffer, den angehenden Schaffern richtig überliefern.

Viertens. Jeder Schiffer, sei er Binnen- oder Außenfahrer, soll unweigerlich zwanzig Thaler von den Armengeldern
auf Bodmerei nehmen, selbiges Capital drei Wochen nach
Martini dem Schaffer oder Verwalter des Armenhauses unverweigerlich bezahlen; die Bodmerei aber alle Reise davon abgeben, damit die Schaffer an ihrer Rechnung nicht verhindert
werden.

Fünftens. Weil auch diese Ordnung und das Armenhaus wohlmeinentlich von den Schiffern und seefahrenden Leuten
gestiftet ist, den alten oder bresthaften, unvermögenden, armen,
seefahrenden Männern zu Gute, so soll auch keiner in der
armen Seefahrt auf- und angenommen werden, er habe denn
nicht unter drei Jahren von unserer Stadt zur Seewärts gefahren und sich gegen Kaufmann und Schiffer wohl verhalten;
es wäre denn, daß Einer binnen der drei Jahre an Bord des
Schiffes durch Gottes Schickung solchen Schaden genommen,
daß er wieder zur See zu fahren untüchtig geworden. Dies soll
aber nur geschehen mit völligem Consens der Vorsteher und
Aeltesten.

Sechstens. Alle Monate sollen die Vorsteher und Aeltesten sich wenigstens ein Mal in der Seefahrt versammeln und
sich mit einander berathen, und besprechen über die Bedürfnisse
des Armenhauses.

Siebentes. Wenn aber der Pröven ausgetheilt wird,
so soll stets einer von den Vorstehern, und einer von den Oberalten in Gegenwart sein und Aufsicht haben, damit Alles recht
und ordentlich bei dem Armenhause verrichtet werde. Und
würde Einer von den Armen seines bösen Verhaltens über-
zeugt, so soll dem kein Pröven verabfolgt werden, bis auf Er-
kenntniß der Vorsteher und Oberalten.

Neuntens. Die Verwaltung des armen seefahrenden
Hauses soll einem alten seefahrenden Mann, der eines guten
Namens ist, vertraut werden, soll selbiger auch, so oft es nöthig

ist, den Vorstehern und Oberalten von seiner Verrichtung gute
Rede und Antwort zu geben schuldig sein.

Zehntens. Wenn die Schaffer der ganzen Gesellschaft
Rechnung ablegen wollen, sollen sich die Vorsteher, Oberalten
und Schaffer, sammt den zweiundzwanzig Aeltesten in St.
Marienkirche Vormittags versammeln, und sich vorher besprechen,
ob es nöthig sein möchte, diese Tafel in einigen Punkten zu
verändern oder zu verbessern, darnach sich um 12 Uhr in der
Seefahrt bei der Rechnung einstellen.

Eilftens. Neuerungen sollen sonst bei dem Armenhause
in der Seefahrt nicht eingeführt werden; es geschähe denn mit
völligem Consens der vier Vorsteher und acht Oberalten; Und
wenn die nicht allein beschließen wollen, so mögen sie die
zweiundzwanzig Aeltesten mit bescheiden lassen.

Zwölftens. Auch sollen Alle, so innerhalb der See-
fahrtpforten wohnen, sich bei Zeiten zu Haus verfügen, damit
um 9 Uhr des Abends die Pforten zugeschlossen werden. Würde
Jemand muthwillig hiergegen handeln, oder sich sonst mit
Trunkenheit oder gottlosen Worten verlaufen, so soll demselben
der Pröven genommen werden.

Dreizehntens. Alle die aus der Seefahrt den Pröven
genießen, sollen sich fleißig zur Kirche halten, und sich bei der
Anhörung des göttlichen Wortes finden lassen, vornehmlich aber
des Sonntags um 8 Uhr die Predigt nicht versäumen. Würde
einer muthwillig dagegen handeln, so soll ihm der Pröven
nicht gefolgt, sondern zurückbehalten werden.

Vierzehntens. Würde auch ein Vorsteher des Todes
verfahren, so sollen sich nach geschehenem Begräbniß die übrigen
Vorsteher mit den acht Oberalten in der Seefahrt versammeln,
und einen neuen Vorsteher in des Verstorbenen Stelle küren.

Fünfzehntens. Wenn Einer von den acht Oberalten
versterben, oder sonst wegen Unvermögen dem Armenwerke
weiterhin beizuwohnen sich beschweren und weigern sollte, so
sollen die Vorsteher und Oberalten zusammentreten, und aus

4

den zweiundzwanzig Aeltesten einen andern küren, damit die Zahl der acht Oberalten auch also voll bleibe.

Sechszehntens. Wenn der Verwalter des armen see= fahrenden Hauses verstirbt, so sollen sich nach dem Begräbnisse die Vorsteher sammt den acht Oberalten in der Seefahrt ver= sammeln und alsdann einen andern aus den seefahrenden Leuten, der dazu tüchtig erkannt ist, erwählen, selbiger auch für alles ihm Anvertraute und Ueberlieferte genugsame Caution und Bürgen zu stellen schuldig sein.

Siebenzehntens. Sollte auch diese Tafel mit einigen Punkten oder Artikeln verbessert und vermehrt werden, so soll dies mit völligem Consens der Vorsteher und acht Ober= alten geschehen. Soll auch in allen Punkten der alten Tafel und vornehmlich der von Anno 15?? in ihren Rechten hiermit nichts benommen sein.

V.

Wie die Mittel des Hauses Seefahrt nach 1561 wuchsen und seine Einrichtungen sich entfalteten.

Die Namen der ersten Vorsteher aus der Kaufmannschaft. — Aelteste plattdeutsche Protokollbücher des Hauses. — Art und Weise der Buchhaltung. — Jährliche Einnahmen und Ausgaben. — Erste Geschenke und Testamente zu Gunsten des Hauses. — Wie die Bürger das Haus mit besondern Legaten zu Kleidung, Nahrungsmitteln und Feuerung bedenken. — Die Buchhalter des Hauses. — Frommer Sinn und Ausdrucksweise in ihren Protokollen.

———————

Die ersten vier „vornehmen Männer", welche man im Hause Seefahrt nach dem Ankaufe des Grundstücks und nach der mit den Kaufleuten stattgehabten Vereinigung wählte, hießen Cort Bokelmann, Herman Wedeman, Jochim Scharhar und Arent Hoysman. Sie verdienen wohl als die ersten kaufmännischen Vorsteher, welche das Haus gehabt hat, in einer Geschichte der Seefahrt aufgezeichnet zu werden. Diese Wahl geschah im Jahre 1562. *) Und gleich von da an bekam auch die Seefahrt eine ordentliche schriftliche Buch- und Protokoll-Führung. Während wir aus völligem Mangel aller Aufzeichnungen, wie gesagt, über die innere Geschichte der „Armen Seefahrt" von dem Jahre ihrer Stiftung (1545) bis zum Ankaufe eines Hauses (1561) so gut wie nichts Bestimmtes wissen, fließen mithin von jetzt an die Quellen etwas reichlicher und klarer.

———————

*) Es ist darüber unter den Papieren der Seefahrt ein Protokoll aus diesem Jahre vorhanden. Es ist die erste und älteste Protokoll-Notiz des Hauses.

4 *

Der jedesmalige buchhaltende Vorsteher trug nun alle Jahre eigenhändig die Einnahmen und Ausgaben des Hauses und auch die von den Schiffern und Kaufleuten gefaßten Beschlüsse und andere Vorkommnisse in jene Protokoll-Bücher, die anfänglich zugleich auch Rechnungsbücher gewesen zu sein scheinen, ein. Sie bilden die ältesten Annalen des Hauses, von denen indeß leider auch doch nur wieder Bruchstücke und Auszüge auf uns gekommen sind.

Die Buchhaltung und Geschichtschreibung in diesen alten Plattdeutsch abgefaßten Büchern ist sehr eigenthümlich, meistens äußerst lakonisch.

Den Bericht über das neue Verwaltungs-Jahr fängt der Vorsteher des Hauses gewöhnlich an mit einem „Laus Deo!" oder: „Cum Deo to Bremen". Zuweilen heißen die kurzen Einleitungs-Worte auch bloß: „to gedenken" (zu gedenken). Dann sagt der Buchhalter mit zwei Worten, was bei der Seefahrt beliebet wurde, und daß er selber nun wegen des Hauses Aufkommen („von wegen des Hufes Upkumst") Rechnung abgelegt habe. Der kurze Bericht über eine solche Rechnungs-Ablage lautet dann wohl so:

„Mein Empfang ist im Laufe des Jahres gewesen 114 Mark und 26 Grote, meine Ausgabe dagegen 82 Bremer Mark 19 Grote 4 Schwaren, so daß das Eine gegen das Andere abgezogen baar übrig bleibt, 32 Bremer Mark 6 Grote 1 Schwaren, welches Geld ich meinem Nachfolger Harm Wedeman richtig überliefert habe. Amen!

„Klaus Mönnichhusen.

„Meine eigene Hand."

Man sieht, daß von doppelter Italiänischer Buchführung bei diesen alten Rechenmeistern wenig die Rede war. Diese Kunst lag damals in Bremen noch in der Kindheit. — Häufig passirte es jenen ehrenwerthen Klaus Mönnichhusens, daß sie noch hinterdrein nach Abschluß ihrer Rechnung wahrnahmen, wie sie in ihrer Bilance etwas vergessen hatten. Es erscheinen

daher gewöhnlich bei ihren Rechnungs-Ablagen noch einige nach-
trägliche „Item's", wie z. B. in obigem Falle folgende:

„Item habe ich Klaus Mönnichhusen an Harm Wedeman
noch eine Mark und 17 Grote überantwortet, die den Armen
auch noch zukommen."

„Item habe ich Klaus Mönnichhusen auch noch nachträglich
mit Klaus Stendern gerechnet am Sonntage Allerheiligen und
habe befunden, daß Stendern auch noch 5 Mark 27 Grote den
Armen schuldig bleibt."

Auch das äußere Gewand und die Ausstattung dieser alten
Protokoll- und Rechnungs-Bücher ist charakteristisch und zeitgemäß. Sie sind bei der Seefahrt, wie auch bei anderen
Instituten aus der Zeit kurz nach Luther, in Pergamentblätter
eingebunden, welche die Protestanten aus den alten Meß- und
Gesangbüchern der katholischen Priester genommen hatten. Die
antiken Musik-Noten, die in Mönchsschrift schön geschriebenen
lateinischen Verse mit bunt gemalten Initialen dienten den
Rechnungsbüchern der protestantischen Wohlthätigkeitsanstalten
zum Schmuck. Diese Art des Einbands zieht sich noch bis
weit ins siebzehnte Jahrhundert hinein. Nachher hörte sie auf,
weil keine Missalen, welche die Buchbinder zerschneiden konnten,
mehr vorräthig waren.

Die ganze jährliche Einnahme und Ausgabe des Hauses Seefahrt belief sich während der ersten zehn Jahre nach dem Ankauf
(von 1561 bis 1571) auf durchschnittlich 100 bis 200 Mark
(à 32 Grote.) Dies erscheint uns unglaublich gering. Aber
freilich muß man bedenken, daß man damals, wie ich aus
einer Seefahrtsrechnung ersehe, für 24 Grote eine ganze Tonne
Bier, die jetzt wohl mehr als das Zehnfache gilt, kaufte, daß
„die Leute, welche sieben schwere Tonnen Biers vom Dorfe
Seehausen in die Seefahrt brachten," dafür nur „8 Grote Zehr-
und Trinkgeld" bekamen, und daß der jährliche Miethzins für
ein kleines Haus, in dem eine arme Familie wohnte (eine jener

Buden der Seefahrt) nur 4 bis 6 Mark betrug. (Heutzutage wohnt schwerlich eine unserer ärmsten Arbeiterfamilien unter 20 bis 30 Thaler jährlich.)

Da die alten Herren von der Seefahrt so gut wirthschafteten und nun wie gesagt ihr eigenes Haus besaßen, so fingen denn jetzt auch die wohlhabenden Bürger, die gewöhnlich erst dahin gern etwas zu stiften und zu geben pflegten, wo sie schon etwas Ordentliches vorgeschafft sahen, an, ihre milde Hand aufzuthun und die Seefahrt sowohl mit Legaten als auch mit Geschenken unter Lebenden zu bedenken.

Das erste Geschenk der letzten Art, das ich aufgezeichnet finde, wurde Ostern 1564 gegeben. Es waren „drei versiegelte Briefe, jeder zu 20 Mark, die Johann Using. Bürger zu Bremen, um Gotteswillen an der Armen Seevarth Gasthaus schenkte, damit von diesem Capitale, so weit als sich des Jahres Interesse beläuft, den Armen Hemde, Schuhe und Strümpfe, bei der Vorsteher Treue, Ehre und ihrer Seelen Seligkeit, gegeben werden möchten." Johann Using scheint mit eigener Hand die Verschreibung dieser Schenkung in das große Protokollbuch der Seefahrtvorsteher eingetragen zu haben, und er schrieb darunter die Worte: „Dieß ist mein Johann Using sein Begehr. Um Gotteswillen!"

Seit dieser ersten Schenkung im Jahre 1564 ist die Reihe von Capitalien, welche der Seefahrt zuflossen, bis auf den heutigen Tag nicht wieder abgerissen.

Johann Using, vermuthlich ein wohlhabender Kaufmann, scheint der erste bedeutende Donator und Patron der Seefahrt gewesen zu sein. Denn er sorgte mit Schenkungen für sehr verschiedene Arten der Bedürfnisse der Armen. Er gab noch in demselben Jahre einen Brief von „22 Thalern Hauptstuhl" (Capital), damit die Vorsteher von den Zinsen Brod und Butter kaufen sollten, und ebenfalls fügte er dieser Speise und jener Kleidung auch für Trank noch gleich einen andern „versiegelten pergamenenen Brief mit drei hangenden Siegeln,

Hauptstuhl von 100 Bremer Mark" bei, dessen Zinsen „zu Vier und sonsten nirgend zu" verwandt werden sollten. *)

Die ersten in Testamenten vermachten Legate für die Seefahrt sind aus dem Jahre 1565. Das allerälteste, das man unter den auf dem Staats-Archiv der Stadt aufbewahrten Testamenten der Bürger der Stadt Bremen hat auffinden können ist vom 15. Februar 1565 von Dirich Lehmhorst aus= gestellt, der der „armen Seefahrt" ein Legat von 100 Mark vermacht. Das zweite ist vom 30. Juli desselben Jahres von Berend Lesse einem Bürger zu Bremen, der seinen letzten Willen in Island aufsetzte und dabei der „armen Sewardt" zu Bremen mit 20 Mark gedachte. **)

Am Tage St. Mathaeus Anno 1566 „ist Detter Ronge in die Seefahrt gekommen und hat dem Vorsteher derselben Herr Joachim Scharhar gesagt, daß er und seine liebe Haus= frau ein Testament gemacht hätten, darin sie nach beider Tode der armen Seefahrt einen Brief von 50 Mark geben, daß man von den Interessen, die davon kommen, den Armen solle K o h l e n davor kaufen, als man das wollte vor Gott verantworten."

„Ich Joachim Scharhar bekenne mit meiner eigenen Hand, daß er mir solches gesagt hat."

Von 1565 bis 1569 finden sich auf unserm Staatsarchive nicht weniger als 18 Testamente, die alle auf verschiedene Weise für die mannigfaltigen Bedürfnisse des Hauses Seefahrt sorgten. ***)

Auch die Schenkungen unter Lebenden gingen dabei immer fort:

---

*) Abschriften der Verschreibungen dieser Schenkungen von J. Using fand ich unter den Papieren auf der Dombibliothek zu Bremen.

**) Diese Notiz verdanke ich einem großen Kenner der Geschichte Bremens und einem werthen Freunde von mir, dem Herrn Pastor Kohlmann zum Horn.

***) Mein verehrter Freund Pastor Kohlmann hat die große Güte gehabt, mir die ganze Liste derselben und den Inhalt jedes Testaments mitzutheilen.

„Anno 1571 den 23. Januar habe ich Hermann Schu=
macher, Johann's Sohn, übergeantwortet und geliefert an
Jochim Scharrbar, als Vorsteher der armen Seefahrt eine
Handfeste von 30 Mark, den Armen zu geben um Gotteswillen,
doch mit diesem Wiederbescheid, daß die Interessen nicht eher
angehn sollen, ehe und bevor ich nach dem Willen Gottes in
dem Herrn entschlafen bin, alsdann mögen Jochim und seine
Mitvorsteher zusehen, mit der Handfeste zu thun und zu lassen,
als es den Armen am nützlichsten ist, so als sie das vor Gott
wollen verantworten."

Die gute „Frau Ilsabe Salger, Arp Schyldegardes nach=
gelassene Wittwe," machte auch den armen Seefahrern im Jahre
1574 eine Schenkung und sann darauf, ihnen ein ganz beson=
deres Vergnügen, nämlich ein jährlich wiederkehrendes Festessen
zu bereiten. „Sie gäbe," sagt sie in ihrer Verschreibung, „den
Vorstehern des Hauses einen Brief von 20 Mark, den Armen
davon alle Zeit auf Neujahrstag vor 1 Bremer Mark ein
Papen=Stück Braten zu kaufen und vor 8 Grote Schön=
brodt, das soll man den Armen zum Essen geben von den In=
tressen. Und ich bitte meine guten Freunde die Vorsteher, daß
sie halten wollen, was ich von ihnen begehre bei ihrer Seelen
Seligkeit, als Gott wird ihnen hier und in Ewigkeit seinen
Segen geben. Amen!" Zur Erläuterung bemerke ich, daß ein
Papenstuck (Pfaffenstück) das beste Stück Rindfleisch aus dem
Hinterviertel des Ochsen war. *)

Wie einige Donatoren für Kleider und Brod, andere für
Bier und Kohlen, andere für besondere jährliche Festtage, so
suchten wieder andere die kleinen baaren Geldeinkünfte der Armen
zu mehren. „Ein frommer und bescheidener Mann" übergab

---

*) Die Verschreibungen über alle diese und einige andere Schenkungen
an die Seefahrt befinden sich in Abschriften auf der Dombibliothek zu Bremen.

den 20. Oct. 1573 den Vorstehern der Seefahrt ein kleines
Capital, damit sie von den Interessen die Armen alle Dienstage
einen Groten mehr geben möchten, „so daß sie denn dadurch wöchentlich drei Grote baar Geld bekämen, was ihnen
recht gut thun würde, derweilen es jetzt, bis Gott es bessert,
eine sehr theure Zeit ist." — „Der bescheidene Mann" so heißt
es in den Protokollen, — „that dies zu einem Gedächtnisse,
begehrte aber nicht, daß man seinen Namen wissen und ins
Buch schreiben solle." —

Mit der Beihülfe solcher frommer Geber und ihrer zahlreichen Gaben wuchsen denn am Ende des 16. Jahrhunderts
die Capitalien und Kräfte des Hauses — und die Anstalt gedieh zu immer größerer Bedeutung. —

Da ich hier indeß ein Mal der Protokoll und Rechnungsbücher
der Seefahrt und des in ihnen sich kundgebenden Sinnes erwähnt habe und da ich später schwerlich Gelegenheit finden
werde, auf diesen Gegenstand zurückzukommen, so will ich, um
mit dieser Sache gleich abzuschließen, ehe ich die ferneren
Begebenheiten erzähle, noch einen Blick auch in die alten Bücher
der nächsten Folgezeit thun.

Bis in die Anfänge des 17. Jahrhunders herrschte in
diesen Büchern wie überhaupt in allen Aufsätzen und Erlassen
der Seefahrt die Plattdeutsche Sprache. Der erste Hochdeutsch
abgefaßte Beschluß der Seefahrtsvorsteher, der mir vorgekommen
ist, datirt vom Jahre 1640.*) Indeß war das geschriebene
Hochdeutsch unserer Seefahrer noch lange Zeit in vieler Hinsicht
nur eine buchstäbliche Uebersetzung aus dem Plattdeutschen und
ihre Bücher sind auch in dieser Hinsicht, in Hinsicht auf die
allmählige Umgestaltung der alten Plattdeutschen Sprache und
Schreibweise zum Hochdeutschen Style, sehr interessant. So

---

*) Derselbe bezieht sich auf die große Mahlzeit.

heißen, um Beispielsweise nur Einiges anzuführen „die Vor=
steher" der Seefahrt noch lange „Fürständer", eine Hochdeutsch
sein sollende Umbildung aus dem Plattdeutschen: „Vor=
stenders." Wenn ein Buchhaltender Vorsteher des 17. Jahr=
hunderts berichten will, daß eine Gesammtsession abgehalten
sei, so schreibt er: „Alle Fürständers der Seefahrt sind zu Haufe
gewesen", (buchstäblich aus dem Plattdeutschen: se synd to hope
wesen.) Später lautet die Sprache: „sind praesentes gewesen."
Denn ehe man zu einem classischen Hochdeutsch kam, schweifte
man in der Bremischen Seefahrt, wie auch anderswo in Deutsch=
land, erst noch wieder durch das Gebiet des Lateinischen oder
Französischen. Fast zweihundert Jahre dauerte es, bis unsere
guten Seefahrer das schwierige Hochdeutsche Wort: „Zusammen=
kunft" richtig buchstabiren lernten. Sie bildeten daraus erst ver=
schiedene halb Plattdeutsche halb Hochdeutsche kleine Monstruo=
sitäten. Zuerst lautet es sehr plattdeutsch gefärbt: „Samenkompst"
oder „Samtkumpst." Nach 50 Jahren wird es schon etwas
mehr nach der Hochdeutschen Manier, aber nicht lieblicher:
„Samtkunfst" oder auch noch etwas eleganter: „Sanstkunfft."
Das Richtige: „Zusammenkunft" stellt sich wie gesagt sehr spät
ein. Ein Sprachforscher, der diese Sache weiter verfolgen
wollte, könnte in den Seefahrtsbüchern noch eine reiche Aernte
von für die Geschichte der allmählichen Umbildung und Reinigung
der Sprache interessanten Bemerkungen halten.

Auffallend ist es, daß die Seefahrtsschriftsteller indem sie
dem Plattdeutschen entsagen und das Hochdeutsche annehmen,
bei weitem nicht mehr so lakonisch sind wie früher, vielmehr
weit redseliger, weitschweifiger und ceremoniöser werden, aller=
dings zugleich auch umsichtiger und vollständiger. — Auch
machen sie ihre Sachen allmählig etwas geschäftsmäßiger ab.
Jene vielen vergessenen und nachträglichen „Items" hören bei
ihren Bilancen auf. Dennoch ist es schwer, sich in dem von
den verschiedenartigsten Händen und auf die mannigfaltigste
Weise zusammen gehäuften Stoffe zurecht zu finden, schon deß=

wegen, weil sie ihre Bücher nie paginirt haben. Das Pagi-
niren fangen die Seefahrtsbuchhalter erst im 19. Jahrhundert an.

Sehr lange erhielt sich die alte fromme und gottesfürchtige
Abfassungsweise der Protokolle und Rechnungsberichte. Doch
werden auch darin unsere Urgroßväter aus dem 17. Jahrhundert ausführlicher, als ihre Vorfahren des 16. Jahrhunderts es
gewesen waren. Das lakonische „Laus Deo to Bremen,“ womit
diese letztern ihre Auslassungen über Geldgeschäfte anfingen und
das simple „Amen,“ womit sie jeden Contrakt und jede „Me-
morialrechnung“ beschlossen, wird bei jenen eine lange erbauliche
Betrachtung oder ein umständliches Anfangs- und Schluß-Gebet.
So fängt z. B. der Protokollist von 1676 seinen Vortrag fol-
gendermaßen an: „Den 27. Juni Anno 1676 habe ich im
Namen der heiligen und hochgelobten Dreifaltigkeit das Buch
der armen Seefahrt zu verwalten angetreten. Gott gebe, daß
dasselbe die Zeit meiner Verwaltung, sie sei kurz oder lang,
also mag geführet werden, daß es gereiche Gott zu Ehren, den
Armen zum Besten und mir zur Seligkeit. Hilf Gott zum
glücklichen Anfange, Mittel und seeligem Ende.“

Und der Schluß einer solchen andächtigen Rechnungsablage
lautet denn wohl so: „Anno 1680 den 15. September habe
ich Gott sei Dank meines dritten Jahres Rechnung als gewesener
Buchhalter dieses Hauses in der Seefahrt abgelegt. Wünsche
von Herzen, daß Gott der Allmächtige diese Stadt und Seefahrende Gesellschaft gnädiglich erhalten, reichlich segnen und
alles Unheil abwenden möge. Alles was mir anvertraut an
Geld, Briefschaften und Schlüsseln habe ich meinem Herrn Suc-
cessoren Aeltermann Lüder Nößer richtig überliefert. Gott erhalte
ihn und uns alle gesund.“

„Bremen, den 15. Sept. 1680“

„Johann Dietrich Hake.“

Sogar ihre eigenen selbstwilligen Bestimmungen z. B. die
Erfolge ihrer Wahlen durch Stimmenmehrheit schreiben diese

frommen Buchhalter der Einwirkung von oben zu; So finde
ich z. B., daß sich einer derselben über eine neue Vorsteher=
wahl so ausdrückt:

„Weil es Gotte gefallen, den frühern Vorsteher des Hauses
Seefahrt aus dieser Sterblichkeit in die selige Ewigkeit zu
versetzen, so hat man eine neue Wahl gemacht und dabei sind
11 Herrn auf die Liste gesetzt und nachdem es Gott ge=
fallen, daß die Wahl durch die meisten Stimmen
auf Herrn Jeremias Johannes Schulz gefallen, so gratuliren
wir denselben, wünschen ihm Leibes und Gemüthskräfte, daß
er mag der Seefahrt und derer Armen bestes auf viele aufein=
ander folgende Jahre suchen."

Es ist zu loben, daß die „vornehmen" Herrn Vorsteher nicht
nur bei ihren eigenen mehr ins Gewicht fallenden Wahlen
sondern auch wenn es sich um die besoldeten Diener und Be=
amten des Hauses handelte, nicht unterließen, auch solche
fromme Wünsche und Gebete dazu zu schreiben. So heißt es
z. B. bei Gelegenheit der Einsetzung eines neuen Hausver=
walters so: „Da es dem Allmächtigen Gott gefallen hat, den
in seinem 84. Jahre Ablebenden Bedienten Arend Sturig aus
dieser Zeitlichkeit in die ewige Herrlichkeit zu sich zu fordern,
dessen Seele im Himmel wird triumphiren und nach der Zeit
ein ewiger Erbe allda verbleiben, so hat man Bedacht ge=
nommen, den 3. März einen neuen Verwalter zu wählen."

Auch wenn gemeldet wird, daß man beschlossen habe, das
große alljährliche Gastmahl der Gesellschaft für sich gehen zu
lassen, setzt der Buchhalter gewöhnlich dahinter: „Gott gebe
seine Gnade dazu." Im Jahre 1714 pflanzte man mehrere
Kirsch= und Aepfelbäume in dem Hofe der Seefahrt, unter den
letztern einige damals vermuthlich berühmte Sorten: „Pere-
mens" „Brittagne veerd" „Caleville rouge dehors et de-
dans" „Pipping de Anglettere" etc. Auch darüber riefen
dann die Rechnungsführer des Himmels Segen: „Gott schenke

seinen Segen zum Wachsthum dieser Bäume und gäbe, daß sie fruchtbar seien."

Es mögen diese Notizen zur Bezeichnung des alten in unserer Anstalt herrschenden gottesfürchtigen Geistes, der auch im 19. Jahrhundert noch nicht erstorben ist, einstweilen hier genügen und ich gehe nun zur Erzählung der weitern mehr oder weniger bedeutsamen Begebenheiten fort. —

VI.

Wie im Jahre 1575 vom Hause Seefahrt die Verhältnisse der „Schiffskinder" geordnet werden.

Bedeutung des Hauses Seefahrt als Haupt-Repräsentant und Mittelpunkt der Schiffer-Gilde. — Vergleichung mit andern Gilde-Häusern. — Berathungen der Schiffer über die Rechte und Pflichten der Schiffsmannschaften. — Ihre „Ordinantie" darüber. — Gleichzeitige und bald nachfolgende Beschlüsse darüber in andern Hansestädten. — Anhang: Uebersetzung der „Ordinantie" der Bremer Schiffskapitäne vom Jahre 1575. —

Die alte Gesellschaft der Bremer Schiffer, deren erste Anfänge wie ich sagte schon im Mittelalter zu suchen sind, hörte natürlich, nachdem sie im Jahre 1545 für ihre Armen zu sorgen angefangen hatte, nicht auf zu existiren.

Da indeß die Seefahrt, die aus ihrem Schooße hervorgegangen war, bisdahin ihr bedeutendstes Werk war, da fast alle Bremer Schiffer auch Mitglieder des Hauses Seefahrt waren, oder wurden, und die „Schiffer-Gilde" durch die Seefahrt zuerst in den Besitz eines Gebäudes und Grundstücks kam, so identificirte sich die Mutter-Gesellschaft mehr oder weniger mit der aus ihr hervorgegangenen Filial-Anstalt und die Vorsteherschaft dieser letztern trat auch überhaupt gewissermaßen an die Spitze aller Angelegenheiten der erstern. Das Seefahrts-Haus war daher nicht bloß eine Invaliden- und Armen-Anstalt, sondern eigentlich ebenso sehr das Gilde- oder Stiftshaus der ganzen Schifferschaft.

Seit dem Beitritt der wohlhabenden Schiffs-Rheder (Anno 1561) war in diesem Hause innerhalb der Schiffergesellschaft viel Capital und Intelligenz concentrirt. Die Gesammtschiffer hielten daher im Hause Seefahrt nicht nur ihre Versammlungen zur Regulirung ihrer Armenpflege sondern auch zu Berathungen über ganz andere die Schiffahrt im Allgemeinen angehende Angelegenheiten. Und dazu gingen von den intelligenten Vorstehern des Armenhauses die Impulse aus. Sie gaben den Ton an und hatten gleichsam die Initiative auch in anderen die Interessen der Schiffer berührenden Dingen.

Es geschah hier, wie es scheint, mit dem Verwaltungsrathe des „Seefahrenden Armenhauses" etwas Aehnliches, wie mit der Vorsteherschaft der Kaufmannsgilden in unsern deutschen und auch in fremdländischen Städten. Obwohl diese Kaufmannsgilden ursprünglich nur für den Kaufmann bestimmt waren, so wurden sie am Ende so reich und mächtig, daß sie zuweilen fast als politische Repräsentanten und Häupter der ganzen städtischen Bürgergemeinde agirten und daß z. B. in London die Kaufmannsgilde der ganzen Stadtverfassung ihre Form und Grundlage gab, ihr Gildehaus (Guildhall) gleichsam das Rathhaus der Stadt wurde. Ganz so weit kam es in Bremen mit dem dortigen Collegium Seniorum und seinem „Schütting" (Gildehalle) nicht, obwohl sich bei ihm eine gleiche Tendenz wohl nachweisen ließe.

In ähnlicher Weise kam die Vorsteherschaft der Seefahrt, als sie einflußreich wurde, an die Spitze nicht bloß der Armenverwaltung der Schiffer, sondern überhaupt in gewissem Grade an die Spitze der ganzen Schiffergemeinde und das „Haus Seefahrt" betheiligte sich daher in der Folge vielfach an der Regulirung von Dingen, die weit über die Grenzen einer bloßen Armenversorgungsanstalt hinausgingen. ¹)

---

*) Auch in unserer Schwesterstadt Lübeck ist das Stifts oder Gildehaus der Schiffer identisch mit dem Schiffer-Armenhause. Nur daß dort die Sache

Recht bestimmt und zuerst tritt diese Bedeutung, welche das Haus Seefahrt annahm, in einer Anno 1575 daselbst voll= zogenen Transaktion hervor. Im Monat Januar dieses Jahres hielten „die sämmtlichen Schiffer allhier zu Bremen" in der Seefahrt eine Zusammenkunft und faßten daselbst Beschlüsse, welche sowohl für die Geschichte und Bedeutung des Hauses selbst, als auch in mancher anderen allgemeinen Hinsicht von Interesse sind. —

Es scheint, daß damals die Verhältnisse zwischen den Schiffscommandeuren („Schippern") und ihren Leuten, den so= genannten Schiffskindern („Scheepskindern") einer Regelung bedurften. Es bestand zwar in dieser Beziehung ein seit alten Zeiten hergebrachter Gebrauch. Auch galten darüber längst die uralten Bestimmungen des allgemeinen Seerechts. Doch mochten bisher in Bremen darüber noch keinerlei besondere Satzungen und specielle Ordnungen aufgestellt und zu Papier gebracht sein.

Kurz vor 1575 müssen wohl einige sehr unangenehme Un= ordnungen vorgefallen sein — „g r o ß e r Mißbrauch vermehrt sich täglich", so heißt es in dem über jene Transaktion aufge= setzten Dokumente,*) — und sämmtliche Schiffskapitäne (Schipper) sahen sich daher zu einer Berathung in der Seefahrt veranlaßt, um Beschlüsse über die Gerechtsame, Pflichten und Befugnisse des Schiffsvolkes gegen ihre Schiffscommandeure und dieser gegen ihre Leute zu fassen.

Die Anregung zu dieser Versammlung ging, von den Schiffsrhedern und von den V o r s t e h e r n d e s H a u s e s S e e = f a h r t aus.

----

auf umgekehrtem Wege zu Stande kam. Das Haus wurde als „Gildehaus" z u e r s t für die Zwecke der Schiffergesammtheit aufgebaut und dann s p ä t e r wurden auch die Prövenwohnungen für die Armen hinzugefügt. In Bremen aquirirten die Schiffer erst ein Haus für ihre Armen und benutzten, indem sie diese Armen in kleine Nebenwohnungen einquartirten, das Hauptstück des Hauses für ihre allgemeinen Gesellschaftszwecke.

*) Siehe dieses Dokument im Anhang zu diesem Capitel.

Von den in der Seefahrt versammelten Capitänen oder von
der — wie sie sich in dem besagten Dokumente auch wohl
nennen, — „Schiffergesellschaft" oder „Schiffergesammtheit." [*)
wurde eine Reihe von Beschlüssen gefaßt:

Zuerst wurde den Schiffern empfohlen, mit ihren Leuten
einen genauen und pünktlichen Contrakt zu machen, damit
keine Irrungen unter ihnen entstehen möchten.

Wenn ein Capitän Leute werben wolle, so solle er vor
Allem darauf sehen, daß dieselben nicht etwa schon mit einem
andern Capitäne in contractlicher Verbindung ständen. Wenn
ein Capitän dennoch wissentlich Leute heuern würde, die schon
anderswo Verpflichtungen hätten, so sollte er den dritten Theil
des Betrags des Miethgeldes an das Haus Seefahrt zahlen,
und die Hälfte davon sollte den Armen der Seefahrt, die andere
Hälfte aber „der Versammlung" (der Casse der Allgemeinen
Schiffergesellschaft?) zukommen. —

Wenn ein Matrose, nachdem er sich an einen Schiffer vermiethet und den „Gottespfennig" (das Handgeld) schon empfangen hätte, anderes Sinnes würde und ohne Grund, die
Reise mitzumachen, sich weigerte, oder wenn er gar mit einem
Theile des etwa schon empfangenen Miethlohns davon liefe,
so solle derselbe von den „Verordneten" nach dem Laute der
Seerechten gestraft werden.

Sollte sich eins der Schiffskinder nach seiner Engagirung
muthwillig und ungehorsam beweisen, sei es auf dem Wasser
oder auf dem Lande, des Name — so wurde bestimmt, —
solle „auf der Seefahrt" angeschlagen oder in einem besonders schlimmen Falle er selber nach Laut des Seerechts
verfolgt werden.

Wenn unterwegs ein Schiffer in einem Hafen länger als
erwartet, aufgehalten würde, entweder weil die Löschung oder
Ladung der Waaren sich hingezogen, oder weil er nicht gleich

Fracht gefunden, oder weil er bei einer Reise nach Portugal auf neues Salz gewartet, so sollte der Schiffer nicht gezwungen sein, den Matrosen „das Liegegeld" zu geben, sondern sie nur auf Kosten der Rheder mit Kost und Trank in guter Weise versorgen. Auf der Reise nach Portugal, (von wo man damals besonders viel Salz holte), sollte der Schiffer seinen Leuten die „Salzführung" *) bezahlen lassen, an dem Platze, wo die Ladung eingenommen würde.

Im Falle ein Schiff unterwegs von Seeräubern angefallen werden würde, sollten Alle an Bord des Schiffes sich untereinander fromm und treulich beistehen und Alles thun, um Schiff und Gut zu vertheidigen. Dagegen sollte der Capitän die bei solchen Gelegenheiten Verwundeten auf seine und des Schiffs Kosten wieder heilen lassen. Und würden sie dabei völlig gelähmt, so daß sie ihr Brod nicht mehr erwerben könnten, so sollte ihnen entweder, wenn man sich mit ihnen darüber einigen würde, eine Abfindungssumme gegeben werden, oder der Verunglückte sollte für die Zeit seines Lebens in Kost und Kleidern erhalten werden, soweit Schiff und Ladung dazu ausreichen würden.

Zur Schlichtung und Vertragung aller etwa zwischen Schiffern und Schiffskindern ausbrechenden Streitigkeiten wurde von der Schiffergesammtheit ein Schieds- oder Austrägalgericht von sechs Männern begründet, denen zunächst alle solche Streit-

---

*) Die „Führung" („Föhrung") später auch nach dem Französischen „Pacotille" genannt, war diejenige kleine Quantität Waaren, welche der Capitän und die Matrosen für ihre eigene Rechnung mit ins Schiff nehmen und führen durften. Die „Salzführung" insbesondere kam auf den nach Portugal segelnden Schiffen vor. Wenn die Matrosen auf das Recht der „Führung" verzichteten, so schien es billig, ihnen dafür eine Entschädigung zu gewähren. Das Recht auf eine solche Entschädigung scheint in dem obigen Artikel festgestellt zu sein. Auch in spätern „Schiffsordnungen" (z. B. in einer des Bremer Senats vom Jahre 1731) wird noch wiederholt bestimmt, daß die Capitäne und Matrosen zu der „Führung oder statt derselben zu einer Geldentschädigung" berechtigt sein sollten.

sachen vorgelegt werden sollen. Könnten diese Sechse die Sachen aber nicht gütlich beilegen, so sollte dann Jedem unverwehrt sein, sein Recht vor den gewöhnlichen Gerichten weiter zu suchen.

Und wer diesen Artikeln zuwider handelte, der sollte je nach Umständen von den Verordneten der Schiffer bestraft werden, unbeschadet der Rechte eines ehrbaren Rathes und sonst Jedermanns. Die Strafe aber sollte darin bestehen, daß der Uebertreter aus der Gesellschaft und Freiheit der Schiffer ausgeschlossen werde und ferner weder binnen, noch außer Landes Gemeinschaft mit ihnen haben dürfe. — Von den sechs Schiedsrichtern sollten jährlich zwei abgehen und zwei neue tüchtige Männer in ihre Stelle gewählt werden. —

Alle diese Beschlüsse der Schiffer wurden zu Papier gebracht, dem Bremischen Rathe vorgelegt und dieser billigte und confirmirte sie, als eine „Ordinantie" (Schiffsordnung) die der Rath, wie er sich ausdrückt „mit genehmigt haben" (mede gevulbordet). Der Rath scheint durch diese Ausdrücke der Schiffergemeinschaft einen ziemlich hohen Grad von Autonomie stillschweigend zuzugestehen.

Alle diese Beschlüsse sind, ich wiederhole es, für uns hauptsächlich deßwegen besonders merkwürdig, weil sie uns die Fortexistenz der großen Schifferverbindung oder Gilde in Bremen neben und mit dem Hause Seefahrt beweisen. Wie im Jahre 1545 von dieser Gilde die Versorgungsanstalt der Armen gegründet wurde, so emanirten jetzt von ihr mit Hülfe der Vorsteherschaft dieses Hauses, das ihr Hauptmittelpunkt geworden war, — unter dessen Fahne sie sich schaarten, — dem sie sich in gewissem Grade unterordneten,— die bezeichnete „Ordinantie" und das neue Schiffergericht mit sechs Schieds- oder Friedensrichtern Die Schiffergesammtheit handelt im Jahre 1575, wie es in dem über ihre Beschlüsse aufgesetzten Dokumente ausdrücklich bemerkt wird, nicht auf eigenen Impuls, sondern auf Geheiß und Aufforderung der Vorsteher der Seefahrt und der Schiffsrheder. Sie versammelt sich im Seefahrtslokale. Ferner werden

5 *

die Seefahrtsarmen mit den in der Ordonnanz festgesetzten Straf=
geldern dotirt. Und endlich sollen die Namen ungehorsamer
und muthwilliger Schiffer auf dem Hause Seefahrt schimpflich
angeschlagen werden.

Man könnte wohl mit Recht fragen, was eine Versorgungs=
anstalt armer Verunglückter mit der Bestrafung und dem Ge=
richtswesen der Matrosen auf See zu thun habe, wenn man
sich, um diese Dinge zu erklären, nicht zugleich vorstellen wollte,
daß seit der Stiftung dieser Anstalt sich in derselben das Haupt=
interesse der Schiffergesammtheit concentrirt hätte.

Was aus dem im Jahre 1575 beliebten Austrägalgerichte
der Bremischen Schiffer und Matrosen geworden ist, vermag ich
nicht zu sagen. — Doch scheint es, daß die Aelterleute der Schiffer=
gesellschaften aller unserer Seestädte sich damals mit ähnlichen
Beschlüssen und Anordnungen über das Schiffsvolk beschäftigt
haben und es ist beachtenswerth, daß auch einige Jahrzehnte
später von allen Hansestädten über denselben Gegenstand allge=
meine und durchgreifende Beschlüsse gefaßt wurden. Die Be=
schlüsse der sämmtlichen Bürgermeister und Räthe der Vereinigten
Teutschen Hansestädte über „Schiffsordnung und Seerecht" wurden
zuerst im Jahre 1614 in Lübeck publicirt und gedruckt und
galten dann in fast unveränderter Fassung das 17. und 18.
Jahrhundert hindurch. Sie wurden in Bremen noch wiederholt
(z. B. einmal im Jahre 1688) publicirt. Ich finde in diesen
Beschlüssen der Hansestädte mehre Artikel der im Jahre 1575
von den Bremer Schiffern in unserer Seefahrt beliebten „Ordi=
nantie" fast buchstäblich aufgenommen. So z. B. das, was über
die Schiffsleute bestimmt wurde, die nicht gegen Seeräuber
fechten wollen. Auch Das, was über die den Matrosen der
nach Portugal fahrenden Schiffe zukommende sogenannte Salz=
führung festgestellt wurde. *) Vielleicht berücksichtigen also die

---

*) Siehe das Buch: „Der ehrbaren Hansestädte Schiffsordnung und See=
recht. — Erstlich gedruckt bei Lübeck bei Samuel Janßen 1614. Wieder

Herren in Lübeck*) bei Abfassung ihres „Seerechts" auch die
Beschlüsse unserer Bremischen Schiffer von 1575 und es wirft
dieß ein Licht auf die Bedeutung dieser in unserm
Hause Seefahrt und auf Impuls seiner Vorsteher
ausgeführten Transaktion. —

Das darüber aufgesetzte und unter den Papieren des Hauses
Seefahrt (in verschiedenen Copien) aufbewahrte Dokument, scheint
überhaupt die älteste von Bremischen Schiffern beliebte und vom
Bremischen Rathe bestätigte uns erhaltene **) „Schiffsordnung"
zu sein. Auf dem Bremer Staatsarchive giebt es keine ältere.
Die ältesten in der gedruckten „Sammlung verschiedener auf
Handel und Schiffahrt bezüglicher Verordnungen des Bremischen
Senats, Bremen in der Meier'schen Raths-Buchdruckerei" sind
viel später, aus der Mitte des 17. Jahrhunderts. Und es mag
daher eine vollständige und getreue Uebersetzung dieses Dokuments
in dem Anhange zu diesem Capitel einen Platz finden. —

---

aufgelegt und gedruckt in Bremen bei Johann Wessel E. E. Hochw. Raths-
Buchdrucker."

*) Der Lübeckische Syndikus Domann wurde mit der Redaktion dieser
Schrift beauftragt. Die Vorarbeiten, welche er dazu benutzte, sollen noch
auf dem Archiv in Lübeck vorhanden sein. So versichert wenigstens Pardessus
in seinem bekannten Werke „Us et coutumes de la mer", in der Einleitung
zum „Hanseatischen Seerechte."

**) Ich sage „die älteste uns erhaltene Bremische Schiffsordnung."
Denn allerdings waren in den sogenannten Hanseatischen „Recessen" (Beschlüssen des Hansabundes) über das Verhältniß zwischen Capitain und Matrosen und über das Reglement auf den Schiffen schon seit der Mitte des
14. Jahrhunderts häufig allgemeine Bestimmungen getroffen worden. Und
in dem berühmten Consolato del Mar zu Barcelona waren diese Verhältnisse schon längst auf eine bewundernswürdig umsichtige Weise in ihren
Details geordnet worden.

Anhang zu VI.

„Regulirung der Verhältnisse zwischen den Seecapitänen und ihren Schiffskindern. 1575."

„In dem Jahre unsers Seligmachers Jesu Christi Geburt, Tausend fünfhundert fünfundsiebenzig im Januario haben die sämmtlichen Schiffer allhier zu Bremen in der Seefahrt eine Zusammenkunft gehalten, um eine gute Ordnung und Bewil= ligung unter sich zu machen, — (jedoch vorbehaltlich der vorigen Tafel Anno 45, die von einem Ehrbaren Rathe in der See= fahrt bestätigt wurde) — welche Bewilligung von den Schiffern nicht geschehen, sondern auf Geheiß und Befehl ihrer Mit= Schiffs-Rheder, auch mit Bewilligung und Consens der Vor= steher des seefahrenden Hauses*) in Erwägung großen Miß= brauchs, so sich täglich in diesen gefährlichen Zeiten unter der Seefahrt vermehren thut, um dieselbige desto besser und fried= samer in guter Ordnung und Wohlstand zu erhalten, und haben sie also einhellig unter sich verwilligt und beschlossen, diese nach= folgenden Artikeln, so von den Schiffsrhedern und den Vor= stehern des seefahrenden Hauses mit für nützlich und für noth= wendig angesehen und erachtet, getreulich, ehrbarlich und auf= richtig zu halten, Gott dem Allmächtigen zum Lobe und der gemeinen Seefahrt zum Besten.

---

*) Diese etwas dunkle Stelle lautet im Plattdeutschen Originale buch=
stäblich so: „welke Bewilligung von den Schippern nicht geschehen, sondern
uth Hethen und Befehl ehrer Mede-Schippes-Rheddern, ock mit Bewilligung
und Consent der Vorstender des Schefahrenden Hufes in Erwegung grotes
Mißbrukes" ꝛc. Vermuthlich soll es nur heißen, daß die sämmtlichen
Schiffer diese Ordnung zwar gemacht hätten, daß sie aber nicht auf eigenen
Antrieb, sondern auf die Einladung und das Geheiß der Kaufleute und der
Vorsteher der Seefahrt zusammen getreten seien.

Fürder soll ein jeder Schiffer seinen Schiffskindern so viel bezahlen, als den Parten allhier in Bremen zukommt, für jeden Gulden zweiunddreißig Bremer Groten, auf andern Plätzen aber nach altem Gebrauche.

Auch soll ein jeder nach diesem Tage seinen Schiffskindern die Salzführung bezahlen lassen· an dem Platze, an welchem das Schiff geladen wird, sonst anderswo nach altem Gebrauche.

Wenn Einer oder Mehre unserer Schiffer außer Landes beim Ein= oder Ausladen der Waaren verhindert oder auf= gehalten würden, oder wenn sonst durch höheren Zwang oder um Fracht oder neues Salz zu bekommen, sich ein Verzug ein= stellen sollte und er still liegen sollte oder müßte,*) und als= dann das Schiffsvolk das Liegegeld von dem Schiffer haben wollte, so soll der Schiffer nicht schuldig sein, es zu geben, derweile er sein Volk von Seiten der Rheder mit Kost und Trank in guter Weise versorgen kann.

Zudem, so auch Jemand unter den Schiffs=Kindern gefun= den würde, der sich an einen Schiffer vermiethete und den Gottes=Pfenning schon empfangen hätte, um diese oder jene Reise zu segeln, und der darnach anderen Sinnes würde und nicht mit dem Schiffer fort wollte, derselbe soll von den Ver= ordneten nach dem Laute der Seerechte gestraft werden, es sei denn, daß er Ehren halber oder wegen Leibes=Schwachheit daran verhindert würde, oder sonst zu einem höheren Amte sollte gebraucht werden, und daß er dies beweisen könnte.

Wenn auch Einer, der sich verheuert und seinen Antheil Miethsgeld empfangen hätte, und nicht mit fort wollte oder

---

*) Ich setze die ganze Stelle aus dem Plattdeutschen Original her, damit der Leser zu entscheiden versuche, ob ich sie richtig verstanden und übersetzt habe: „Gebörde sich ock, dat eener edder mehr unser Schipper buten Landes verhindert wurden, in lossen edder lahdende, edder süst Heern Noith edder np Frachte offte nye Soelt liggen wolde, edder mosten, unde alsdenn dat Scheeps-Volt, dat ligge Geld von den Schippern hebben wolde" :c.

dem Schiffer aus seinem Dienst mit dem Miethsgelde fortliefe, derselbe soll nach Laut der Seerechten verfolgt werden, wie es einem solchen Manne zu thun gebühret. Auch soll denselbigen kein Capitän von hier wieder heuren, ohne und bevor derselbe sich nicht mit seinem vorigen Schiffer der Sache verglichen habe. Sofern aber doch ein Capitän einen solchen geheuret hätte, so soll er den dritten Theil der Miethe in die Seefahrt geben, wovon die Hälfte den Armen und die andere Hälfte bei unserer Versammlung kommen soll, es sei denn, daß der Capitän es auf seinen Eid nehmen will, daß er von dem Handel mit dem andern Capitän nichts gewußt habe.

Sollten auch Seeräuber vorhanden sein und gedenken, einen oder mehrere unserer Schiffe zu beschädigen, in solchem Falle soll der Eine dem Andern an Bord des Schiffs fromm und treulich beistehen, um die Seeräuber abzukehren, auch sonst Alles thun, was nöthig sein mag, um der Rheder Schiff und Gut zu vertheidigen. So auch Jemand von den Schiffskindern in sothaner Beschwerung und Streit verwundet oder geschädiget würde, denselben soll der Capitän auf seine und des Schiffs Kosten wieder heilen lassen. Kriegte er aber Lähmung davon, so daß er sein Brod nicht mehr gewinnen könnte, derselbe soll Zeit seines Lebens in Kost und Kleidern in jeder Weise unterhalten werden, so weit Schiff und Gut dazu ausreicht, oder es soll mit ihm deswegen, wenn ihm das recht ist, ein billiges und rechtes Abkommen getroffen werden.

So sich aber Jemand von den Schiffskindern hiergegen muthwillig stellen würde, auf dem Wasser oder auf dem Lande, daß man es ihm beweisen könnte, dessen Name soll in der Seefahrt angeschlagen werden. Und wäre sein Fall nach Umständen und Ursachen schlimmer, so soll derselbige nach Laut des Seerechts verfolgt werden.

Auch soll sich ein jeder Schiffer wohl vorsehen, guten Contrakt und Bescheid mit seinem Volke zu machen, gleich bei

der Heurung, auf daß Niemand über Gebühr und den klaren
Bescheid beschwert werde, und Jeder gewarnt sei.

Auch haben die gemeinen Schiffer aus ihrer Mitte hierzu
sechs Männer erkoren, welche dieser Aller Verwilligung mit
Treue und Wohlmeinung ernstlich vorstehen sollen, auf daß,
wenn eine hohe und dringende Sache vorhanden, ein Jeder mit
der Zusammenkunft möge verschont werden, und es sollen alle
Jahr zwei von den Sechsen abgehen und zwei andere in ihre
Stelle gewählt werden, die dazu tüchtig sind.

So auch in der Zwischenzeit Einer oder Mehre von den
Sechsen mit dem Tode abgehen (was Gott abwenden möge)
alsdann sollen die anderen in deren Stelle wieder andere gute
Leute küren, auf daß die Zahl der Sechse voll bleiben möge.

So auch einiger Zank, Haber oder Zwist unter den
Schiffern oder Schiffskindern, binnen oder außen Landes ent-
stände, und so sie ihres Friedens nicht einig werden könnten,
sollen sie dasselbe zuerst an die verordneten Vorsteher und er-
korenen Schiffer gelangen lassen, und sofern dieselbigen die
Sache nicht beilegen und in der Güte aufheben und vergleichen
könnten, so soll einem Jeden, sein Recht weiter zu suchen, unver-
geben sein und bleiben.

Diese vorgeschriebene Artikel alle und jede geloben und
versprechen wir gemeine Schiffer ungezwungen und ungedrungen
fest und treulich zu halten.

So aber Jemand gefunden würde, der diese unsere Verwilligung muthwillig übertrete, derselbe soll von den Verordneten
nach Gelegenheit der Sache bestraft werden, jedoch eines Ehrbaren Rathes und seiner Hoheit und sonst Jedermanns Rechten
unbeschadet.

So aber Jemand diese unsere Verwilligung muthwillig
und aus Frevel übertrete und sich derselben nicht gemäß verhalten wolle, derselbe soll ganz und gar aus unserer Gesellschaft und Freiheit ausgeschlossen und abgethan sein, binnen

und außen Landes und keine Gemeinschaft mit uns haben oder halten.

Eintemalen nun diese vorgeschriebene Ordinanz und Be=liebung uns Bürgermeistern Rath und ganzer Weisheit, also wie sie oben steht, vorgebracht ist, und wir dieselbe durchge=lesen, erwogen und zum Besten der allgemeinen Seefahrt mit genehmigt haben,

So haben wir dessen zur Urkund unserer Stadt Secret hierunten an diesen Brief anhangen lassen, jedoch unserer Hoch und Obrigkeit vorbehaltlich und sonst Jedermann an seinen Rechten unbeschadet.

Gegeben nach Christi unseres lieben Herrn und Heilands Geburt, Tausend fünfhundert und darnach im fünfundsiebenzigsten Jahre am zweiundzwanzigsten Tage des Monats Martii."

VII.

Wie sich die Bootsleute-Brüderschaft mit dem Hause Seefahrt vereinigte. 1586.

Geschichte der Entstehung der „Bootsleute-Brüderschaft". — Ihre Zwecke. Ihr Vermögen. Ihre Aehnlichkeit mit der heutigen Seemanns-Casse. — Wie und warum sie sich an das Haus Seefahrt anschloß. — Ihr ferneres Schicksal. — Anhang: 1) Die Stiftungs-Urkunde der Bootsleute-Brüderschaft vom Jahre 1568. 2) Eine Uebersetzung der Vertragsurkunde zwischen den Vorstehern des Hauses Seefahrt und den Vorstehern der Bootsleute-Brüderschaft vom 26. April 1586.

———

Die „Seefahrt" war zwar, wie gesagt, ursprünglich nur eine von Schiffern (Seecapitänen) gestiftete Anstalt. Daß dabei nichts destoweniger von vornherein auch die Matrosen berücksichtigt werden sollten, darüber kann kein Zweifel sein. Wenn es eine exclusive Versorgungsanstalt für die Schiffscapitäne hätte sein sollen, so würde man wohl schwerlich auch die Matrosen, ihre Maschuppeien, die von ihnen kommenden Straf-gelder und Brüche bei Streitigkeiten zur Vermehrung der Ein-nahmen der Seefahrt herbeigezogen haben. Auch läßt es sich nicht denken, daß die „Schiffer" (Capitäne) vor 1545 so viel in den Straßen von Bremen „gebettelt" hätten, daß es nöthig gewesen wäre, solchem Unwesen durch die Einrichtung einer milden Anstalt zu steuern. Man wollte offenbar auch den „Schiffskindern" helfen, und man ließ daher auch diesen, wenn sie verarmten, von vornherein Unterstützung zukommen.

Da indeß die Schiffscapitäne in der Seefahrt mit ihren
Kaufleuten das Regiment führten, so mögen die Leiden der
Matrosen, oder, wie man sie damals auch nannte, der „Boots=
leute"*) immer nur in zweiter Linie berücksichtigt sein, und sie
mögen sich daher bald veranlaßt gesehen haben, wie die Ca=
pitäne, unter sich zusammenzutreten, um in einer eigenen Asso=
ciation, ihre Interessen besonders zu wahren, wie man es denn
auch in neuester Zeit (1855) noch wieder für nöthig gefunden
hat, ein eignes mildes Institut die (Seemanns=Casse) für die
Matrosen neben das Haus Seefahrt zu stellen.

Es ist sehr wahrscheinlich, daß wie die „Schiffer", so auch
die „Bootsleute", schon in den Zeiten vor der Reformation
Verbindungen unter sich hatten. Die Geschichte weiß aber
nichts Bestimmtes davon zu melden. Eine förmlich organisirte
Matrosen=Brüderschaft („Bosmans=Bröderschupp") sehen wir zum
ersten Male im Jahre 1568 hervortreten.

Aus der Urkunde, die sich über die Stiftung und Einrich=
tung dieser Gesellschaft erhalten hat, geht hervor, daß die
Matrosen dabei die in der Seefahrt vereinigten Capitäne nach=
ahmten. Wie bei diesen, war Versorgung ihrer Verunglückten
und Armen ihr Hauptzweck. Wie diese, wollten sie dazu durch
sogenannte „Bodmerei=" oder „Reisegelder" die Fonds zusam=
menbringen. Wie jene, stellten sie sogleich vier angesehene
Männer oder „gute Leute"**) an die Spitze ihrer Verbindung,

---

*) Siehe hierüber das Bremisch=Niedersächsische Wörterbuch Artikel:
„Boosmann".

**) Daß unter den „guten Männern" angesehene Leute aus der Kaufmann=
schaft zu verstehen sind, scheint mir ziemlich wahrscheinlich. Die in dem Stiftungs=
dokumente der Bootsleute Brüderschaft vom Jahre 1568 (siehe dasselbe im An=
hange) namhaft gemachten „guten Leute" werden „dieses Jahres Aelterleute"
genannt. Man könnte dabei an die Aelterleute der Kaufmannschaft
denken. Doch finde ich keinen der Genannten in den Verzeichnissen
der Mitglieder des Collegiums Seniorum. Es sind daher wohl nur die
„Aelterleute der Bootsmanns=Brüderschaft" zu verstehen, und zwar angesehene

„mit deren Rath und Bewilligung" sie verfahren wollten. Vielleicht gaben diese „guten oder reichen Leute" selbst den Impuls
zu dem Unternehmen, wie auch wieder später im Jahre 1854
der Impuls zu der „Seemanns-Casse" von den Kaufleuten der
Stadt gegeben wurde.

„Im Namen der heiligen Dreifaltigkeit" trat eine Anzahl
von Seefahrern mit „vier guten Leuten" zusammen, erklärten,
daß „da sie gesinnt seien, die Bootsmanns-Gesellschaft unter
sich zu halten, sie es für gut angesehen hätten, damit anzufangen und hießen Jeden, der die Brüderschaft mithalten wollte,
in Gottes und ihrem eigenen Namen willkommen." Die Gelder, die der Brüderschaft zufließen würden, die Einlagen der
Brüder selbst, die ihnen gemachten Geschenke ꝛc., sollten „auf das
Abentheuer von der See" ausgethan, d. h. auf Bodmerei ausgegeben werden. Die Handschriften darüber (die Bodmereibriefe)
sollten auf die Schiffe lauten und jeder Matrose nach vollendeter Reise gewisse Zinsen dafür bezahlen. Diese Einkünfte
sollten alle in eine gemeinsame Büchse fließen, aus welcher man
den verarmten oder auf der See erkrankten Matrosen-Brüdern
zu Hülfe kommen wollte.

Die Brüder gelobten ferner, daß sie sich in der Fremde
gegenseitig unterstützen, bei Krankheiten verpflegen, sich Geld
vorstrecken wollten, was denn Alles bei der Heimkehr „aus der
Büchse" vergütet werden sollte.

Auch wurde es jedem Bruder zur Pflicht gemacht, beim
Begräbniß eines verstorbenen Bruders zu erscheinen. Und bei
allen diesen Bestimmungen wurden nicht nur die Brüder selbst,
sondern auch ihre Frauen und Kinder mit eingeschlossen.

Leute, die man an die Spitze dieser Brüderschaft gestellt hatte. Dagegen
finde ich allerdings in einem bald zu erwähnenden Dokumente von 1586
(siehe dasselbe im Anhange) unter den damaligen Vorstehern der Bootsleute einen Mann, nämlich „Johann Vogelsang" genannt, der „Aeltermann
der Kaufleute" wurde. Nach Keller wurde „Johann Vogelsang" 1588 ins
Collegium Seniorum gewählt.

Das Ganze umfaßte daher, ebenso wie unsere jetzige „Seemanns-Casse", deren Vorgänger und Vorbild diese Brüderschaft
war, sowohl eine „Hülfs- und Pensions-" als auch eine „Witwen-
und Waisencasse" und nebenher, nach Weise unserer Vorfahren,
ehrenvolle, standes- oder zunftmäßige Beerdigung.

Für verschiedene Vergehen gegen die Gesetze der Brüderschaft wurden Geldstrafen bestimmt und auch für den Fall von
Zwist und Streit unter den Matrosen ein Schiedsgericht
angeordnet.

Diese interessante „gute Brüderschaft" der Matrosen bestand eine Zeitlang, hielt ihre Zusammenkünfte jährlich an den
drei Sonntagen vor Fastnacht, brachte wirklich nicht unbedeutende Gelder für ihre Zwecke zusammen*) und schaffte sich auch
sonst solche Dinge an, die nach damaligen Begriffen zu einer
Brüderschaft dieser Art gehörten, nämlich silberne und zinnerne
Becher zu ihren Festmahlen, Todtenladen und das Weitere zu
ihren Begräbnissen. Im Jahre 1586 besaß sie 803 Thaler in
baarem Gelde, 209 Thaler 41½ Groten in Handschriften,
mehrere silberne Becher von 117 Loth Gewicht und 116 zinnerne Becher von 235 Pfund Gewicht, was Alles einen Kapital-
werth von etwa 1200 Thaler bilden mochte, und heutzutage
wohl einer sechsfachen Summe entspricht.

Nichts desto weniger mögen die Matrosen erkannt haben,
daß sie für sich allein nicht wohl gedeihen, kein besonderes
Prövenhaus für ihre Armen zu Stande bringen könnten und
daß es vortheilhafter für sie sei, sich unter guten Bedingungen
der Gesellschaft der Capitäne anzuschließen, bei der, wie gesagt,
ohne dies die Matrosen schon Unterstützung erhielten.

Sie schlossen daher im Jahre 1586 mit dem Hause Seefahrt einen Vertrag und vereinigten sich mit ihm in ähnlicher

---

*) Ich finde daß die Bürger der Stadt sie auch zuweilen ebenso wie
das Haus Seefahrt in ihren Testamenten bedachten. Ein gewisser Hermann
Schumacher schenkt z. B. in seinem am 23. Januar 1571 ausgestellten Testamente „10 Mark an die Bootsleute-Brüderschaft".

Weise, wie auch in unserer Zeit (1854) aus ähnlichen Gründen die milde Stiftung der Matrosen= oder Seemanns=Casse mit der Seefahrt vereinigt worden ist.

In dem über jenen Vertrag aufgesetzten Dokumente, heißt es, derselbe sei gemacht worden, „zum besseren Gedeihen und Wohlstande des gemeinen seefahrenden Mannes und der Boots= leute". Dies scheint bestimmt genug darauf hinzudeuten, daß die Bootsleute=Brüderschaft in ihrer Separatstellung nicht recht hatte gedeihen wollen, und nur ihr Heil in einer Verbindung der beiderseitigen Kräfte erblickte.

Die Bootsleute übergaben der Schifffahrt „ihre gesamm= ten Vorrechte und Alles was sie vor sich gebracht", nämlich jene oben erwähnten Capitalien und silbernen und zinnernen Becher.

Als Gegenleistung ließen sie sich dafür versprechen: Erstens, daß hinfüro einer der Vorsteher der Seefahrt aus den Brüdern der Bootsleute gewählt werden solle, „damit er neben ihnen in der Seefahrt regiere," und daß eben so auch einer der „Schaffer" (Geschäftsführer) der Seefahrt von den Bootsleuten genommen werde, um mit den übrigen Seefahrtsschaffern das Geld zu belegen und der Armen Bestes zu befördern.

Zweitens, daß wenn ein Bootsmann in Armuth fiele, der= selbe „vor Andern" mit Seefahrtspröven bedacht werde.

Drittens behielten sie sich in Bezug auf ihre silbernen Becher auch noch vor, daß diese ihnen jährlich an den drei Sonntagen vor Fastnacht, an welchen die Bootsleute=Brüder ihre Zusammenkünfte zu halten pflegten, zu zeitweiligem Ge= brauche wieder verabfolgt werden sollten.

Aus diesem letzten Vorbehalte erhellet, daß die Bootsleute= Brüderschaft auch nach ihrem Anschlusse an die Seefahrt noch ferner fort zu existiren beabsichtigte. Sie übertrug nur die Sorge für ihre Armen und ihre dazu angelegten Capitalien an das Stift der Schiffer. Als Leute von derselben bürgerlichen Stellung verfolgten die Matrosen aber noch sonstige gesellige

Zwecke und hatten noch andere gemeinsame Interessen, wollten sich daher noch immer als in Verbrüderung stehend betrachten.

Wie lange sie fortgefahren haben, ihre Becher für ihre Fastnachts-Zusammenkünfte zu leihen, weiß ich nicht. Auch nicht was das schließliche Schicksal dieser Brüderschaft gewesen ist. Gewiß ist es aber, daß noch im Jahre 1653 eine „Brüderschaft der gesammten Steuer- und Bootsmänner in Bremen" existirt hat. Denn wir besitzen ein Dokument von diesem Jahre, in welchem der Rath gewisse Mißhelligkeiten zwischen dieser Brüderschaft und den fremden im Hafen von Bremen erscheinenden Matrosen, vor denen die Bremer Vorrechte zu haben behaupteten, entstanden waren, ausgleicht, und in welchem festgesetzt wird, daß in der Regel ein Bremer Matrose einem Fremden vorgezogen werden solle, und unter welchen Umständen, Fremde von Bremer Capitänen engagiert werden dürften.*)

Nach diesem Jahre 1653 vernimmt man nichts Ausdrückliches mehr von einer allgemeinen „Matrosen- und Steuerleuteverbindung", obgleich sie stillschweigend als fortexistirend betrachtet worden sein mag. Erst im Jahre 1854, wie gesagt, lebte der Gedanke der alten Brüderschaft, für arme Matrosen nachdrücklich zu sorgen, in unserer Seemanns-Casse wieder auf.

Auch für die Seefahrt muß man wohl den Anschluß der Matrosen im Jahre 1586 als ein bedeutsames Ereigniß betrachtet haben. Denn von demselben Jahre, in welchem der Vertrag mit der Bootsleute-Brüderschaft abgeschlossen wurde, datiren auch die im Hause Seefahrt aufgehängten großen hölzernen Tafeln, auf denen von nun an die Namen der Vorsteher und Oberalten der Anstalt und ihre Wappen aufgezeichnet sind. Daß dieser Umstand mit den besagten Ereignissen in Verbindung zu setzen

---

*) Abschriften dieses interessanten Dokumentes befinden sich sowohl unter den Papieren der Seefahrt, als auch in unserem Staats-Archive. Es hat den Titel: „Ordnung und Vergleich der Steuer- und Bootsmänner Brüderschaft mit denen fremden Schiffern de 1653 den 4. Martii."

ist, schließe ich besonders daraus, daß sich auf jenen Tafeln gleich einige der in dem Vertrage als Vorsteher der Boots-leute-Brüderschaft genannten Männer aufgeführt finden. Den Bestimmungen dieses Uebereinkommens gemäß wurden für das das Jahr 1586 „Alveke Schaden", für 1589 „Henrich Roggen", für 1592 „Everd Havemann", für 1596 „Tolcke Averendam", für 1598 „Rennig Brüniges" die alle fünf bis 1586 Vorsteher der Bootsleute-Brüderschaft gewesen waren, theils zu Oberalten theils zu Vorstehern der Seefahrt gewählt und ihre Wappen und Namen neben den übrigen in der Halle aufgehängt.

Es ist zwar kein Zweifel, daß die Namen der Vorsteher und Oberalten der Seefahrt, schon vor 1586 aufgeschrieben wurden. Wahrscheinlich geschah dies anfänglich nur in den Büchern des Hauses. Bei der Vereinigung der beiden Gesellschaften, die man als für die Seefahrt Epoche machend betrachtete, mochte man mit den alten Verzeichnissen aufräumen, oder wenigstens eine andere Methode bei denselben — die großen hölzernen Gedenk-tafeln — einführen. Man wollte dadurch den neuen Brüdern, deren Geld und silberne Becher man „mit so gutem Danke und zu voller Genüge empfangen" hatte, vermuthlich eine Artig-keit erweisen.

Ob man nachher, den Bestimmungen des Vertrags von 1586 gemäß, noch wiederholt Mitglieder der Bootsleute-Brüderschaft unter die Oberalten der Seefahrt aufgenommen hat und was sonst die Verbindung der beiden Gesellschaften für Folgen gehabt haben mag, darüber erfahren wir nichts weiter. Aus den uns erhaltenen dürftigen Resten von Protokollen aus jener Zeit läßt sich nichts weiter entnehmen, als daß man fortfuhr, auch Ma-trosen mit „Pröven" zu unterstützen.

Anhänge zu VII.

Die Stiftungsurkunde der Bootsleute-Brüderschaft vom Jahre 1568 ist unter den Papieren des Hauses Seefahrt in einer Abschrift vorhanden, die ihrer Orthographie und anderen Anzeichen nach aus jener Zeit selber herrühren muß. Ich gebe sie daher hier sowohl im Plattdeutschen Text als in einer Uebersetzung. Es ist ein für die Weise unserer Vorsteher recht charakteristisches Dokument, das auch für die Vergleichung mit den Stiftungsurkunden ähnlicher Matrosengesellschaften interessant ist.

Den Vertrag zwischen dieser Brüderschaft und der Seefahrt vom Jahre 1586 gebe ich bloß in eine Uebersetzung, weil das plattdeutsche Original nur in späteren Abschriften vorhanden ist.

1. Stiftungsurkunde der Bootsleute-Brüderschaft.

„Laus Deo. Datum in Bremen Anno 1568."

„1. In dem namen der Hylligen Drefoldicheit hebben tho dusser tyde als by eyn ander gewesen dusse na folgende parsonen ock myt rade und mede vorwyllyng etliker guden Lude nomptlyck Wolder Gronynck, Johann Slachter, Harmen Lakeman und Hynrick Hase, in dussen jar olderlude, dar tho Gerde Elers, Hynrick Kummerkamp, Wylm Buschman, Berendt Falenkamp, Alveke Schade, Johann Schele, Luder Appenstede, Brunynck Rulves, Hynrick Helleman, Gerdt Speckman, Johan Nieman, Krystofer Asendorpp, Luder Walrave, Hynrik Bokelman.

2. De wyle dusse ghuden Frunde gesynnet sunt der Bosmanns selschup in enen tho holden, hebben se vor gudt angesen, dat an tho fangen, wenn etlyke broderschupp woll lust

und wyllen dor myt in tho wesende hefft, de guden Broderschupp myt tho holden, de is godt und uns wyll kamen. —

3. Dar tho hebben de guden Broders vor gudt angesen, dat ein so dan Gelt, dat der Broderschupp tho kumpt schall uth dan werden upp dat eventur von der see den jennen, de in der Broderschupp sund und idt begeeren und de Hantschriften scholen luden upp de schepe dar eyn jder upp fart. De sodann gelt upp nympt des schall de eyne Broder des andern tho borgen stellen, sodann gelt sampt der boddemereye tho betalen wenn de reyse myt leve gedan is.

4. Wen syck tho droge, dat eyn uth der Broderschupp ofte syn Fruwe edder Kyndt vorstorve, so schall man de Broder alle vorbaden laten, so schall eyn jder Broder tho der begräfnisse gan so fern he tho Hus is und sus nene nodtwendyge orsake heft syck tho entschuldigen, by broke 8 grote.

5. Und so eyn in der Broderschupp storve ofte de synen und nottrufftich were, den scholl man uth der Broder Bussen tho hulppe kamen upp dat eyn jder mach erlyck tho der Begräfnisse kamen.

6. So jemandt von den Broderen in Armodt felle, dar uns godt alle vorbehode idt sy Fruwe edder Kyndt den schall man uth der Broder Bussen tho hulppe kamen na dem idt de Busse vormach. —

7. Und so jemandt buten Landes in Kranckheit felle und nottrufftich were und dat von unsern Brodern ofte dar mer by weren de scholen den sulven vorleggen na vormoghe bith dat se tho Hus kamen. Kan he idt den sulven nycht betalen, so schall idt den gemen uth der Bussen betalt werden de em vorstrecket hefft so fern he de Kranckheit nycht sulver tho Hus gehabt hefft. —

8. So hebben de guden Broder vor gudt angesen, dat man von den gemenen Broderen schall kesen seer man tho den seer olderluden, dat de acht parsonen der Broderschupp vorstan und dat beste dar by don alse se dat wyllen bekant stan. Wen

tho negeſtu Jare twe nyge olderlude gekaren werden, ſchall man ock twe nyge vorſtenders uth der Broderſchupp keſen. Den ſcholen de oldeſten twe af gan und den andern rekenſchupp don alſe ſe idt wyllen bekant ſtan.

9. Und wenn de ſer olderlude und de ſer vorſtenders der Broderſchupp de Brodere tho hope begerten und eyn jder vorbadet waren und den nycht kamen, de ſchall vorbraken hebben dre grote an de Broderſchupp idt ſy denn dat he ſyck entſchuldygen weth dorch eynen edder mer uth der Broderſchupp.

10. So hebben de guden Broder vor gudt angeſen wen de ghuden Broder in geſelſchupp by eyn ander ſytten und dar jemant manck en weren de olden hat offte nygen hat tho hoppe hadden, ſchall man dar nycht reppen, by pen ene helve Laſt Beers. —

11. Und ſo ſyck to droghe, dat dar twyſt edder hadder in der ſelſchupp worde ſo ſcholen de Broder de dar by ſtan de Warheit dar van ſeggen. Dat ſchall den by ſer parſonen uth der Broderſchupp geſtellet werden. De ſcholen dar upp erkennen wat wahr is upp dat nemant tho kort en ſchee. —

12. So averſt dar eyn in der ſelſchupp were, de ſyck nycht raden edder ſeggen laten wolde und ſynen motwyllen bruken, ſo ſchall de eyne den anderen getruwlyck und broderlyck byſtan na geborlyken Dyngen upp dat in der Broderſchupp moghe frede und eyndracht geholden werden na gades wyllen. amen.

Godt vorlene uns allen ſyne gnade. Amen."

2. Ueberſetzung des vorhergehenden Dokuments:

Laus Deo. Datum in Bremen 1568.

1. Jn dem Namen der Heiligen Dreifaltigkeit ſind zu dieſer Zeit bei einander geweſen dieſe nachfolgenden Perſonen,

auch mit Rath und mit Beistimmung etlicher guter Leute, nämlich Wolder Groninck, Johann Schlachter, Harmen Lakeman, dieses Jahres Aelterleute, dazu Gerdt Elers, Hinrich Kummerkamp, Wilm Buschmann, Berendt Falenkamp, Alveke Schade, Johan Schele, Lüder Appenstede, Brüninck Rulves, Hinrich Hellemann, Gerdt Speckmann, Johann Riemann, Christoffer Asendorpp, Lüder Walrave, Hinrick Bockelmann.

2. Derweile diese guten Freunde gesinnt sind, die Bootsmannsgesellschaft unter sich zu halten, so haben sie für gut angesehen, damit anzufangen, wenn etliche andere Brüderschaften*) wohl Lust und Willen hätten, mit darin zu sein und die gute Brüderschaft mit zu halten, der ist Gott und uns willkommen.

3. Dazu haben es die guten Brüder für gut angesehen, daß sothanes Geld, welches der Brüderschaft zukommt, ausgethan werden solle auf das Abentheuer von der See an diejenigen, welche in der Brüderschaft sind und es wünschen. Und die Handschriften sollen lauten auf die Schiffe, in denen jeder fährt. Für das Geld, das Jemand so aufnimmt, soll der eine Bruder des andern Bürge sein dafür, daß sothanes Geld sammt der Bodmerei wieder bezahlt werde, nachdem die Reise mit Glück gethan ist.

4. Wenn es sich zutragen sollte, daß Einer aus der Brüderschaft oder seine Frau oder Kind verstürbe, so soll man die Brüder alle entbieten lassen und so soll jeder Bruder zu der Begräbniß gehen, so fern er zu Haus ist und sonst keine nothwendige Ursache hat sich zu entschuldigen. Bei einer Brüche von 8 Groten.

5. Und so einer in der Brüderschaft oder einer der Seinen sterben sollte oder nothdürftig würde, dem soll man aus der Bruder-Büchse zu Hülfe kommen.

---

*) Diese Hindeutung scheint meine obige Vermuthung, daß schon früher noch andere Matrosen-Verbindungen in Bremen existirten, zu bestätigen.

6. So Jemand von den Brüdern in Armuth fiele, wovor Gott uns behüten möge, es sei Frau oder Kind, dem soll man aus der Bruder-Büchse zu Hülfe kommen, darnach es die Büchse vermag.

7. Und so Jemand außer Landes in Krankheit fiele und nothdürftig würde und so einer oder mehrere von unsern Brüdern dabei wären, so sollen diese demselben nach Ihrem Vermögen vorstrecken, bis daß sie nach Hause kommen. Kann er es dann selbst nicht bezahlen, so soll es dann gemeinschaftlich aus der Büchse bezahlt werden, der ihm vorgestreckt hat,*) so fern er die Krankheit nicht selber zu Hause gehabt hat.

8. So haben auch die guten Brüder für gut angesehen, daß man aus der Gemeinheit der Brüder vier Männer zu den vier Aelterleuten erwählen solle, damit diese acht Personen der Brüderschaft vorstehen und ihr bestes dabei thun, wie sie es verantworten können. Wenn zum nächsten Jahre zwei neue Aelterleute erwählt werden, so soll man auch zwei neue Vorsteher aus der Brüderschaft erwählen. Dann sollen die zwei Aeltesten abgehen und den Andern Rechenschaft ablegen, wie sie es verantworten können. —

9. Und wenn die vier Aelterleute und die vier Vorsteher die Brüder versammeln wollten und wenn ein Jeder eingeladen wäre und dann nicht käme, der soll drei Grote Brüche an die Brüderschaft bezahlen, es sei denn, daß er sich entschuldigen ließe durch einen oder mehrere der Brüderschaft.

10. So haben auch die Brüder für gut angesehen, daß wenn die guten Brüder in Gesellschaft bei einander sitzen und wenn da Einige unter ihnen wären, die alten Haß oder neuen Haß unter sich hätten, so soll man da nicht raufen, bei Pön einer halben Last Biers.

11. Und so es sich zutrüge, daß da Zwist oder Hader in der Gesellschaft wäre, so sollen die Brüder, die dabei stehen,

*) Diese Stelle ist mir dunkel geblieben.

die Wahrheit davon sagen, das soll denn bei vier Personen
aus der Brüderschaft gestellet werden. Die sollen darüber erkennen, was wahr ist, damit niemand zu kurz komme.

12. So aber einer in der Gesellschaft wäre, der sich nicht
rathen oder sagen lassen und seinen Muthwillen gebrauchen
wolle, so soll der Eine dem Andern getreulich und brüderlich
beistehen nach gebührlichen Dingen, auf daß in der Brüderschaft
mag Friede und Eintracht gehalten werden nach Gottes Willen.
Amen. Gott verleihe uns Allen seine Gnade. Amen.

---

3. Wörtliche Uebersetzung einer Copie des Vertrages zwischen den Vorstehern der Seefahrt und den Vorstehern der Bootsleute-Brüderschaft. Vom 26. April 1586.

Zu wissen, daß im Namen des Allerhöchsten und demsel-
bigen zu gebührendem Lobe und Ehren, auch dem gemeinen
seefahrenden Manne und den Bootsleuten zum besseren Gedeihen und Wohlstande sich die Vorsteher der armen Seefahrt mit
Namen Herr Gerd Wessels, Rathmann, Johann Köpken, Gerd
Hemeling und Karsten Pringmann — mit den gemeinen Brüdern und Vorstehern der Bootsleute-Brüderschaft, als nämlich:
Tölke Averendam, Johann Vogelsank, Alvcke Schaden, Hinrich
Roggen, Everd Havemann und Rendig Brünings für sich und
wegen ihrer anderen Brüder und auch sonst wegen ihrer beiderseitigen Nachfolger heute (Dato hier unten geschrieben) dahin
verglichen und vertragen, auch von beiden Seiten bewilligt, beliebt und angenommen haben:

Daß die jetzt bemeldeten Brüder und Vorsteher der Bootsleute Brüderschaft alle ihr Vorrecht als nämlich: achthundert
und drei Thaler im Gelde, zweihundert und neun Thaler und

einunddvierzig und einen halben Groten*) in gewissen und unge=
wissen Handschriften,

darnach vier silberne Becher von hundert und siebenzehn
Loth, und dann hundert und sechszehn zinnerne Becher auf
zweihundert und fünfundvierzig Pfund angeschlagen,

dazu die Büchse mit der Lade und noch drei Becher und
sonst Alles, so sie bis dahin der gemeinen Brüderschaft zum
besten gehabt, und für sich gebracht haben,

nun hinfüro zu ewigen Tagen bei obgedachter Seefahrt zu
bleiben, den obgedachten Vorstehern bemeldeter Seefahrt zu be=
handen zustellen sollen und wollen;

inmaßen sie denn ihnen auch solches mit Aufrichtigkeit und
Vollziehung dieses Vertrages und dieser Beliebung alsofort be=
handet und zugestellt haben.

Sie, die Vorsteher der Seefahrt, haben auch dasselbige zu
voller Genüge und zu gutem Dank zu ihren Händen empfangen
und zu sich genommen, — jedoch mit dem Bescheid,

daß der Seefahrt solches an der Tafel, so ihnen von einem
Ehrbaren Rathe gegeben und bestätigt ist, in allen ihren Ar=
tikeln und Punkten jederzeit unschädlich und unverfänglich
sein solle,

womit hiergegen die obgedachten Vorsteher der Seefahrt sollen
und wollen je und allerwege zwei aus den vorgeschriebenen
Brüdern der Bootsleute=Gesellschaft küren und verordnen einen
von ihnen zum Vorsteher, so neben ihnen in der Seefahrt, in=
maßen solches bei ihnen hergebracht, regiere, und den Andern
zum Schaffer, der das Geld jährlich mit belegen und also jeder=
zeit der Armen Bestes befördern helfen solle, — mit dem fer=
nern Anhange,

daß mehr bemeldeten Brüdern von der Bootsleute=Gesell=
schaft hinfüro vorbehalten sein solle, die oben berührten ihnen

---

*) Im plattdeutschen Original steht: „Eenundveertigste halven Grote."

gehörigen Becher jährlich an den drei Sonntagen vor Fastnacht, wenn der Bootsleute Gesellschaft ihre Zusammenkunft hat, und wenn sie sitzen, unverweigerlich gebrauchen und verabfolgen zu lassen.

Auch wenn sich der Fall begebe, daß einer derselbigen Brüder in scheinbarliche Armuth käme, und der Almosen be= dürftig wäre, denselbigen nach Gelegenheit vor einem Andern dazu zu verhelfen, und mit dem Pröven zu versehen sei. —

Und damit Alles, wie es bevor geschrieben steht, sonder Gefahr fest zu ewigen Tagen unverbrochen wohl gehalten wer= den möge, haben sich die oben bemeldeten Personen samt und sonders von beiden Parteien mit eigener Hand unterschrieben.

Nach Christi unseres lieben Herrn und Heilandes Geburt Tausend Fünfhundert darnach im sechsundachtzigsten Jahre den sechs und zwanzigsten Tag des Monats April.

VIII.

Aus dem Hause Seefahrt geht die „Seeschiffer-Brüder-Sterbecasse" hervor. 1618.

Welche Anstalten die Seeschiffer für Beerdigung verstorbener Brüder treffen. — Ihre Versammlungen in U. L. Frauenkirche. — Gebräuche bei ihren Leichen-Begängnissen. — Ihre Schaffer-Mahlzeiten. — Lange Dauer und spätere Schicksale und Umgestaltungen dieser Brüderschaft.

———————

So hatte denn die Gesammtheit der Bremer Schiffer im Laufe des 16. Jahrhunderts — zuerst (im Jahre 1545) effektvoll für ihre Armen und Verunglückten gesorgt, — darauf (im Jahre 1575) die Verhältnisse der Matrosen geregelt — und ferner (im Jahre 1586) durch die Verbindung mit der „Bootsleute-Brüderschaft", sich noch nachdrücklicher als früher, der verarmten Matrosen angenommen.

Für die Verminderung und Beseitigung d e r Verlegenheiten, in welche bei Sterbefällen die Hinterbliebenen nicht selten gerathen, war bis dahin noch nichts Specielles geschehen. Der Wunsch, die geliebten Todten zu ehren, hatte aber längst bei anderen Classen der Bürger einen gewissen Beerdigungs-Luxus zur Gewohnheit gemacht. Man sah es gern, daß das Gefolge bei den Begräbnissen recht zahlreich war, der Todte von seinen eigenen Standesgenossen getragen und begleitet werde. Diese mußte man dann anständig bewirthen, die Särge mußten mit schwarzen Laken ausgeschlagen oder bedeckt werden. Und für

dies Alles hatte die arme Wittwe oft ihre ganze Baarschaft
herzugeben, oder sogar wohl Geld aufzunehmen, wenn sie es
nicht erleben wollte, daß die Leute die Aermlichkeit ihrer Liebes-
opfer und Trauerzeichen kritisirten.

Die Mitglieder der meisten andern Gilden der Stadt, hatten
daher längst, um den Wittwen und Hinterbliebenen bei solchen
betrübten Gelegenheiten beizuspringen und dem verstorbenen
Bruder auf gemeinsame Kosten ein würdiges Begräbniß zu verschaffen. Wie denn unsere Schiffergilde sich überhaupt später
ausbildete, als die übrigen Gilden, so faßte sie auch erst
später, als die übrigen, den Gedanken zur Begründung einer
Sterbecasse.

Wenn man in unserer Zeit eine Erweiterung des Zwecks
eines Instituts beabsichtigt, so giebt man der Verfassung desselben
einfach einige Zusatzartikel, trifft innerhalb der Anstalt dazu
die nöthigen Veränderungen, die dann ein Theil des Haupt-
instituts werden. Damals dagegen war den Leuten das Verfahren geläufiger, für jeden neuen Zweck eine neue Brüderschaft
zu bilden, die aus der Mutter-Brüderschaft und nach ihrem
Muster, wie ein Filial hervorwuchs und sich ihr dabei in vielfacher Beziehung anlehnte.

So associirten sich denn auch im Anfange des 17. Jahrhunderts Bremer Schiffer, als sie sich der Begräbniß-Angele-
genheiten ihrer Standesgenossen annehmen wollten, zu einer eigenen Gesellschaft, zu „einer Seeschiffer-Brüderschaft-
Sterbecasse", die, wie ihr Armenstift, aus der großen
Schiffer-Gesammtheit hervorging, die sich wie diese Gesammtheit
selbst, an das Haus Seefahrt, in dessen Lokal sie ihre Versammlungen hielt, anschloß, ihre Verwaltung nach dem Muster
der Seefahrt organisirte, dabei aber doch ihre eigenen Vorsteher
erwählte, ihre separirte Casse, ihren besonderen Silberschatz und
sonstiges Mobiliar, desgleichen ihre eigenen Feste und Schaffer-
mahlzeiten, — aber in den Räumen des Hauses Seefahrt — feierte.

Am 26. Januar 1618 trat zu diesem Zwecke in der St. Marienkirche eine große Anzahl Schiffer zusammen, und beschloß, daß alle Schiffer, welche beitreten würden und auch deren „Hausgesinde" (Familienglieder?) im Todesfall auf Kosten der zu stiftenden Brüderschaft und mit dem Beistande und der Begleitschaft aller Brüder beerdigt werden sollten.

Es sollten dazu folgende Anschaffungen gemacht werden: eine Todtenbahre, weiße leinene und schwarze tuchene Laken zur Bedeckung und Zierde des Sarges, eine Anzahl „Bricken" zum Tragen, und zur Aufbewahrung dieser letzten Dinge, eine „Lade", die „Laken=Lade" genannt.

Zur Anschaffung dieser Sachen sollte eine Casse gebildet werden, und jedes beitretende Mitglied dazu „zum ersten Anfange" 27 Grote einschießen. Für diese Casse wurde eine zweite Lade die „Geld=Lade" genannt, bestimmt, in welcher auch andere werthvolle Dinge der Gesellschaft aufbewahrt werden sollten.

Damit es der Gesellschaft auch ferner nicht an regelmäßigen Einkünften fehle, wurde festgesetzt, daß jeder Schiffer nach einer glücklich vollendeten Reise einen gewissen Beitrag zu geben habe, für lange Reisen einen größeren, für kürzere einen kleineren. Für eine Reise nach Spanien, Rußland, Irland, Italien sollte er 18 Grote, für eine Reise nach England, Schottland und Frankreich 6 Grote, — nach Holland und Jütland 3 Grote, nach der Jahde 2 Grote — und endlich für jede Fahrt nach Blexen 1 Groten beisteuern.

Wer diese Reisegelder nicht alsbald nach vollendeter Reise bezahlte, sollte nachher das Doppelte geben, und wenn er es ganz zu zahlen unterlasse, sollte sein Name „ohne Widerstreben aus der Brüderschaft ausgetilgt werden, und er in keinerlei Weise Macht haben, dagegen zu eifern".

Es wurden auch bei gewissen Uebertretungen der Ordnung der Gesellschaft Geldstrafen beliebt, so z. B. namentlich für den Fall, wenn ein Bruder sich ohne gehörige Entschuldigung bei

dem Begräbniß eines Bruders nicht zum Tragen einstellte, oder
wenn Unordnung und Säumnisse bei der Ueberlieferung und
Rückforderung der Begräbnißapparate vorfallen sollten.

Wenn einer der Brüder oder einer der Seinigen in Armuth
geriethe, so sollte er auch „schon bei seinen Lebzeiten etwas aus
der Lade, nach Vermögen der Casse, zu genießen haben."

Als Mitglieder in diese Brüderschaft sollten nicht nur
Schiffer (Capitäne), sondern auch „angehende Schiffer" (Steuer=
leute) aufgenommen werden. Auch sollten nach dem Tode eines
Bruders dessen Söhne an seine Stelle treten können. Auch
sollten nicht nur die Brüder selbst, sondern auch deren Söhne
und Töchter, so lange sie unverheirathet blieben, von den Brü=
dern beerdigt werden. Durch diese letzte Anordnung kamen
natürlich allmälich eine Menge Leute in „die Seeschiffer=Brüder=
schaft", welche gar nicht zum seefahrenden Publikum gehörten,
und daher auch nicht Mitglieder des Hauses Seefahrt sein konnten,
namentlich Segelmacher, Reepschläger und andere sogenannte
„Landleute".

Wie dem Hause Seefahrt sollten auch der Brüderschaft
vier Männer — „Schaffer" genannt — vorstehen. Und von
diesen Vieren sollten jährlich zwei, nachdem sie ein Jahr lang
die Verwaltung der Gesellschaft geführt, durch zwei neue er=
setzt werden, von denen der eine ein „Außenfahrer", der andere
ein „Binnenfahrer" sein sollte.

Bei den die Verwaltung führenden „Schaffern" sollten die
Besitzthümer der Brüderschaft deponirt und aufbewahrt werden,
bei dem einen die „Geldlade", bei dem andern die „Lakenlade".
Doch sollte zu der Geldlade jeder der vier Schaffer einen
Schlüssel haben. Auch sollte bei dieser „Geldlade" noch Das
beachtet werden, daß sie, wenn sie ein Jahr lang „bei einem
Schaffer von den Binnenschiffern" gewesen war, sie das nächste
Jahr alsdann „bei einem Schaffer von den Außenschiffern" sein
sollte, und so abwechselnd.

Die Schaffer, welche die Verwaltung gehabt hätten, und von ihrem Amte abträten, sollten alsdann am heiligen Drei-königstage Rechnung ablegen und dabei den angehenden Schaf-fern „Geldlade", „Lakenlade", Buch und was sonst der Gesellschaft gehörte, überliefern.

Diesen anfänglichen Bestimmungen wurden gleich im fol-genden Jahre (1619) noch folgende Punkte beigefügt:

Wenn bei der Rechnungsablage „sich Jemand verunwilligte, der sollte ohne einige Gnade 3 Thaler in die Lade geben." Und käme es dabei zu Schelt-vorten oder Blut, so sollten diese noch „am gehörigen Orte" gestraft werden. Bei der Rechnungs-ablage sollte von den Schaffern eine „Collation" veranstaltet werden, und dieselben dabei zur Bestreitung der Kosten 12 Thaler aus der Lade ausgezahlt erhalten. Doch sollte ihnen gestattet sein, „wenn sie es wollten," aus eigenem Beutel noch mehr Aufwand zu machen. Dabei wurden auch die beiden abge-henden und antretenden Schaffer aufgefordert, zusammen der Gesellschaft einen silbernen Becher von 17 Loth zuverehren. Weniger als 17 Loth sollte der Becher nicht wiegen. „Doch mögen", wie es in den Protokollen heißt, „die folgenden Schaffer es wohl verbessern" (i. e. schwerere Becher geben.)

Außer den Schaffern wurde noch ein sogenannter „Schiffer-Bothe" engagiert, ein Mann, der bei Begräbnissen die Bricken und Laken herumzutragen und bei Schaffer-Mahlzeiten die Ein-ladungen zu machen hatte, und dem dafür ein kleines Gehalt bestimmt wurde. Er trug, wenn er in diesen Verrichtungen thätig war, als Zeichen seiner Amtswürde ein silbernes Schild, mit dem Bilde eines Schiffes auf der Brust.

Dies Alles gelobten die Brüder „treu und fest zu halten, ohne einige Arglist" und daneben versprachen sie, „daß es der armen Seefahrt zu keinem Verfange oder sonst irgend Jemand zum Nachtheil gereichen solle." Auch behielten sie sich vor, ihre Gesetze oder wie sie sich ausdrückten ihren „Vertrag", zu allen Zeiten mit guter Leute Rath zu verbessern.

Die auf diese Weise in den Jahren 1618 und 1619 ge=
stiftete und organisirte Brüderschaft, hat von da an länger als
200 Jahre bestanden, jedes Jahr im Hause Seefahrt ihre
Schaffer=Mahlzeit, die dort im Gegensatz zu der großen
Mahlzeit des Hauses Seefahrt selbst, die „kleine Schafferschaft"
genannt wurde — gefeiert und ihre alten Gesetze bis auf die
Neuzeit fast unverändert beibehalten.

Wir besitzen noch die Protokolle dieser Brüderschaft oder
doch Auszüge aus denselben, während des ganzen Laufes des
17. Jahrhunderts und ich mag hier aus denselben einige der
für die Zeit charakteristischen und für die Gesellschaft selbst in=
teressanten Facta mittheilen.

Es geht aus diesen Protokollen hervor, daß von der
Brüderschaft neben der Besorgung der Begräbnisse der Brüder,
auch beständig dann und wann, den obigen Bestimmungen ge=
mäß, Gaben an verarmte Schiffer vertheilt wurden. Um dies
effectvoller thun zu können, verkaufte die Gesellschaft einmal alle
ihre silbernen Becher und sonstigen überflüssigen Geräthschaften,
wie denn solche Verkäufe ihrer Silberschätze häufig auch bei
andern Brüderschaften vorkommen.

In Pestzeiten, scheint es, haben manche „Seeschiffer=
Brüder" zuweilen Anstand genommen, die Todten zu tragen.
Es wurde daher ein Mal im Jahre 1656 beschlossen und fest=
gesetzt, daß sämmtliche Brüder, bei Strafe des Verlustes der
Brüderschaft, verpflichtet sein sollten, „die verstorbenen Todten
zu tragen, was es auch für Krankheiten nach Gottes Willen
gewesen sein möchten; jedoch also und dergestalt, daß, wenn
Jemand nach Gottes Willen an der feurigen Plage der Pesti=
lenz verstorben sei, der Todte vorher von den Hinterbliebenen
selbst aus dem Sterbehause vor die Thür auf die Straße ge=
setzt, und dann hier erst von den Brüdern aufgenommen werden
sollte, damit diese im Hause selbst von der giftigen Seuche nicht
angesteckt würden." Auch sollten dann erst hier auf der Straße
die Laken und der übrige Schmuck an den Sarg gelegt werden

und „hiezu sollte sowohl der Höchste als der Geringste in der Brüderschaft schuldig sein."

Wenn die Verstorbenen wohlhabend waren, scheinen die Hinterbliebenen mitunter geneigt gewesen zu sein, den Brüdern für das Tragen eine Belohnung anzubieten. Eine solche Belohnung anzunehmen, wurde anfänglich streng verboten. Endlich aber (seit 1668) mußte man es doch erlauben und bestimmte, daß für einen „Haupttodten" 2 Thaler gegeben und angenommen werden dürften, für eine Tochter oder Sohn, „so von sechs Personen zu tragen" 1 Thaler 36 Grote, für eine Tochter oder Sohn, „so von vier Personen zu tragen" 1 Thaler, „für ein Kind, so eine Person tragen kann", 36 Grote. Was mehr gegeben oder genommen würde, sollte den Armen verfallen.

Es wurde auch befohlen, daß die Brüder bei solchen Gelegenheiten ganz in schwarz erscheinen, auch schwarze Strümpfe tragen müßten, „bei Strafe von 12 Groten".

Die „Schaffer", scheint es, hatten zuweilen für Geld die schwarzen und weißen Laken der Brüderschaft an andere Leute verliehen, die weißen Laken, sogar wohl „um sie auf die Tische" bei Gastereien zu legen. Dies wurde ihnen (1695) bei scharfer Strafe verboten. (Es gab andere Begräbniß-Gesellschaften, bei denen ein solches Verleihen erlaubt und herkömmlich war.)

Um die Begräbniß-Prozessionen recht stattlich zu machen, wurde auch anderen Bürgern gestattet, sich am Begräbnißtage der Seeschiffer-Brüderschaft anzuschließen. Doch sollten diese „anderen Bürger" den Brüdern theils vorangehen, theils die Prozession schließen, „damit die Schiffer mit dem Sarge in die Mitte kämen." Alle sollten sich auch recht pünktlich einfinden, damit man gehörig Zeit hätte, die Prozession am „Markte und an den Hauptkirchen der Stadt" vorüber zu führen.

Bei den Schaffer-Mahlzeiten der Brüderschaft scheinen schon bald einige Mißbräuche eingerissen zu sein. Die Schaffer fingen an, so große Gesellschaften zusammen zu bitten, daß zuweilen „alle Tische in der Seefahrt vollgesessen waren und die Kosten hoch aufliefen". Um diesem Unwesen zu steuern, wurde durch wiederholte Beschlüsse (einmal Anno 1689) die Anzahl der Personen, welche die Schaffer einladen dürften, beschränkt.

Die Protokolle dieser Gesellschaft aus dem 18. Jahrhundert sind mir nicht vorgekommen. Wahrscheinlich wurde während desselben an ihrer Verfassung ebenso wenig reformirt, wie in den Zuständen aller anderen aus der Vorzeit stammenden Brüderschaften. Die Schicksale und Umwandlungen der Brüderschaft im 19. Jahrhundert bald nach der französischen Zeit, wo so vieles bei uns umgestaltet wurde, mag ich hier gleich in der Kürze anticipiren, da ich sonst keine passendere Gelegenheit finden werde, darauf zurückzukommen.

Im Jahre 1825 wurden Deputirte von der Seeschiffer-Brüderschaft ernannt, welche die als Grundgesetze im Jahre 1618 angenommen Artikel und alle die im Laufe der Zeiten beschlossenen Zusätze sammeln, durchsehen „und aus dem Zerstreuten ein der Zeit angemessenes Ganze der Verfassung bilden sollten". In Folge dessen wurden in dem besagten Jahre die vollständigen „Neuen Gesetze der Brüderschaft" formuliert, durch einen Gesammtbeschluß bestätigt, und in Druck gegeben.

Da jedoch in den nächstfolgenden Jahren rasch wieder einige Zusätze und Abänderungen beliebt wurden, so schritt man schon 1842 abermals zu einer Redaction und Publicirung der „Veränderten Gesetze".*)

Im Jahre 1848 fand man endlich, daß die ganze Einrichtung der Sterbecasse, „die in eine sehr mißliche Lage gerathen war", den Verhältnissen nicht mehr angemessen, und daß es wünschenswerth sei, „sie durch eine etwaige abermalige Umschmelzung der Zeit noch besser anpassend und gerecht zu machen."

---

*) Siehe dieselben in der Druckschrift: Erneuerte und verbesserte Gesetze der Seeschiffer-Brüderschaft-Sterbecasse vom Jahre 1842. Bremen, gedruckt bei J. Feilner.

7

Die Brüderschaft beschloß daher, ihre Sterbecasse gänzlich aufzuheben, nichts desto weniger aber die alte zweihundert= jährige Verbindung fortbestehen zu lassen. Es sollten alle Besitzthümer der Gesellschaft verkauft und das dafür gelöste Capital so lange von Deputirten verwaltet werden, als noch einige von den damals vorhandenen „Brüdern" existiren sollten, deren Beerdigung nach wie vor aus den Zinsen des Capitals bestritten werden sollte.

Auch sollte den Brüdern, die nach Aufhebung der Sterbe= casse nicht mehr in der Gesellschaft bleiben wollten, ihr Antheil an dem Vermögen der Brüderschaft ausgezahlt werden. Der Rest dieses Vermögens sollte aber der umgestalteten Brüder= schaft, die man nun unter dem Namen „Seeschiffer=Brüderschaft" ohne Sterbecasse fortbestehen zu lassen sich bestreben wollte, anheimfallen.

Die so aus der alten hervorgehende neue Gesellschaft, scheint nun weiter keine andere als nur allgemein gesellige Zwecke gehabt zu haben, und im Grunde nichts als ein ge= wöhnlicher Club von Seeschiffern, Steuerleuten, Segelmachern, Reepschlägermeistern und überhaupt Solchen, deren Geschäft in inniger Verbindung mit der Seeschifffahrt steht, geworden zu sein. Die Theilnehmer wollten nach wie vor eine gemeinsame Casse bilden, und aus dieser durch ihre „Schaffer" alle Jahr einmal eine Mahlzeit und einen Ball veranstalten lassen, dabei auch dann und wann aus ihrer Casse an bedürftige Mitglieder etwas zur Unterstützung verwenden, „damit der Name der so alten Brüderschaft erhalten bleibe und ihr Bestehen auch bis in die fernsten Zeiten hinüber reichen möge."*)

Indeß reichten diese „fernsten Zeiten" nicht sehr weit, denn schon im Anfange der fünfziger Jahre hörte die alte „Brüder=

---

*) Siehe hierüber: „Gesetze der Seeschiffer-Brüderschaft in Bremen, ge= druckt in Bremen im Jahre 1848."

schaft" aus Mangel an Theilnahme gänzlich auf. Doch entstand aus ihrer Asche, wie ein Phönix, wieder eine andere Verbindung von Seeschiffern, die sich nun den passenderen Titel „Bremer Seeschiffer-Verein" gab, und sich „Columbus" nannte.

Dieser Verein setzte es sich zum vornehmsten Zweck, allen Bremer Seeschiffern Gelegenheit zu verschaffen, daß sie sich „durch regelmäßig zu haltende Zusammenkünfte besser kennen lernen, und durch gegenseitige Belehrung, Austausch der Ideen, sowie gelegentlich zu haltende Vorlesungen ihren Stand auf eine immer höhere Stufe zu bringen trachten könnten."[*]

Aus diesem noch jetzt fortblühenden „Verein Columbus" sind denn in den letzten Jahren alsbald wieder mehrere andere Vereine, zu mehr praktischen Zwecken hervorgegangen. Zunächst der „Neue Versicherungs-Verein Bremer Seeschiffer" vom Jahre 1856, der es sich zur Aufgabe gesetzt hat, zu bewirken, daß Verluste, die ein Mitglied auf einer Seereise an seinen Effecten erlitten habe, von den übrigen Mitgliedern durch Beiträge ersetzt würden.[**]

Ferner ein „Actien-Verein Columbus" zum Ankauf von Seeschiffen und zur Betreibung von Schiffs-Rhederei.[***]

Endlich die „Sterbe-Casse Columbus" die am 28. April 1857 gegründet wurde, in der die Zwecke der alten 1618 gestifteten „Brüderschaft" in neuerer Form zum Theil wieder auflebten. Weil in den Statuten dieses Vereins bestimmt wurde, daß beim Tode eines Theilnehmers den Hinterbliebenen desselben von jeden der übrigen Mitglieder 5 Thaler ausbezahlt werden sollten, so nennt man diesen Verein auch wohl den „Fünfthaler-Verein."[***]

---

[*] Siehe: „die Statuten des Bremer Seeschiffer-Vereins Columbus, gestiftet den 5. Januar 1856. Bremen 1856."

[**] Siehe: „Gesetze des Neuen Versicherungs-Verein Bremer Seeschiffer von 4. November 1856. Bremen 1856."

[***] Siehe: „Statuten des Actien-Vereins Columbus. Bremen 1856."

Ich führe diese jüngern Vereine, ohne auf ihre Statuten und Einrichtungen weiter einzugehen, hier nur deswegen kurz auf, weil wir sie wie ihre Urwurzel, die Seeschiffer-Brüder-Sterbe-casse gewissermaßen als mehr oder weniger selbstständig gewordene Schößlinge oder Zweige des Hauses Seefahrt betrachten mögen, und gehe nun, nach dieser kurzen Abschweifung, zur Entwickelung der weiteren Geschichte dieses Hauses selbst zurück.

IX.

Die Vorsteher des Hauses Seefahrt lassen den Hafen von Vegesack bauen und verwalten ihn vom Jahre 1619 bis 1679.

Alte Häfen der Bremer Schiffer. — Wahl des neuen Hafens im Aumunder Tief. — Vorschüsse der Seefahrt zum Hafenbau. — Die Seefahrt
übernimmt die Verwaltung und erhält die Einkünfte des Hafens. — Wie
sich allmählig ihr Verhältniß zum Hafen Vegesack aufgelöst hat. —

Die Theilnahme, welche das Haus Seefahrt an der Anlage
und Unterhaltung unseres ersten künstlichen Hafens an der Weser,
während des ganzen Laufs des 17. Jahrhunderts gehabt und
die Beihülfe, welche sie bei diesem für die Weserschiffahrt für
einige Zeit so wichtigem Werke geleistet hat, stellt die Bedeutung
dieses Hauses, als eines Institutes für die Ueberwachung aller
Interessen der Schiffer, in ein besonders helles Licht.

Bis zum Anfange des 17. Jahrhunderts scheinen die Seeschiffer von Bremen zur Bergung ihrer Schiffe keinerlei sicheren
und kunstmäßig angelegten Hafen irgendwo an der Weser besessen zu haben.

In ganz alten Zeiten, wo man noch mit sehr kleinen
Schiffen fuhr, war vermuthlich die Weser innerhalb der Stadt
Bremen selbst die gewöhnliche Rhede. Im Winter zog man die
Schiffe wohl in die verschiedenen Seitenarme oder „Tiefe" des

Stromes. Als die Weser bei Bremen flacher und zugleich die Schiffe im Verlaufe des 16. Jahrhunderts etwas größer wurden, verlangten die Schiffer allmählig nach einem Hafen unterhalb Bremen und man faßte das sogenannte „Aumunder Tief" bei Begesack ins Auge, bis wohin damals auf der Weser noch Schiffe von 10 bis 12 Fuß Tiefgang gelangen konnten.

Die Schiffer brachten darüber, zuerst — wie es scheint, im Jahre 1601 — Vorstellungen vor das Collegium Seniorum. Und einige Aelterleute nebst einigen Senatoren machten sich auf, um das „Aumunder Tief" zu inspiciren. Die Rechnungen über die Kosten dieser Inspektionsreisen von 1601 sind noch auf dem Staats=Archiv vorhanden.

Da die Sache indeß damals nicht gleich weiter gedieh, so erhoben die Schiffer im Jahre 1617 bei den Aelterleuten abermals die Klage, „daß sie an der Weser keinerlei Ort hätten, wo sie im Winter ihre Schiffe hinlegen könnten." Auf Veranlassung der Schiffer die hierbei überall von dem Hause See= fahrt sekundirt wurden und sich der Vermittelung desselben, als ihres Hauptorganes bedienten, wandten sich die Aelterleute wieder an den Senat und dieser machte nun Anstalten zum Ankauf der beim „Aumunder Tief" nöthigen Ländereien und zur Verschreibung von Kunstverständigen aus Holland, um dort einen Hafenbau in Angriff zu nehmen. *)

Die Kosten für diese Unternehmung wurden zum Theil aus dem „Aerarium" (Staatsschatze) bestritten. Die Hauptsache übernahm dabei aber das Haus Seefahrt. Es schoß im Jahre 1619 zuerst 4000 Speciesthaler vor und legte nachher noch 1000 ₰ zu, so daß es von vornherein im Ganzen 5000 Spe= ciesthaler für den Hafenbau hergab.

Der Beschluß, diese Summe vorzuschießen, wurde sowohl von den „Verordneten Vorstehern" des Hauses Seefahrt, als

---

*) Die mit diesen Holländern abgeschlossenen Contrakte sind noch auf dem Staatsarchive vorhanden in P. 13. a 4.

auch von den „Aeltesten oder Ausschuß der sämmtlichen Schiffer-
gefaßt und von beiden das darüber aufgesetzte Dokument unterschrieben. Dieses Dokument selbst ist uns leider verloren
gegangen. Dagegen ist uns ein anderes, eine von den Vorstehern der Seefahrt in dieser Angelegenheit an den Senat
gerichtete Supplik vom 25. Januar 1620, aufbewahrt, *) worin
es heißt, „daß die Vorsteher der Seefahrt und die Aeltesten der
sämmtlichen Schiffer von den zum Behuf der Armen erüberten
Geldern 5000 Thaler in specie vorgeschossen und irrevocabiliter
verehret hätten, daß sie auch gerne geschehen lassen könnten, daß
dieß Capitel der Armen Seefahrt nicht wiederumb erstattet oder
gut gethan würde." —

Darnach sähe es fast so aus, als hätte die Seefahrt diese
Summe dem Gemeinen Besten zum Geschenk gemacht. Wir
finden nirgends urkundlich angemerkt, daß sie sich eine Ver-
zinsung des Capitals oder sonstige Vortheile vorbehalten hätte,
und das ist nicht wenig auffallend.

Nun mußte die Seefahrt damals allerdings schon ziemlich viel
baares Geld an der Hand haben. Sie scheint bereits im Anfange des
17. Jahrhunderts sehr bedeutende Geldgeschäfte gemacht zu haben.
So hatten z. B. die Vorsteher des Hauses im Jahre 1609 von dem
Grafen Otto von Oldenburg ein Capital von 10,000 Thalern aufgenommen, dasselbe mehre Jahre lang verzinst,**) und im Jahre
1616 wieder zurückbezahlt. Auch findet sich, daß — selbst nach
der Rückzahlung dieses Capitals und nach der Auszahlung des
Capitals von 5000 Speciesthalern für den Begesacker Hafenbau — bei dem Hause noch so viele Gelder übrig blieben,
daß man schon damals anfing, auf den Bau eines neuen
Stiftshauses zu denken, obwohl allerdings dieser Neubau erst
später zur Ausführung kommen konnte. —

---

*) S. dieses Dokument auf dem Bremischen Staats-Archive in T. 6. m. 5.
**) Die Original-Quittungen, in welchen sich verschiedene Grafen und
Gräfinnen von Oldenburg für geleistete Zinsen-Zahlung bei den Vorstehern der
Seefahrt bedanken, sind noch unter den Papieren des Hauses vorhanden.

Gewiß auch mußte den Schiffern der Hafenbau, auf den sie schon seit lange gedrungen hatten, sehr willkommen und nützlich sein, und ohne Zweifel konnte die große Schiffer-Verbindung sich wohl veranlaßt sehen, ebenso wie das Aelterleute-Collegium und das Staats-Aerarium dazu beizusteuern. Wie aber dazu die Gelder ihres Armenhauses, dem von frommen Leuten schon viele Geschenke bloß „für die Armen und nicht zu andern Zwecken" gemacht waren, verwandt werden konnten, ist nicht recht einzusehen. Hierzu war doch auch selbst ein Gesammt-beschluß der Vorsteher und Oberalten des Hauses Seefahrt und aller Schiffer nicht berechtigt. Und, wenn sie es gethan haben sollen, ohne irgend eine Gegenleistung und einen andern Vortheil für ihre Armen dadurch zu gewinnen, so scheint dieß noch ungerechter. Man könnte sich denken, daß die fromme Seefahrtsstiftung und Schiffergilde durch höhere Gewalt, durch ein direktes oder indirektes Eingreifen der Staatsgewalt, zu diesem Darlehn oder vielmehr dieser „Schenkung" gezwungen worden sei. Und in der That scheint eine solche Aufforderung und eine Art von Zwang von Seiten des Staates stattgefunden zu haben. Denn in der oben erwähnten uns erhaltenen Supplik, bitten die Vorsteher der Seefahrt und Gesammtschiffer „die großgünstigen Herrn des Raths sehr demüthig, daß ihnen nicht zugemuthet werden möchte, ein noch größeres Opfer zu bringen." [*] Aber selbst wenn der Senat die Seefahrt zu der Vorstreckung der 5000 Thaler nöthigte, so ist es doch höchst unwahrscheinlich, daß er es, ohne irgend eine Begünstigung als Aequivalent dafür zu gewähren, gethan haben sollte.

Unter den Mitgliedern des Hauses Seefahrt existirt die Tradition, daß ihrer Anstalt für jenes „Geschenk an den Hafen

---

[*] Bei späteren Differenzen haben Senatsmitglieder aus diesem Vorgange sogar ein Recht des Senats „über das Vermögen der Seefahrt auch zu andern Zwecken zu disponiren" herleiten und auf demselben begründen wollen. Siehe darüber einen Aufsatz vom December 1818 unter den Papieren des Staats-Archivs. T. b. m. 10.

von Vegesack" zugestanden worden sei, jährlich in der Stadt und in dem Gebiete bei allen Bürgern eine Collekte anzustellen.*) — Ich habe indeß keine Dokumente aus damaliger Zeit über dieß „Zugeständniß" finden können, obgleich es allerdings, wie ich nachher zu zeigen Gelegenheit nehmen werde, aus späterer Zeit Senats-Erlasse giebt, in welchen der Seefahrt ausdrücklich das Recht zu einer solchen Collekte gewahrt wird.

Ausgemacht ist nur, daß der Hafenbau zu Vegesack, zu dem die Seefahrt so bedeutend vorgeschossen hatte, unter der Aufsicht und Leitung der Vorsteher des Hauses, denen zwei erfahrene Schiffer assistirten, ausgeführt und im Jahre 1622 oder 23 beendigt wurde. Während des vierjährigen Hafenbaus verwandte die Seefahrt noch ferner so viel auf dieß Unternehmen, daß am Ende alle ihre Auslagen sich auf die Summe von 11,000 Thalern, — oder wie andere Angaben behaupten, von 32,000 Bremer Mark, — beliefen. **)

Da auf diese Weise der Hafen von Vegesack fast ganz das Werk des Hauses Seefahrt war, so war es wohl beinahe selbstverständlich, daß ihr auch seine Verwaltung und Einkünfte zufielen. Einige Schriftsteller sagen, daß dieselben ihr förmlich verpfändet worden seien, andere, daß sie den Hafen vom Staate zu einer billigen Zinse in Pacht bekommen habe. Von allen Zeugnissen aber wird zugegeben, daß bis zum Jahre 1651 die Seefahrt, sei es als Pächter, sei es Pfandinhaber, im Besitze des Hafens geblieben, und daß in dieser Zeit der „Administrator des Hauses" zugleich „Buchhalter des Hafens Vegesack" gewesen ist.

Den Schiffern wurden gewisse Abgaben für die Benutzung des Hafens aufgelegt, und die daraus fließenden Einnahmen

---

*) Als ein Gerücht oder eine Tradition wird diese Behauptung in verschiedenen Schriften der Seefahrt und des Staats Archivs aufgeführt.

**) Diese Summen werden in späteren Schriften und Eingaben als „aus den Seefahrtsbüchern hervorgehend" genannt. Leider sind die Protokolle und Rechnungsbücher aus diesen Zeiten in der Seefahrt selbst nicht mehr vorhanden.

mochten nicht unbedeutend sein, da damals noch die meisten Bremer Schiffe bei Vegesack einliefen und die „Winterlage" noch unvermeidlich, den Gesetzen nach sogar nothwendig, und dabei sehr lang war. Selbst die Schiffe, die nicht vom Hafen Gebrauch machten, mußten die „Winterlage" bezahlen.

Die Seefahrt verwandte die ihr zufließenden Hafengelder theils auf die Unterhaltung des kostspieligen Werks und baute aus ihnen auch in den Jahren 1647 und 1648 ein neues Hafenhaus. Dennoch sollen dabei zuweilen 900 bis 1200 Mark und ein Mal sogar 3000 Mark übrig gewesen sein. *) Und diese Vortheile kamen dem Hause Seefahrt als eine ihm ge= bührende Entschädigung für den gemachten Aufwand zu.

Der Staat behielt sich dabei nur eine Oberaufsicht des Hafens vor, und übte dieselbe durch die Commission der soge= nannten „Hafen=Herren" oder „Hafen=Inspektoren," welche aus den vier Bürgermeistern, einigen Deputirten und Schifferältesten zusammengesetzt war, aus.

Diese ganze anfängliche Einrichtung der Verhältnisse nannte man später die „alte Fundation des Hafens." Seit dem Jahre 1651 scheinen darin allmählig einige Veränderungen eingetreten zu sein. Zuerst floß von 1651 bis 1665 ein Theil der Hafen= einnahme, im Ganzen 6000 Mark, der „Reder=Kammer" (dem Staats=Schatze) zu. Es scheint dieß in Folge einer Trans= aktion zwischen dem Staate und den damaligen Administratoren der Seefahrt, die wie gesagt zugleich „Buchhalter des Hafens Vegesack" waren, Platz gegriffen zu haben. Das Aerarium versprach für das ihm zulaufende Geld „den Hafen, wenn er Noth leiden würde, unterstützen zu wollen."

Wie dieß geschehen konnte und warum man der Seefahrt ihres alten Einkommens theilweise beraubte, ist nicht recht klar, da die Dokumente darüber fehlen. Die Schiffer in ihren späteren Protesten versichern, daß von 1620—1651 Nichts von dem

---

*) Nach den in verschiedenen Eingaben enthaltenen Versicherungen der Schiffer.

Hafen, „ins Gemeine Gute geflossen, sondern Alles für den Hafen, das Hafenhaus und das Haus Seefahrt emploviret sei. Warum ihre Vorsteher von 1651—1665 6000 Mark dem Aerarium hätten zufliessen lassen, das wüßten und begriffen sie nicht, da doch Alles von Gott und Rechtswegen der Armen Seefahrt hätte zukommen sollen." *)

Im Uebrigen blieb es bis zum Jahre 1671 noch bei der „alten Fundation," d. h. dabei, daß die Seefahrt unter der Oberinspektion der bezeichneten Hafencommission den Hafen verwaltete und seine Einkünfte — bis auf die besagten an die Rederkammer abgegebenen 6000 Mark — genoß. Im Jahre 1671 beschloß plötzlich der Senat — in Folge welcher Vorgänge, ist mir wieder unklar geblieben — den ganzen Hafen in die Hand zu nehmen, und ihn zum Vortheil der Rederkammer meistbietend verpachten zu lassen, zunächst auf 4 Jahre.

Gegen diesen — wie es scheint — neuen und unbefugten Eingriff der Staatsgewalt liefen von verschiedenen Seiten Remonstrationen ein. Zuerst traten sämmtliche Schiffer — vermuthlich im Hause Seefahrt, ihrem gewöhnlichen Versammlungsorte — zusammen, und bezeugten in einem dem Senate überreichten Proteste ihre „Bestürz- und Befremdung über die Ausbietung des Hafens an einen Pachter." Sie führten in diesem Proteste alle die Verdienste, die sie und ihr Haus Seefahrt sich um den Hafen erworben hätten, umständlich aus, und zeigten, wie treu von diesem alten Institute die Einnahmen auf gute Instandhaltung des Hafens verwendet worden seien. „Gäbe man den Hafen in die Hände eines Pächters", — sagten sie, — „so würden die Hafenbauten sehr bald in decadence kommen, alle Intraden, statt auf Renovirung verwandt zu werden, würden in des Pachters Tasche springen. Die neuen Pfähle und Bollwerke, die ein solcher Pachter setzen lasse, pflegten gewöhnlich nichts als Nürnberger Pappenarbeit zu sein. Dieß wüßte man

---

*) S. hierüber das Staats Archiv. P. 13. a. 4.

in andern Ländern, z. B. in Holland sehr gut, wo daher auch
der Art Leute von der studirenden Jugend so ästimirt würden,
daß dieser keiner mit jenen einen Trunk zu thun begehre. Aus
redlichem Herzen gegen die Armen und das ganze geliebte
Vaterland bäten sie daher, der Senat möchte ihre rationes in
hochgeneigte Consideration ziehen einem eigennützigen Pächter,
der sich nur unverdienter Weise zu bereichern und die Arme Seefahrt zu übervortheilen strebe, kein Gehör geben, sondern Alles bei
der alten Fundation lassen, und anordnen, daß der Hafen
der Armen Seefahrt verbleibe. Geschähe dieß aber nicht, so
wollten sie selbst die Schiffer, statt einem Pächter sich zu unterwerfen, in Begesack hinfüro gar keine Winterlage mehr nehmen
und bezahlen, sondern lieber in Brake anlegen, wo die Olden-
burger einen neuen Hafen zu aptiren versprochen hätten, und
dieß um so mehr, da es doch jetzt bei Begesack kaum noch
8 Fuß Wassertiefe gäbe."

Neben den sämmtlichen Bremischen Schiffern setzten sich
natürlich auch die Vorsteher des Hauses Seefahrt selbst mit
Remonstrationen in Bewegung. „Sie könnten", sagten sie, in
einer Schrift an den Senat, „tragenden Amtes halber hoch-
gemüssigt nicht umhin, ihre und der ganzen Schiffergesellschaft
Verwunderung über die Ausbietung des Hafens zu erkennen zu
geben und beim Rathe unterdienstlich vorzutragen, weilen dieses
Werk nicht allein die gesammte Schifferschaft, vielmehr sonderlich
auch die Seefahrt selbst, von welchen jene dependirten, und zu der
endlich Alles redundiren müsse, concernirte." „Aus den Büchern
der Seefahrt", sagten sie, „sei ersichtlich, daß alle Gelder, so zu
dem Hafen angewandt, bloß aus den Seefahrtsmitteln, welche
doch von den Schiffern und Kaufleuten, wie von den Bienen der
Honig mit vielem Lebensverluste, ja mit Schweiß und Blut
sauer zusammengetragen, hergegeben seien, in Hoffnung, daß,
wenn durch fleißiges Aufsehen und Menagiren endlich etwas
dabei erübrigt werden möchte, solches zur Verbesserung und
Unterhaltung der Armen angewandt werden könnte. Sie bäten

daher wie die Schiffer-Gesammtheit, daß man es bei der **alten Fundation** bleiben und Alles den Seefahrtsarmen, von welchen das ganze Capital herrührte, wie vorher und jederzeit geschehen, zu ihrem Unterhalte gereichen und gedeihen lassen möchte."

Der Senat beharrte indeß unerbittlich bei seinem ein Mal gefaßten Beschlusse, und gab nur den kurzen Bescheid, daß wenn die Schifferschaft und die Seefahrt den Besitz und Genuß des Hafens wünschten, sie sich unter die Meistbietenden einfinden möchten, und „daß sie dann iisdem conditionibus den Vorzug haben sollten." Und da Seefahrt und Schiffer, vermuthlich aus Unmuth hierauf nicht eingingen, so wurde denn der Hafen am 20. Mai 1671 einem Privat-Pächter, einem gewissen Heinrich Pundt zu einem Pachtschilling von 200 Thalern auf 4 Jahre übergeben.

Nach dem Ablaufe dieser 4 Jahre scheinen sich indeß die Vorsteher der Seefahrt eines Andern besonnen zu haben. Denn im Jahre 1675 bei einer abermaligen Verpachtung des Hafens traten sie allerdings, wenn auch nicht direkt, doch durch zwei vorgeschobene Personen, Wilhelm Boß und Arendt Vogelsank,[*] unter den Meistbietenden auf, und pachteten den Hafen für 225 Thaler.

Es war dabei der Seefahrt nicht nur um Entschädigung durch die Hafengelder, sondern zum Theil wohl auch um eine gewisse polizeiliche Aufsicht über den Hafen und die darin weilenden Schiffer, die dem Hause etwas schuldig sein mochten, zu thun. Ich finde, daß die Vorsteher des Hauses mehrere Male, wenn Kapitäne ihre Bodmereigelder nicht richtig an die Seefahrt bezahlt oder sonstige Pflichten nicht geleistet hatten, deren Schiffe im Hafen von Vegesack arretiren oder ihnen „eine Kette an ihr Ruder" legen ließen. Zuweilen wurden auch die Steuerruder widerspenstiger Schiffe ausgehoben oder ihnen die

---

[*] Zu den Papieren des Staats-Archivs werden nur diese beiden Männer als „Pächter" genannt. Aus den Büchern des Hauses Seefahrt geht aber hervor, daß dieses der eigentliche Pächter war.

Segel und Anker genommen und „als Pfänder in das Haus
Seefahrt geschafft."

Von 1675 bis 1679 scheinen die Vorsteher und Aeltesten
der Seefahrt beständig mit ihrem Hafen bei Vegesack zu thun
gehabt zu haben. Sie ernannten unzählige Commissionen, um
Inspektionsreisen dahin zu machen, kämpften mit den Zerstörungen
des Eisganges und hohen Wassers und hatten unaufhörlich an
den „Bollwerken und Pfählen" zu bessern und zu flicken. Die
Protokollbücher aus dieser Zeit sind voll mit Vegesacker Hafen-
angelegenheiten, „und wenig Segen" heißt es in einem derselben,
„ist dabei gewesen." Ein Mal sogar wären darüber die Vorsteher und auch die Herren Aelterleute fast bei dem präsidirenden
Herrn Bürgermeister und beim Rathe „in Ungnade gefallen."
Die Bremischen Stadtsoldaten, die auf der „Burg" unweit
Vegesack in Quartier lagen, hatten sich Unordnungen zu schulden
kommen lassen, und waren unbefugter Weise „bei Tage und
bei Nacht" auf die Schiffe im Hafen gegangen, „was, wegen
der bei sich habenden brennenden Lunten höchst gefährlich erschien."
Einige Herren Aelterleute, die zugleich Vorsteher der Seefahrt
waren, hatten dem Commandanten in der Burg darüber Vorstellungen machen lassen, und ihn ersucht „daß er eine gute
Ordre stellen und das Benehmen der Soldaten inhibiren solle."
Das darüber abgefaßte Beschwerdeschreiben scheint nicht die
rechten Wege gewandert und etwas zu direkt von den Elter-
leuten an den Commandanten, gleichsam, als ein Befehl der
Aelterleute und Seefahrtsvorsteher an das Militair, gelangt
zu sein. Das nahm nun der damals präsidirende Herr
Bürgermeister, als er davon Kunde bekam, als eine Anmaßung
und einen Eingriff auf, „wurde, nachdem er jene Schrift ge-
lesen voll Unmuths," und schien auf so bedenkliche Maaßregeln
zu sinnen, daß einige Aelterleute, die auch Vorsteher der Seefahrt waren, committirt wurden, dem Bürgermeister aufzuwarten,
und sich bei ihm zu entschuldigen, „damit die Herren Aelterleute

aus diesem Verdachte beim Hochweisen Rathe wieder heraus=
kommen möchten," *) was auch gelungen zu sein scheint.

Vermuthlich fühlte sich die Seefahrt durch dergleichen und
andere Unannehmlichkeiten bewogen, im Jahre 1679 nach Ablauf
der Pachtzeit n i c h t wieder unter den Concurrenten aufzutreten.
Wenigstens erklärte der damalige Pachter des Hafens, Heinrich
Löscher, vor den Hafenherren, daß er ganz auf eigene Rechnung
handele. Auch verschwindet seit dem die Vegesacker Hafenange=
legenheit völlig aus den Protokollen des Hauses.

Vielleicht hielt man den Besitz des Hafens auch deßwegen
nun schon nicht mehr für so wichtig, da bereits die Bremer Schiffer
längst angefangen hatten, sich mit ihrer Winterlage dem neu aufblü=
henden Hafen bei Brake zuzuwenden. Das Haus Seefahrt, dem
Bremen und Vegesack die Begründung und Einrichtung ihres Hafens
hauptsächlich verdankten, trat für die Folgezeit nun ganz außer
Verbindung mit ihm, und diejenigen Differenzen, welche nachher
(1684) das Collegium Seniorum mit dem Rathe über den Hafen
hatte, berührten unser Institut dann so wenig, daß wir sie in
einer Geschichte desselben mit Stillschweigen übergehen können.

---

*) Protokolle der Seefahrt.

X.

Wie in der Seefahrt für die Christensklaven bei den Barbaresken gesorgt wird seit 1642.

Anordnungen in der Seefahrt gegen Seeräuber. — Wie Bremer zuerst in Türkische Gefangenschaft gerathen. — Algierische Kaper vor der Weser und Elbe. — Anstalten in Hamburg. — Endliche Schicksale der „Sklaven-Casse" der Seefahrt.

Von Anfang herein hatten die Bremer Schiffer-Gesellschaft und ihr Haus Seefahrt ihre Aufmerksamkeit und Hülfe auch den Gefahren und Unglücksfällen zugewendet, die den Seefahrern durch Piraten bereitet werden möchten.

Schon in dem alten Stiftungsbriefe der Seefahrt vom Jahre 1545 wird bestimmt, daß auch diejenigen, die „von den Feinden und Freibeutern verdorben und schimpfirt würden" oder sonst durch sie in Nachtheil und Nothdurft kommen könnten, unterstützt werden sollten.

Auch bei der im Jahre 1575 im Hause Seefahrt beliebten allgemeinen „Schiffs-Ordnung" wurden wieder, wie ich im vierten Capitel zeigte, mehre Bestimmungen getroffen über die Pflichten der Matrosen zur Vertheidigung der Schiffe gegen Piraten und über die Art und Weise, wie man für die sorgen wollte, die dabei in Unglück geriethen.

Im sechszehnten Jahrhundert hatten die Bremer es meistens mit Friesischen Freibeutern zu thun, obgleich die Nordsee zu

Zeiten auch von Schottischen, Dänischen und anderen Feinden
geplagt war. Im Anfange des 17. Jahrhunderts, nachdem die
seeräuberischen Friesen im Lande Wursten und anderswo unter-
würfig gemacht worden waren, hatte der offene Seeraub in den
der Weser benachbarten Gewässern so ziemlich aufgehört.

Dagegen hatten die Bremer begonnen, entferntere Erd-
gegenden, die Häfen der Pyrenäischen Halbinsel und die Küsten des Mittelländischen Meeres, häufiger zu besuchen. Dort
wurde, seitdem ganz Nordafrika von den Türken erobert war, d. h.
seit dem letzten Viertel des 17. Jahrhunderts, die Seeräuberei
als ein endloser Krieg der Muhamedaner gegen alle christlichen
Schiffer ganz systematisch und ununterbrochen betrieben. Es
entstanden damals unter der Anführung halbsouverainer tür-
kischer Paschas die sogenannten Raubstaaten, die bis auf unsere
Zeit ihr grausames Gewerbe fortsetzten. Sie machten sich allmählich mehrere der europäischen Staaten tributpflichtig, schlossen
mit ihnen Tractate ab, durch welche sich dieselben verpflichteten,
jährliche Summen zu zahlen, und sich so den Frieden zu erkaufen.
Manche zur See Mächtige, Holländer, Engländer 2c., straften
auch zu Zeiten die Afrikanischen Piraten und zwangen sie zum
Frieden. Die Unterthanen derjenigen Staaten, welche solche Ver-
träge nicht abschließen und mit ihrer Kriegsflotte nicht aufrecht
erhalten konnten, wurden, wenn sie den Afrikanern in die Hände
fielen, in eine harte Sklaverei geschleppt und wollte man sie
befreien, so mußten dann in jedem einzelnen Falle Verhandlungen über die Loskaufungssumme eintreten.

Da die Hansestädte zu den schutzlosen Nationen gehörten,
so ereignete es sich immer dann und wann, daß einige ihrer
Bürger in Türkische Gefangenschaft geriethen. In Hamburg
wurden schon im Jahre 1624 von Seiten des Staats Vorkeh-
rungen für solche Fälle getroffen und eine öffentliche Sklavencasse zur Ranzionirung von Hamburgern begründet. Diesem
Beispiele folgte auch Lübeck, wo auf Betrieb der Bürgerschaft

im Jahre 1629 „eine Sklavencasse zur Loskaufung der in der
Gefangenschaft der Barbaresken gerathenen Seeleute" errichtet
und auf den Ertrag einer allen Lübecker Schiffern zugemutheten
Abgabe angewiesen wurde.

In Bremen ist es trotz vielfachen Anregungen nie zu einem
öffentlichen Institute dieser Art gekommen. Der Staat überließ
es hier den Privatbestrebungen des Hauses Seefahrt und des
Collegiums der kaufmännischen Aelterleute, den beiden Haupt-
vertretern des Handels und der Schifffahrt, bei Ranzionirungs-
Angelegenheiten einzuschreiten.

Einzelne Fälle, in denen arme Leute, die bei den Türken
in Afrika gelitten hatten, mit kleinen Summen vom Hause
Seefahrt unterstützt wurden, finde ich schon in den Protokollen
der Gesellschaft aus dem Anfange des 17. Jahrhunderts erwähnt. So wurden ein Mal am 21. Sept. 1629 „einer
Edelfrauen, so in der Türkei gefangen geseten, um Gotteswillen 28 Grote" mitgetheilt, — ein ander Mal „einem Manne,
so in der Türkei gefangen gesessen, laut kaiserlichem Patent,
36 Grote verehret."

Den ersten Fall einer Bremischen Ranzionirungssache finde
ich in den Protokollbüchern der Seefahrt beim Jahre 1642 angemerkt. Ein Bremer Bürger, Namens Diedrich Röver war
in die Hände der Türken gefallen, hatte etliche Jahre „in der
Barbarei" als Sklave geschmachtet, war dann von dort „an
einen Juden in Legorn (Livorno) verkauft und dieser Jude
verlangte nun für seine Freilassung den Kostenersatz. Die Herrn
von der Seefahrt brachten „eine freiwillige Verehrung" zu seiner
Ranzionirung dar und sandten die zusammengebrachte Summe
von 349 Thalern an einen Banquier in Amsterdam, bei dem
sie deponirt wurde und den man beauftragte, die Unterhandlungen mit dem Juden zu leiten. Der letztere verlangte indeß
einen höhern Preis, und ehe man darüber einig werden konnte,
starb der arme „Röver" in seiner Gefangenschaft, worauf die
Vorsteher der Seefahrt es für gut fanden, das Capital aus

Amsterdam zurückzuziehen, es bei sich verzinslich anzulegen, und daraus einen „Fond zu einer Sklavencasse zu bilden, damit, wenn etwa von Bremer Bürgern oder deren Kindern Einem das Unglück der türkischen Gefangenschaft zustoßen sollte, die Gelder zu deren Erledigung möchten angewandt werden."

Etliche Zeit nach der Bildung dieser Casse, im Jahre 1677, kam ein ähnlicher Fall vor, der wieder die Beihülfe der Seefahrt nöthig machte. Das Haus gab aus seiner Casse eine Summe her „zur Erlösung von fünf Bremischen Christensklaven, die mit Magnus Detjen gefahren." Es scheint darnach, daß damals ein Bremer Schiff mit seiner gesammten Mannschaft in die Hände der Türken gerathen war. Vielleicht kamen dabei die übrigen Leute um, oder starben in der Sklaverei und nur die „fünfe" konnte man noch retten. Die kleine Summe, welche die Seefahrt hergab, mochte zu ihrer Befreiung wohl nicht allein hinreichen. Aber wahrscheinlich setzten sich damals, wie bei ähnlichen Gelegenheiten auch die Aelterleute in Bewegung. Wie der schließliche Erfolg dieser Sache gewesen, ist aus den Protokollen nicht ersichtlich. Doch wurde auch im Jahre 1683 wieder eine kleine Summe „zur Erlösung von Arb. Stüver aus der Türkei" bewilligt.

Bald nach dieser Zeit, im Jahre 1687, erschienen tollkühne Algierische Kaper in den nördlichen Gewässern, im Canal, ja einige dieser Afrikanischen Raubschiffe ließen sich sogar bei Helgoland vor den Mündungen der Elbe und Weser blicken. In Bremen und Hamburg war natürlich Angst und Alarm. Dennoch geschah hier nichts Erkleckliches zur Abwehr und Hülfe. Freilich verschwanden die Seeräuber alsbald wieder vor einigen gegen sie ausgesandten Dänischen und Holländischen Kriegsschiffen.*)

---

*) Siehe Duntze Geschichte der freien Stadt Bremen. Theil IV. Seite 286.

Im Jahre 1709 wurden zwei Bremer Schiffe „von französischen Kapern genommen und wieder ranzionieret". Die Seefahrt erließ den Capitänen die Einzahlung ihrer Reisegelder.
Ob sie auch sonst bei ihrer „Ranzionirung" hülfreiche Hand
leistete, ist nicht ersichtlich.

Da der Handel Bremens mit den Mittelmeer-Ländern im
Laufe des 18. Jahrhunderts immer lebhafter und die Gefahr
von Seiten der Raubstaaten daher stets bedenklicher wurde,
so mochte schon lange unter den Kaufleuten und Schiffern der
Wunsch ausgesprochen sein, daß man diesem Uebel durch Organisirung einer allgemeinen städtischen Sklavencasse aus gemein-
samen und Staatsmitteln, wie Hamburg und Lübeck sie längst besaßen, begegnen möchte. Im Jahre 1747 übergab eine Witwe
Wienholz dem Hause Seefahrt „einige Hundert Thaler" mit der
Bestimmung, „daß wenn über kurz oder lang, allhier in Bremen, eine Sklavencasse errichtet werden würde, jene Summe
an diese Casse gehen sollte, einstweilen aber die Zinsen für die
Armen der Seefahrt verwandt werden dürften".

Wieder im Jahre 1755 machte der Bürgermeister Mindemann den Vorschlag zur Errichtung einer öffentlichen Sklavencasse. Er schlug vor, wie ich unten umständlicher zu erzählen
Gelegenheit finden werde, die kostspielige große Seefahrts-Mahlzeit abzuschaffen, und die dadurch gesparten Gelder für ein
solches Institut zu verwenden.

Allein, so dringend die Aufforderung dazu sein mochte, so
kam es doch in Bremen, wie gesagt, nie zur Begründung einer
Staats-Sklavencasse.

Als daher im Jahre 1798 wiederum ein Bremisches
Schiff „die Elisabeth" mit seinem Capitain Hermann Vägels
und seiner ganzen Mannschaft in Marrokkanische Gefangenschaft gerieth, war auch die Lösung dieses Knotens wieder
den Anstrengungen der Privatthätigkeit der Kaufleute und
Schiffer überlassen. Die Interessenten des Schiffes subscribirten
zur Befreiung ihrer Leute eine Summe, und die Vorsteher und

Aeltesten des Hauses Seefahrt empfahlen „die bedauernswürdi-
gen Gefangenen, die nun in barbarischer Sklaverei schmachte-
ten, dem Mitleiden und der Hülfe ihrer Mitbürger."

Sie stellten sich an die Spitze einer allgemeinen Subscrip-
tion unter den Kaufleuten und Schiffern. Es wurden 8000 Thaler zusammengebracht, und die Loskaufung eingeleitet. Zugleich
beschloß auch das Haus, den Frauen der gefangenen Matrosen
und ihres Capitains eine außerordentliche Unterstützung aus
den Seefahrtsgeldern sofort zukommen zu lassen.

Es scheint indeß auch mit diesem Capitale gegangen zu
sein, wie mit frühern zu demselben Zwecke zusammengebrachten
Summen. Die Gefangenen verstarben oder gingen sonst verloren, ehe man mit ihren despotischen Herren über die Loskaufung einig werden konnte. Die 8000 Thaler blieben in
den Händen der Seefahrt. Mit Bewilligung der auf Rückzahlung verzichtenden Subscribenten legte man sie auf Zinsen,
und bildete daraus wieder eine „Sklavencasse für zukünftige
etwa eintretende Fälle". Die Zinsen des Capitals aber
scheint man, da diese Fälle sich nicht gleich wiederholten,
von Zeit zu Zeit zu andern wohlthätigen Zwecken verwandt
zu haben. Wenigstens finde ich es einmal angemerkt, daß im
Jahre 1809 brodlosen Schiffern eine Anleihe „aus den Zinsen
der Sklavengelder" bewilligt wurde. In der Regel schlug
man die Zinsen indeß zum Capital und dieses verdoppelte sich
daher bald.

Schon im Jahre 1820 scheinen einige Mitglieder der Seefahrt auf eine anderweitige Verfügung über die „Sklavengelder" angetragen zu haben, vermuthlich weil in den damaligen
gefahrlosen Zeiten eine solche Casse überflüssig schien. Doch
wurde zur Zeit beschlossen, die Sache noch „bis dreißig Jahre
nach der Sammlung (nach 1799) auf sich beruhen und in
statu quo zu lassen". Als aber endlich in Folge der Erobe-
rung Algiers durch die Franzosen und in Folge anderer poli-
tischer Ereignisse (nach 1830) die Barbaresken-Staaten ziemlich

unschädlich gemacht und der Handel nach dem Mittelmeere von dieser Seite gefahrloser wurde, da beschloß man im Jahre 1838 im Hause Seefahrt die Sklavencasse ganz aufzuheben und die in derselben vorhandenen Gelder (nun ca. 18,000 Thaler) der allgemeinen Seefahrtscasse einzuverleiben.

Auf ganz analoge Weise hatte sich auch beim Collegium der Aelterleute schon im Jahre 1748 eine Sklavencasse gebildet. Und da dieselbe sich ganz ähnlich entwickelte, wie die seit 1799 bei dem Hause Seefahrt begründete und zugleich auch am Ende diesem Hause selber zufiel, so mag ich ihre Geschichte hier mit zwei Worten geben. *)

Einige Zeit vor 1748 war ein Bremer Capitän, Melchior Stengrafe, „in die Sklaverei der Barbaresken" gerathen. Man hatte in der Stadt für ihn gesammelt, seine Ranzionirung, wie es scheint, bewirkt, und dabei einen Ueberschuß von 402 Thaler behalten. Dieses kleine Capital wurde mit Bewilligung der Interessenten dem Collegium der Aelterleute übergeben, um dasselbe nebst den daraus erwachsenden Zinsen aufzubewahren, „damit Beides zu einem Grundsatze dienen könnte, wenn eine Sklavencasse errichtet werden sollte." Das Collegium der Aelterleute kam nicht in den Fall, dieses Capital anzugreifen, ließ die Zinsen auflaufen und führte über diese seine „Sklavencasse" ein eigenes Buch. Im Jahre 1839, als das Capital zu einer Summe von ca. 4400 Thaler angewachsen, entschloß man sich, die Zinsen davon, etwa 100 Thaler, zu anderweitigen wohlthätigen Zwecken zu verwenden, „weil in Folge der veränderten Verhältnisse die Schifffahrt im Mittelländischen Meere gegen Seeräuberei nun gesichert scheine". Man bewilligte daher jene Zinsen der aus dem Hause Seefahrt hervorgegangenen „Seeschiffer-Wittwencasse zur kopfweisen Vertheilung an ihre Mitglieder". — Endlich aber, im Jahre 1851, verließ man das

---

*) Nach auf dem Schütting aufbewahrten Dokumenten.

ganze Capital dem Hause Seefahrt, um dasselbe bei dem Bau
neuer Prövenwohnungen für die Schiffer (seines sogenannten
„Seefahrts-Hofs") zu unterstützen. Um ganz vorsichtig zu verfahren, und „weil es doch immer noch möglich sei, daß die
Türkische Seeräuberei im Mittelmeer wieder aufleben könne",
machte man dem Hause nicht geradezu ein Geschenk mit der
Summe, lieh es ihm aber zu ¼ pCt. Zinsen.

Und hiermit hörte denn die Thätigkeit sowohl des Collegiums der Aelterleute als auch des Hauses Seefahrt in dieser
Richtung völlig auf.

XI.

Wie die Seefahrt im Jahre 1663 sich ein neues Haus baut, und Schilderung dieses Gebäudes.

Bau mehrer Gebäude in Bremen nach Beendigung des 30jährigen Krieges. — Der Senat bewilligt der Seefahrt zu ihrem Hausbau ein Paar alte Mauerthürme. — Schilderung des Gebäudes. — Die alten Baurechnungen. — Die Inschrift vor dem Eintritt: Navigare necesse est, vivere non est necesse. — Die Hausdiele und ihre Curiositäten. — Das Kriegsschiff-Modell der Aelterleute. — Die Silberkammer. — Der Becherdiebstahl. — Die kleine Herrenstube. — Das Porträt des sogenannten „Fondaters" der Seefahrt. — Die „Altemanns-Dönse." — Die große Herrenstube und ihre Gedenktafeln. — Das Portal des Gehöfts und seine Embleme. —

Ich sagte oben, daß das Haus, welches die Seefahrt im Jahre 1561 in der Hutfilterstraße kaufte, obwohl es der Verkäufer, Herr von Sandbeke in seinen Briefschaften wiederholt „myn nyet Hus" genannt habe, doch vermuthlich weder sehr solide noch sehr bequem gewesen sei. Denn Klagen über seine Unzulänglichkeit und Hinfälligkeit wurden schon nach wenigen Jahrzehnten laut.

Bereits im Anfange des 17. Jahrhunderts findet sich in einer Vorstellung an den Senat von Seiten der Vorsteher der Seefahrt der Wunsch ausgesprochen, daß man ihnen zur Herstellung „einer besseren und bequemeren Herberge hülfreiche Hand verleihen wolle." [*]

---

[*] S. die Supplik an den Senat in Bezug auf den Hafen bei Vegesack vom 25. Januar 1620, im Bremer Staatsarchive T. 6. m. 5.

Doch blieb dieß während der bald folgenden Periode des
dreißigjährigen Krieges ein frommer Wunsch. In diesen trau=
rigen und beschwerlichen Zeiten, in denen ohnedieß die Seefahrt
fast alle ihre disponiblen Gelder auf den Bau und die Unter=
haltung des Hafens von Vegesack verwandte, konnte nichts
geschehen, als das bisherige Gebäude, „das gar alt, verrottet
und baufällig geworden war, mit Stützen und Pfählen so viel,
wie möglich zu erhalten.“

Endlich bei und nach Beendigung jenes Krieges, als nun
auch sonst so mancherlei andere Bauwerke in Bremen aufge=
führt und neue Stiftungen begründet wurden (z. B. im Jahre
1646 die Stadtbibliothek, im Jahre 1650 das Zucht= und
Werkhaus, im Jahre 1663 mehre Brücken und Stadtthore bei
Stephani, beim Bunten= und Hohenthore,) da machte man auch
in der Seefahrt ernstliche Anstalten „zur Aufführung einer
neuen Herberge.“ Vielleicht hatte man auch bei dem wieder=
auflebenden Verkehre nach 1648 aus dem Hafen Vegesack bessern
Gewinn gezogen.

Im Jahre 1661 ließen sich die Vorsteher der Seefahrt
Pläne zu einem Hause vorlegen. Das alte Haus, „das nun
sogar augenscheinliche Gefahr drohte,“ wollte man ganz her=
unter nehmen und ein völlig neues auf eine bequemere Art
aufrichten. Das erforderte nun zwar „ein Großes an schweren
Spesen, Materialien und Arbeitslohn, und nicht geringe Sorge
und Mühe,“ und man hätte deßwegen auch gern den Beistand
des Staates in Anspruch genommen.

„In Anbetracht,“ so drücken sich hierüber die Vorsteher
des Hauses Seefahrt in einer Angabe an den Senat, aus,
„daß ein solches Gebäude zur Zierrath, Ehre und Ruhm der
guten Stadt Bremen gereichen, und auf Beförderung des un=
entbehrlichen Commercii, so wie auf Erhaltung der dazu
hochnöthigen Schifffahrt, gerichtet sein würde, hätten sie auch
wohl das Recht gehabt, zur Facilitirung und bessern Aufführung
eines solchen Gebäudes, den Senat um einigen Succurs und

Beistand zu ersuchen. Weil ihnen aber der Zustand des Aerarii Publici selbst bekannt genug sei, so wollten sie sich damit keine sonderliche Hoffnung machen". Sie wollten ihren Bau ganz aus eigenen Mitteln bestreiten und stellten an den Senat bloß das Supplicatum, daß er ihnen bei dem beschlossenen Um- und Neubau gewisse Mauern, Thürme und Befestigungswerke der Stadt oder doch eine Partie der alten festen bei dieser Gelegenheit ausfallenden Steine bewilligen wolle.

„Wenn die Edlen, Vesten, Hochgelahrten, Großachtbaren, Wohlweisen und Hochgünstigen Herren auf diese Weise das Armenhaus in seiner Indigents subleviren und das löbliche Gnadenwerk verüben wollten, so würde man solches zu rühmen, unterdienstlich dafür zu danken und mit mögsamem Dienste und andächtigem Gebette hinwieder anzuerkennen und zu demeriren sich ämsichlich befleißigen und ohne aufhören auch Andere dazu anmahnen."

Der Senat beschloß hierauf in pleno, „daß der Armen Seefahrt die beiden Thürme an der Anscharii Brücke, jedoch ohne das Eisenwerk, geschenkt sein sollten, solcher Gestalt, daß die Seefahrt dieselben auf ihre eigenen Kosten abbrechen und die Mauersteine zu ihrem Behufe dazu gebrauchen möge". *)

Aus diesen Materialien baute man alsdann ein solides, hohes, plumpes und ziemlich wunderlich mitten zwischen seinen Nachbarhäusern verstecktes Gebäude, das sich noch heutzutage in seinen äußern Umrissen ungefähr ebenso darstellt, wie es vor 200 Jahren aufgeführt wurde, obgleich es in seinem Innern allerdings einige Umwandlungen erfahren hat. Ich will es hier versuchen, eine Schilderung des Gebäudes, wie es sich jetzt darstellt, zu entwerfen, und dabei so viel als möglich, das Alte von dem Neuen zu unterscheiden trachten. **)

---

*) S. die Dokumente darüber auf dem Staats-Archiv in T. 4. m. 5.
**) Genaue Schilderungen des alten Baues fehlen gänzlich. Doch fand ich unter den Seefahrtspapieren ein Paar Bruchstücke von den 1661 eingereichten Rissen und einige Baurechnungen.

Wie viel von der Substruktion und den Grundmauern des
alten Sandbeck'schen Hauses bei dem Neubau noch conservirt
wurde, vermag ich nicht zu bestimmen. Das, was man zu
Stande brachte, sah nach unsern Begriffen weniger einem Milden
Stifte, als einem hohen Korn= oder Waarenhause gleich. Wie
auch die Privatwohnhäuser damaliger Zeit, so hatte ebenfalls das
neue Seefahrtsgebäude einen großen Dielenraum, kleine Zimmer,
und eine Menge Böden unter einem mächtigen Dache. Ohne
Zweifel hatte man dem Geiste der Zeit gemäß von vornherein
darauf gedacht, mit diesen Räumen zu speculiren, und sie zum
Vortheile der Anstalt zu Waarenniederlagen zu verpachten.
Dann wollte man ein Paar etwas größere Stuben für die
General=Versammlungen der Schiffer, die Festlichkeiten der
Gesellschaft und für den wöchentlichen Gottesdienst der armen
Seeleute haben. Diese letzteren sollten auch in dem „Großen
Hause" gar nicht wohnen, sondern wurden wie zuvor und wie
sie es noch jetzt sind in kleine „Buden" oder Nebenhäuser auf
dem Gehöfte einquartirt. Für den Hausverwalter oder Oeko=
nomen mußte man aber natürlich in dem Haupthause eine
Vorkehrung treffen.

Das Vestibul oder die hohe „Diele" des Hauses bekam nach
der uralten Einrichtung unserer Niedersächsischen Bauernhäuser
auf beiden Seiten eine Thür, die eine „nach dem Schützen=
walle," die andere „nach der Hutfilterstraße" zu, und da diese
letztere die vornehmere Straße war, so wurde ihre Thür auch
die geschmücktere. Sie erhielt auswärts steinerne Pfeiler und
einen breiten Bogen. Ueber dem Bogen wurden, wie sich der dazu
engagirte Steinmetz „Meister Holwehls" in seinen darüber noch vor=
handenen Rechnungen, ausdrückt „schöne Kronemente" (Skulp=
turen) in die Mauer gesetzt, die eine Pyramide von „Schiltstücken"
(gemeißelten Wappen) umgaben, und über denen ein Schiff
auf steinernen Wogen segelte, wie man dieß noch heutzutage
Alles sehen kann. Auf dem Spiegel dieses Schiffes lieset man

noch jetzt deutlich den Namen „Emilia." Vielleicht war diese „Emilia" eine damals berühmte Bremer „Smack" oder „Kraffeele." Das Ganze wird von einem dicken Sonnenball aus Eisen gekrönt, aus dem nach allen Seiten lange auf dem Ambos geschmiedete Strahlen hervorstarren. Anfänglich war diese Sonne vermuthlich vergoldet. Doch hat man sie im Laufe der Zeiten durch einen Ueberzug schwarzer Farbe einer immensen Bombe ähnlich gemacht.

Auf der Front trägt das Portal die berühmte Inschrift: „Navigare necesse est, vivere non est necesse" (die Schifffahrt ist nothwendig, unser Leben Nebensache!) Die in diesen Worten ausgesprochene Idee ist wohl so alt, wie Schifffahrt und Philosophie. Aber der berühmte Römer Pompejus soll sie zum ersten Male pikant und geistreich ausgesprochen und gut angewandt haben. Plutarch erzählt, daß es im 697. Jahre der Erbauung Roms gewesen sei, als die Bevölkerung der Stadt von einer großen Hungersnoth gelitten habe. Pompejus, vom Senate beauftragt, sollte ihr von Afrika her Getreide zuführen. Als die beladenen Schiffe zum Absegeln bereit waren, zögerten die Schiffer, die das eingetretene stürmische Wetter erschreckte, zu fahren. Pompejus aber sprang selbst kühn in eines der nächsten Fahrzeuge, und ließ auf der Stelle die Segel aufhissen, indem er die um ihr Leben besorgten Leute, wie Nelson vor der Schlacht von Trafalgar an ihre Pflicht erinnerte und ihnen zurief: „Das Segeln ist des Schiffers Aufgabe, sein Leben muß er dabei riskiren." — Diese treffende Worte des Pompejus und seine kühne, der Stadt Rom wohlthätige That, mochten bei den Römern so berühmt werden, wie bei den Engländern Nelson's: „England expects every man to do his duty!" — Vielleicht wurde die Phrase historisch und sprichwörtlich und manche römische Schriftsteller mochten sie wiederholen. Unter andern soll sie auch in den Werken des satyrischen Dichters Petronius, der zu Kaiser Nero's Zeiten lebte,

wieder vorkommen.*) Im besagten Plutarch, der Griechisch
schrieb, lautet sie so: „πλεῖν ἀνάγκη, ζῆν οὐκ ἀνάγκη". Die
Erbauer unseres Hauses Seefahrt oder die Gelehrten, welche
sie um eine passende Inschrift für ihr Haus baten, mögen sie
aus den Lateinschen Uebersetzungen des Plutarch's genommen
haben, deren im 16. und 17. Jahrhunderte mehre erschienen,
und in deren einer, die von dem berühmten Gelehrten Xylander
herrührt, die Worte buchstäblich so stehen, wie vor unserem
Hause.**)

So vortrefflich und beherzigenswerth die in dem schönen Worte
des Pompejus enthaltene Lehre für aktive Schiffer ist, so scheint sie
doch auf ein bloßes Armenhaus sehr wenig zu passen. Denn der
Zuruf, daß ihr Leben nichts sei und daß sie es todesmuthig für das
Heil der Menschheit in die Schanze schlagen sollen, möchte wohl bei
den alten Invaliden und Witwen, die hier ihre letzten Jahre in
sorgenloser Ruhe und Pflege zuzubringen denken, wenig Anklang
finden. Daß man sie dennoch vor dieses Haus setzte, beweist
daher eben wieder, daß wir hier nicht ein bloßes Armenhaus
vor uns haben, daß es vielmehr auch ein Gilde= und Bruder=
haus der Schiffer ist, und daß den Erbauern dabei eben die se
Bedeutung vorschwebte. Die Vorsteher und Mitglieder des Hauses

---

*) Dies sagt unter Anderen der Bremische Senator Deneken in einer
kleinen Abhandlung über diesen Gegenstand. Siehe dieselbe im „Bremer
Bürgerfreund" vom 24. November 1836. Auch Wieland hat eine kleine
kurze Abhandlung über den Spruch des Pompejus geschrieben. Siehe Wie=
land's Sämmtliche Werke. Leipzig bei Göschen. 1826. Br. 48. S. 224.

**) Ein verehrter Freund von mir, Herr Professor Hertzberg, hatte die
große Güte, auf meine Bitte, Nachforschungen über diesen Punkt anzustellen
und mir die eben gegebenen Nachweise über den Ursprung des berühmten
Spruchs mitzutheilen. Aus der Fülle seiner Gelehrsamkeit und seines Geistes
kamen bei dieser Gelegenheit noch so manche andere den in Frage stehenden Punkt
betreffende Dinge zu Tage, die ich hier nicht alle zu benutzen wagte, die aber
von meinem gelehrten Freunde selbst zu einer kleinen Abhandlung verarbeitet
und zusammengestellt zu sehen, mancher meiner lieben Landsleute gewiß
begierig sein würde.

haben daher auch bei ihren jährlichen Festlichkeiten und bei ihren Toasten und Reden, häufig Gelegenheit genommen den Spruch zu commentiren und zuweilen sogar ihre Gedanken darüber in den Protokollen zu verzeichnen.

Auch für die zweite oder Hinterthür, hat „Meister Hol= wehls", wie ich aus seinen Rechnungen sehe, etwas für „steinerne Gesprenge" und „Pieler" in Rechnung gebracht, doch hat sie keine solche Allongen = Perücke von „Kronemneten und Schilt= stücken." Da beide Thüren gewöhnlich offen gelassen wurden, so benutzte sie von jeher das Bremer Publikum zur Passage von einer Straße in die andere über die Gehöfte und die Diele des Seefahrtshauses, was die Gesellschaft, ohne jedoch eine beschwerliche Servitut daraus werden zu lassen, bisher ge= duldet hat.

Die hohe „Diele" geht nach Art der alten Bremer Kauf= mannshäuser durch beide Etagen des Gebäudes und in sie blicken und münden von beiden Seiten die Fenster und Thüren der verschiedenen Gemächer die von ihr zum Theil ihr Licht empfangen. Nach außen bekam diese Diele einen solchen Reichthum von Fenstern, wie sie bei den alten Bremer Häu= sern gewöhnlich sind. Im Jahre 1663 waren es aus unzäh= ligen in Blei eingelassenen Scheiben bestehende Fensterwände. Ein furchtbares Hagelwetter, das in den Protokollen des Hauses erwähnt wird, zerstörte diese alten Scheiben und im Jahre 1749 schenkten die sämmtlichen Schiffer von Bremen ihrem Stifts= hause neue Fenster, auf denen sie das Wappen der Seefahrt (ein Anker mit andern Attributen) schön ausmalen ließen. Als später im 19. Jahrhundert diese Gläser wiederum durch andere ersetzt werden mußten, conservirte man jedoch jenes Bild, auf dem man noch jetzt die Inschrift lieset: „Diese Fenster sind von der sämmtlichen Schifferbrüderschaft an das Haus Seefahrt verehrt 1749." —

Im Laufe der Zeiten sind von verschiedenen Seiten noch andere Geschenke zum Schmucke der Hausdiele eingelaufen. An

den Wänden hangen verblichene Oelgemälde, welche die furchtbaren Seeschlachten der Tromp's und de Ruyter's mit den
Admiralen Cromwell's darstellen. Es waren dieß Ereignisse,
die damals die Welt eben so in Erstaunen setzten, wie uns jetzt
die Gefechte der Monitor's und Merrimac's. Zuweilen brachten
auch die Schiffskapitäne ein Krokodill, oder einen Haifisch, oder
ein Paar Riesen-Muscheln, oder ein Kriegswerkzeug wilder In-
dianer oder das lederne Canoe eines Grönländers oder andere
Curiosa mit, die sie für die Halle ihrer „Seefahrt," wie
Trophäen für einen Tempel bestimmten. Auch das Collegium
der Bremer Aelterleute rettete hierher in der französischen Zeit
und schenkte nachträglich dem Hause Seefahrt eines seiner
beiden großen vollständig aufgetakelten Kriegsschiffs-Modelle,
die seit alten Zeiten in der Vorhalle des „Schüttings" (des
Gildehauses der Kaufleute) hingen.

Alle diese Dinge schweben an langen dicken Ketten hangend
in den Räumen des Hauses, wie die Kronleuchter in einer
Kirche, in buntem Gemisch, ein wunderliches aber nicht übel
herpassendes Museum von fremdländischen Raritäten und
oceanischen Souvenirs.

Jenes Schiffsmodell der Aelterleute hat sogar einige historische Bedeutung für die Stadt. Es mag in der Hauptsache
eins der alten Bremer Kriegsschiffe darstellen, wie sie im 17.
und 18. Jahrhunderte im Dienste des Staates die Weser
bewachten. Die bis in die kleinsten Details zeitgemäß aus-
geführte Bemastung, Besegelung und Takelage desselben ist
selbst schon eine interessante Antiquität und so eigenthümlich
und complicirt, daß ein heutiger Matrose, den man in seine
Raaen hinaufschicken würde, sich in dem Labyrinthe nicht mehr
zurecht finden könnte. Auf dem Spiegel des Schiffes findet sich ein
Adler mit dem Bremer Schlüssel und die Inschrift: „Anno 1650.
Johan Swarting." Ich weiß nicht, ob sie auf den Namen
des Kriegschiffs oder auf einen Bremischen Marine-Commandeur
oder auf den Erbauer des Modells hindeutet. Die zahlreichen

messingenen Kanonen des Schiffs sind einen Schuh lang und können geladen und abgeschossen werden. Die ehemaligen Eigenthümer dieses Kanonier-Apparats, die Aelterleute der Bremer Kaufmannschaft, benutzten ihn in früheren Zeiten bei Feierlichkeiten und Gastgelagen zu Festschüssen. Sie besaßen noch ein zweites, dem in der Seefahrt aufgehängten ganz ähnliches Schiff. Wenn die Herren Aelterleute dinirten, wurden die Fenster des Schüttings geöffnet. Bei jedem Schiffe waren zwei Canonire in alterthümlichen Costüme angestellt, die dann, wenn drinnen Toaste ausgebracht wurden, tapfer auf den Markt hinausfeuerten. Manche behaupten, daß sogar der Name des kaufmännischen Gildehauses des „Schüttings" von den Kanonaden aus den Breitseiten dieser Schiffe seinen Namen empfangen habe; und gleichsam so viel als: das Schießhaus, bedeute.*)

Eine alte Wendeltreppe aus Eichenholz führet aus der Halle des Hauses zu den obern Räumen hinauf. Am Fuße dieser Treppe ist eine mit eisernen Ringen gestärkte Geldbüchse befestigt, welche der Inschrift zufolge im Jahre 1659 gemacht wurde und demnach noch aus dem alten Sandbek'schen Hause stammen müßte. Sie ist mit dem Spruche geschmückt: „Bedenket Lazaro und die Armen, so wird sich Gott über Euch erbarmen," und fordert jeden Besucher dieser curiosen Halle auf, sein Scherflein beizutragen.

Auf der einen Seite des eben beschriebenen Hausraumes liegen nun die Zimmer des „Verwalters" oder wie er im vorigen Jahrhunderte genannt wurde des „Bedienten" des Hauses. Sie sind klein, wie die Cajüten eines Schiffes, zuvörderst ein freundliches Wohnstübchen, das in den Vorhof und Garten des Hauses hinausblickt, daneben die Küche, die ungefähr dieselbe centrale Position in dem Ganzen einnimmt, wie in unsern niedersächsischen Bauernhäusern und darüber eine Reihe niedriger

---

*) Siehe Bremisch Niedersächsisches Wörterbuch unter dem Artikel „schüten" (schießen).

mit zahlreichen Fenstern versehener Schlafgemächer und Neben=
stuben. In diesem Quartiere succedirte nun seit 200 Jahren ein
guter alter ausgedienter nach Ruhe verlangender Seemann dem
andern. Die Besetzung des Postens wechselt nicht oft, da er
unter den Schiffscapitänen beliebt ist, und da fast jeder, der
ihn ein Mal bekam, ihn gern bis an sein Lebensende behielt.
Einem schon in der Mitte des 16. Jahrhunderts abgefaßten
Reglement gemäß nahm man von jeder dazu einen durch seinen
ehrenhaften und zugleich sanften Charakter ausgezeichneten
Capitän. Die Oberalten und 22 Aeltesten des Hauses haben
die nächsten Ansprüche darauf. Ueber die Pflichten seines
Amtes sind zu verschiedenen Zeiten Anordnungen getroffen, und
es sind noch mehre Formulare des von ihm zu leistenden
Eides vorhanden, z. B. eines von 1779, ein anderes von 1819.
Darnach, so wie nach den neuesten für ihn aufgesetzten In=
struktionen hat der Hausverwalter nicht nur die Oberaufsicht
über die ganze Ordnung und Instandhaltung der Gebäude,
sondern auch die Verwaltung eines Theiles der Finanzen der
Anstalt. Er hat darauf zu sehen, daß jeder von Bremen
fahrende Schiffer eine Armenbüchse mitbekomme, um darin auf
seiner Reise gelegentliche Almosen und Gaben zu sammeln, und
hat eben so auch in der Stadt an gewissen öffentlichen Orten
Armenbüchsen zu vertheilen, zu beaufsichtigen und den Inhalt
derselben von Zeit zu Zeit zu leeren. Er ist auch verpflichtet
mehre andre kleine Einnahmen des Hauses einzucassiren und
darüber Buch zu führen. Eben so ist er zur Verfügung über
einige laufende Ausgaben berechtigt. Er theilt das bestimmte
wöchentliche Armengeld an die „Prövener" aus. Auch hat er
eine kleine Casse, aus der er Almosen an durchreisende See=
fahrer nach seinem Ermessen bewilligen kann. Ueber die neben
dem Hause selbst wohnenden alten Wittwen und armen Schiffs=
capitäne übt er eine gewisse moralische und schiedsrichter=
liche Aufsicht, schlichtet ihre etwaigen Differenzen, hält ernstlich

9

darauf, daß sie sich bei dem wöchentlichen Freitags-Gottesdienste, dem er selber mit ihnen beiwohnt, einfinden, und wacht darüber, daß die innere Ordnung des Hauses, die zeitige Schließung der Pforten, das pünktliche Einkehren aller Insassen richtig beobachtet werde. Doch schwört er dabei in seinem Diensteide besonders auch, daß er allen guten armen Leuten der Anstalt artig und „bescheidentlich" begegnen wolle. Für Alles, was man ihm anvertraut, hat er 2000 Thaler Caution zu stellen, die sich namentlich auch auf den seiner Obhut übergebenen werthvollen Silberschatz des Hauses bezieht.

Dieser „Silberschatz" oder wie es bei unsern Brüder-schaften, Collegien und Aemtern, die alle mit einem solchen Schatze versehen waren, häufig hieß: „der Silberschmidt", wird jetzt in einem kleinen Zimmer neben dem Quartiere des Verwalters, welches nach seiner frühern Bestimmung „das alte Sessions-Zimmer" heißt, aufbewahrt. — Wie bei den meisten unserer Brüderschaften, so bestand und besteht auch bei derSeefahrt der „Silberschmidt" vorzugsweise in einer Anzahl großer silberner Bierbecher, silberner Tabacksteller und silberner Feuerstübchen zum Anzünden der Pfeifen, die dem Hause von seinen Mitglie-dern verehrt wurden, und mit den Namen und Wappen der Geber, so wie auch mit dem eingravirten Wappen des Hauses, dem Bilde eines Ankers, geschmückt sind. Sie wurden und werden ein Mal im Jahre zur Ergötzlichkeit der Hausmitglieder zur Schau gestellt und bei dem großen Festmahle gebraucht.

Leider hat man in der Seefahrt zu Zeiten, wenn man Geld nöthig hatte, z. B. noch ein Mal im Jahre 1765 als man neue Prövenhäuser bauen wollte, starke Griffe in diesen Schatz gethan und die alten Gegenstände eingeschmolzen und vermünzt, wie dergleichen auch häufig in der Geschichte anderer städtischer Corporationen vorkommt.

Trotz solcher Eingriffe belief sich am Ende des 17. Jahr-hunderts die Anzahl der alten silbernen mit Inschriften, Wappen und Namen gezierten Seefahrtsbecher auf 40 große und 27 kleine, die 2901 Loth wogen und noch 10 ganz kleine, deren Gewicht nicht bestimmt ist. Die ganze Silbermasse wog circa 3100 Loth. Wahrscheinlich waren manche für die Kunst=Historie und auch für die Geschichte der Seefahrt interessante Produkte darunter. Leider aber ist dieser alte Hausschatz in Folge eines großartigen Diebstahls fast völlig verschwunden und verloren gegangen.

Im Anfange März des Jahres 1701 nämlich wurden jene Becher bis auf einige durch gewaltsamen Einbruch geraubt und bei Seite geschafft. Man kann sich denken, welches Aufsehen dieses Ereigniß damals in der guten Stadt Bremen gemacht hat, und eine Geschichte dieses Diebstahl, wie sie aus den darüber vorhandenen Akten hervorgeht, hat noch jetzt ein gewisses culturhistorisches Interesse:

Alsbald waren „der Regierende Herr Camerarius" und seine „Gewaltsdiener," „Blutschreiber" und die ihnen adjungirten Soldaten auf den Beinen. Der Rath ließ den allarmirenden Becher=diebstahl „durch Trummelschlag an allen Straßenecken prokla=miren." Man suchte die Verbrecher zuerst in der Nähe und unter den Einwohnern der Stadt selbst. Mehre derselben, ganz ehrliche und unschuldige Leute, bekamen zu ihrem Entsetzen „Schilderwächter" vor ihre Wohnhäuser, und wurden selbst „manu militari" unter dem Zulaufen des Volks, das sie mit dem Rufe „Becherdiebe!" verfolgte, aufs Rathhaus und ins Gefängniß abgeführt.

Auch wurden die Wohnungen der in Verdacht gerathenen Personen „in allen Winkeln perlustrirt, Schornsteine, Schranken=, Lahdens, Bettstellen visitirt, speciatim ihre Kisten mit Aexten zer=schlagen, so wie auch die Steine in den Kellern und Hofplätzen auf=gebrochen, und der Boden und die Wände überall mit Degens durchstochen."

Auch Schiffe, die im Begriff waren, „nach Hittland" (den

Schetlandsinseln) abzufahren, wurden aufgehalten, ihre Ladung, ihre Kajüten und Betten durchsucht, — aber von dem „Silber= schmidt" der Seefahrt wurde nirgends eine Spur gefunden. Er war längst in Sicherheit gebracht und über die Hannöverschen Haiden in's Weite geflüchtet.

Dagegen gelangten dann alsbald von verschiedenen Seiten an den Senat schriftliche Vorstellungen und Reklamationen, in welchen die beschimpften ehrlichen Bürger sich „weh= und demüthigst" über das, was ihnen angethan worden, beklagten, ihre Unschuld „vor dem allwissenden Gott und der ganzen Welt" betheuerten, und auf Satisfaktion antrugen, da sie, wie es in einem dieser Schreiben heißt, statt „in sothaner, ohnsäglicher Beschimpfung länger zu subsistiren, lieber den Tod, Haupt für Haupt, zu erwählen begehrten, wie denn auch bereits," so fügen sie in Parenthese hinzu, „durch diesen nie erhörten Tumult eine Person unter ihnen, nämlich Seligen Johann Meyers Schippers Wittib ex alteranione verstorben."

Da die Unschuld der Bürger der Stadt wohl bald an's helle Licht kam, so wandte sich die Aufmerksamkeit auf die Ferne. Der Senat selbst, als „Obervorsteher der Seefahrt" — so nannte er sich bei dieser Gelegenheit, — schlug sich in's Mittel und erließ eine Reihe von Sendschreiben an seine „guten Freunde," die Ehrenvesten und Günstigen Herren, die Bürgermeister und Rathsherren von Hamburg, Emden, Hildesheim und anderen Städten, so wie auch an die „zur Regierung verordneten Geheimbte= und Räthe zu Celle," und bat um ihre Unterstützung bei Habhaftwerdung der Verbrecher und des gestohlenen Silbers.

Es liefen auch von allen diesen Behörden „angenehme" Schreiben ein, worin sie dem Bremischen Senate meldeten, daß sie „aus Christziemendem Mitleiden mit denen Bremer see= fahrenden Armen, denen das Ihrige ohne verschuldeter Weise entwendet sei, sogleich alle ihre Schutzjuden, ihre Gold= und

Silberschmiedemeister und alle, welche sonsten mit Silber hand=
thieren, vor ihre Gerichte hätten fordern und ihnen in allem
Ernste und bei einer namhaften Geldstrafe andeuten lassen, daß
wofern ihnen ein oder der andere der specificirten silbernen
Seefahrtsbecher schon zu Handen gekommen wäre, sie es nicht
verschweigen, sondern melden sollten, oder daß, wenn solches
über kurz oder lang geschehen würde, sie ohnverzügliche Nachricht
geben sollten."

Da man unterdeß in Erfahrung gebracht hatte, daß in
Hamburg einige Diebe eingezogen seien, die neben andern
Verbrechen auch des Becherdiebstahls in Bremen verdächtig
seien, so wurde der buchhaltende Vorsteher der Seefahrt dahin
abgefertigt und dabei mit einem „Rekommandativ oder Für=
schreiben" des Raths von Bremen an den Rath von Ham=
burg versehen.

Und wahrscheinlich wurde denn durch diesen Commissär
und durch die Hamburger Inquisitionen, wobei man es natürlich
an Tortur nicht fehlen ließ, *) in Erfahrung gebracht, daß die
in Hamburg arretirten Diebe zu „einer großen in ganz Europa
angesponnenen Rottirung" gehörten, und daß sie allerdings den
Diebstahl in Bremen a u ch vollführt hätten.

---

*) Die beiden Hauptdiebe in Hamburg hießen Triper und Butler.
Beide hatten alsbald nach der an sie gerichteten „peinlichen Frage," den
Becherdiebstahl bekannt. Triper blieb auch bei diesem Geständnisse. Butler
aber widerrief bald nachher, und behauptete, er hätte es nur aus Pein ge=
standen. — „Und somit hat denn der Hochweise Rath in Hamburg
decretirt, den Butler wiederum aufs Höchste zu torquiren, welches auch den
23. dieses des Morgens von 7 bis 12 Uhr in meiner Praesens geschehen.
Aber wie hart man ihn auch angegriffen, hat er doch nichts bekennen wollen,
sondern alles geläugnet, und so miserable vor großer Pein geschrieben, daß
zu befürchten, daß er auf der Tortur todt bleiben möchte, weillen er ganz
stille wurde, kein Wort mehr gesprochen, kein Laut mehr von sich gegeben,
daß man viel zu thun, ehe man ihn wieder in etwas erquickte." So lautet
der Bericht des nach Hamburg gereisten Buchhalters der Seefahrt in den
alten darüber aufgesetzten Protokollen.

Sie hatten, so erhellte aus den Untersuchungen, die Becher nach Altona geschafft und sie daselbst einem Juden, „Samson Simon in der Wandelung geheißen, so daselbst über der Apotheken zum Weißen Schwan wohnte, für Hundert Specie Dukaten, (fast nicht den vierten Theil ihres rechten Werthes) angeboten."

Samson Simon hatte die verlangte Summe nicht baar zur Hand gehabt und daher einen andern Juden, „Joel" genannt, herbeigezogen, der den Rest des von den Räubern verlangten Kaufpreises hinzugethan und so an dem gottlosen Gewinne sich betheiligt hatte.

Man suchte natürlich auch dieser Juden in Altona habhaft zu werden. „Aber dort war nicht viel auszurichten, weilen der Herr Etatsrath und Präsident zugleich der Juden ihr Patron und vielleicht von ihnen bestochen war." Die beiden Juden hatten sich schon mitsammt ihren silbernen Bechern geflüchtet.

So blieb denn in Bezug auf den Hauptzweck die Sendung des buchhaltenden Vorstehers der Seefahrt ohne Erfolg. Man scheint die weitere Spur der Becher verloren zu haben. Nach Jahresfrist verlautete zwar, daß einer der oben benannten Juden, nämlich Samson Simon, sich wieder hervorgewagt habe und nach Altona heimgekehrt sei. Und da wendete sich denn der Rath von Bremen mit einem umständlichen Schreiben direkt an den Durchlauchtigsten und Großmächtigsten König von Dänemark Friedrich IV., in welchem er Ihm den an hiesiger Seefahrt verübten Silberraub mit allen Details vorbrachte „und Ihn mit schuldigster Unterthänigkeit geziemend ersuchte, daß Er geruhen wolle, zu befehlen, daß Seine Hohen Beamten in Altona sich des besagten Juden versichern, ihn abfragen und und mit den in Hamburg inhaftirten Thätern confrontiren möchten."

Dieser mehrfach interessante und vom 18. Mai 1702 datirte Brief schließt mit folgender Phrase: „Weil dies Alles zur Be-

förderung der Gerechtigkeit und Abstrafung der leyder! Viel zu
Viel in Schwang gehenden Missethäter gereichet, so versehen
wir uns unterthänigst der gnädigsten Erhörung, und befehlen
Ew. Königl. Majestät sammt dero königlichen Hochgeliebten
Gemahlin, Königlichen Frau Mutter und Ganzen Königlichen
Hause zu glücklichem Regiment, gesunder Fristung und aller
königlichen Aufnahme und Flor dem kräftigen Gnadenschutze
des Allerhöchsten. Getreulich Dero 2c. 2c."

Was König Friedrich IV. auf diesen Brief geantwortet
habe, und überhaupt ob noch sonst etwas in der Sache ge=
schehen, erhellt leider aus den mir vorliegenden Dokumenten
nicht. Möglich, daß man noch einiges Silber bei den Altonaer
Juden wiedererlangte.

Die Becher selbst aber waren vielleicht längst zerstört
und mit ihren hübschen, ausgestochenen Wappen, Inschrif=
ten und Zierrathen eingeschmolzen. Es scheint nicht, daß
je wieder einer von ihnen in den Silberschatz der Seefahrt
zurückgekehrt ist. Denn die ältesten silbernen Becher, welche sich
jetzt in demselben befinden, datiren aus einem der nächsten
Jahre n a ch dem großen Diebstahle, nämlich aus dem
Jahre 1704.

Von diesem Jahre an ist nun aber f a st die ganze Reihe
der von drei zu drei Jahren geschenkten Becher, deren jeder
50 bis 60 Loth wiegt, vorhanden.

Nach einem im Jahre 1816 verfertigten Verzeichnisse des
Silberschatzes hört diese Becher=Reihe mit dem Jahre 1788 auf.
Damals scheint man mit den Bechergeschenken abgeschlossen und
das zu Präsenten bestimmte Geld auf andere Dinge verwandt
zu haben.

So viel von der Silberkammer und von den übrigen be=
zeichneten Räumen auf der einen Seite des Vorhauses der See=
fahrt. Auf der andern Seite desselben legte man nun die
Versammlungssäle der Brüderschaft an. In dem alten Bau=

plane finde ich sie unter dem Namen das „große Logiment" oder auch das „Royal-Logiment" zusammengefaßt. Zuweilen heißen sie auch bloß „die Losimenter", und es wird gesagt, daß diese „Losimenter" oder auch „Losamenter", sich „die Herren" (die Vorsteher, Oberalten 2c.) zu ihrem Gebrauche vorbehalten hätten.

In der Hauptsache waren es zwei Säle, von denen der eine „die große", der andere „die kleine Herrenstube" genannt wurde. Beide waren durch einen dunklen Gang getrennt, und von diesem Gange aus konnten die darin postirten Musikanten bei vorkommenden Gelegenheiten in die Säle hineinblasen. Am Ende des Ganges und neben der „kleinen Herrenstube" gab es noch einen großen Heerd und eine andere Stube, welche die „Altemanns-Kammer" oder „Olemanns-Dönse" hieß. Welche Bestimmung diese Altemanns-Kammer gehabt hat, habe ich nicht erfahren können. Jetzt ist sie mit sammt dem Gange und Heerde weggefallen, und in eine hübsche Nebenstube verwandelt, in welcher heutzutage die Dokumente und Papiere der Seefahrt und der mit ihr verbundenen „Seemanns-Casse" aufbewahrt werden.

Auch die „kleine Herrenstube" die auch wohl die „Schafferstube" genannt wurde, ist in neuerer Zeit so umgebaut, daß man ihre ursprüngliche Beschaffenheit nicht mehr erkennen kann. Sie dient jetzt hauptsächlich zu den Sitzungen der Vorsteher und Oberalten, und wird daher auch „das kleine Sessions-Zimmer" genannt. — Doch hat sie noch einige nicht uninteressante Antiquitäten, namentlich eine altmodige, silberne oder übersilberte Klingelschnur. Es ist eine lange Kette mit einem Knopfe oder einer Handhabe am Ende. Dieser Handgriff besteht in einer hohlen mit Gravirungen gezierten Kugel und daran hangendem Ringe. Oben auf der Kugel steht die Figur eines kleinen silbernen Neptuns, und am Fuße desselben läuft ein Kranz von eingeschnittenen Wappen mit Buchstaben, vermutlich den Anfangsbuchstaben gewisser Vorsteher und Oberalten, herum. Da die

Wappen noch Hausmarken in sich haben, so mag der Apparat schon über 200 Jahre alt sein. In einem Zimmer des Bremer Rathhauses befindet sich eine ganz ähnliche Klingelschnur und es mögen dergleichen Prunkstücke bei unsern Vorfahren gewöhnlich gewesen sein. —

Unter den Protraits, welche die Wände des „kleinen Sessionszimmers" schmücken, ist eines, welches man für das Bildniß eines „Stifters" der Seefahrt ausgegeben hat, besonders merkwürdig. Man hat es im Jahre 1836 unter den Mobilien des Hauses gefunden, restaurirt und unter den Bildnissen anderer Wohlthäter und Gönner der Anstalt aufgehängt. Es ist das Brustbild eines Greises von scheinbar nahe an 70 Jahren mit einem dichten weißen Kinn- und Schnurrbarte, mit vielen von den Sorgen eines langen Lebens eingefurchten Runzeln um Auge und Stirn, von bleicher Gesichtsfarbe, und ernstem, männlichen Ausdruck. Er hält in der rechten Hand ein in rothem Leder eingebundenes und mit goldenen Spangen versehenes Buch (wohl ein Gebetbuch), das er an seine Brust zu drücken scheint, und in der Linken einen ziemlich großen Beutel, vermuthlich einen Geldsack. Sein Costüm weist entschieden auf das Ende des 16. Jahrhunderts hin. Es besteht in einem weiten schwarzen Rocke, mit aufstehendem Kragen und mit einer weißen, steifen unter den Kragen hervorstehenden Hemdskrause. Der Rock ist ohne weitere Verzierung, ohne Stickerei oder Metallschmuck. Das Haupt bedeckt ein eben so einfaches rundes Barret, wie es scheint von schwarzem Sammet.

Zu seiner Linken stehen oben die Worte: „Anno 1597 den 3. Januarius" vermuthlich das Datum der Anfertigung des Bildnisses und darüber ein Wappen, das durch einen Queerstrich in zwei Theile getheilt ist. In der obern Hälfte stehen auf weißem Felde die Buchstaben B. R., ohne Zweifel die Anfangsbuchstaben des Namens und zwischen ihnen eine Haus-

marke von dieser Figur ♄ . In der untern Hälfte des Wap=
pens erscheint auf braunem Felde ein kreisrunder Fleck rother
Farbe, der anscheinend eine Rose vorstellen soll. Ueber der
rechten Schulter stehen die Worte: „Renovirt Anno 1836.“

Das Brustbild mit diesen Inschriften hat nicht ganz einen
Fuß in der Breite und etwas mehr als einen Fuß in der Höhe.
Es ist auf dünnem Eichenholz gemalt, und mitten in eine
größere und stärkere Holzplatte eingefügt, auf welcher die Attri=
bute und Nebendinge des Portraits dargestellt sind: zunächst zu
beiden Seiten zwei geflügelte und schwebende Engel, die das
Bild in die Höhe halten, dann darunter ein belebtes Seestück,
das offenbar die Mündung der Weser darstellt. Links ist eine
alte hölzerne Bake, (die Bremer Bake) im Wasser zu beiden
Seiten weiße und schwarze Tonnen schwimmend und das Ganze
von aus= und einsegelnden Seeschiffen, „Kraffeelen“, „Hollicks“
und „Smacks“ belebt, an denen die Bremer Flaggen und
Farben flattern. Vielleicht sind diese Zuthaten eine im
Jahre 1836 gemachte Copie nach dem alten Originale.*)

Man hat das ganze im Jahre 1836 in einen goldenen
Rahmen gefaßt und auf demselben mit erhabenen goldenen Buch=
staben das Wort „Fondator“ (sic!) angebracht. Ob dieses Wort
sich auch auf dem ursprünglichen Bilde befunden, habe ich nicht
in Erfahrung bringen können. Vielleicht folgte man nur einer
allgemeinen Tradition, die in dem Manne, wie gesagt, einen
„Stifter“ der Seefahrt erkennen will.

Wer nun dieser „Fondator“ gewesen sei, ist eine Frage,
welche die Mitglieder der Gesellschaft vielfach beschäftigt, die
ich aber, wie sie, vergebens zu lösen versucht habe.

Aus dem Costüme und den Attributen des Portraits geht
weiter nichts als gewiß hervor, als daß ein reicher Kaufmann

---

*) Doch hängt auch auf dem Bremer Schütting ein ganz ähnliches
Seestück.

und Schiffsrheder damit gemeint sein muß. Das Gebetbuch und die Engel, die den Greis zum Himmel emporheben, scheinen auf einen frommen und seiner Wohlthaten wegen gepriesenen Mann hinzudeuten. Als „Stifter" der Seefahrt können streng genommen nur die acht Oberalten der Schiffer bezeichnet werden, die im Jahre 1545 mit ihren „Artikeln" vor den Rath traten. Unter ihren uns erhaltenen Namen findet sich kein „B. R." Eben so wenig unter den Namen der Vorsteher des Hauses von 1561 bis 1574, die wir ebenfalls aus alten uns aufbewahrten Protokollauszügen kennen. Desgleichen nicht unter den Namen der Vorsteher, seit dem Jahre 1586, die auf den Gedenktafeln des Hauses verzeichnet stehen. Der geheimnißvolle „Fondator" scheint auch keine Söhne und Verwandte gehabt zu haben, die nach ihm dem Institute, dessen großer Wohlthäter er gewesen sein soll, auch ferner ihre Gunst geschenkt hätten. Denn sein Wappen und seine Hausmarke sind auch in der Folgezeit auf keiner der Gedächtnißtafeln zu finden, da doch manche andere Namen, Hausmarken und Familienwappen sich häufig auf denselben wiederholen.

Ich habe auch vergebens viele andere Namensverzeichnisse durchgesehen und unter den in der Geschichte Bremens, während des 16. Jahrhunderts ausgezeichneten Personen umsonst geforscht. Weder in den Verzeichnissen der Senatoren, noch in denen der Aelterleute findet sich ein „B. R." aus dem Jahre 1597.

Nicht lange v o r 1597 kommen in der Stadtgeschichte mehre „B. R's." vor, die wohlhabende Leute gewesen sein müssen, weil sie in ihren Testamenten als Donatoren und Wohlthäter der milden Anstalten Bremens auftreten. Im Laufe des 16. Jahrhunderts sind es Folgende: 1) Borchart Rasche, der im Jahre 1501 dem „Gasthause in der Hutfilterstraße" (dem Ilsabeen-Gasthause) jährlich ein Fuder Kohlen vermachte.

2) Bolte Rode, der im Jahre 1537 50 Bremer Mark an dasselbe Gasthaus vermachte.

3) Bruno Reiners, ein häufig genannter Mann, der (nach Roller) im Jahre 1548 zum Senator gewählt wurde, 1593 aus dem Senate austrat und 1594 starb.

Es finden sich aber keine Beweise dafür, daß dieser Mann der Seefahrt besonders wohlgethan habe. Und ohne dies passen die angegebenen Daten nicht zu dem Datum des Portraits „1597". Auch hat er ein anderes Wappen und nicht die oben gegebene Hausmarke.

Leider muß ich allem Gesagten nach an dem mysteriösen „Fondator" vorübergehen, ohne sein Räthsel lösen zu können und ich trete somit aus dem „kleinen" in das „große Herren-Losament" ein. Dasselbe ist nun das Hauptgemach des Hauses, wenn man will der Ordenssaal der Bremer Schifferschaft. In demselben wurden insbesondere die Versammlungen der Zweiundzwanziger oder auch der ganzen Gesellschaft gehalten. Auch wurden 200 Jahre lang in ihm die jährlichen „Brüder-Mahle" und der wöchentliche Gottesdienst der Prövener gefeiert. Das „Schiff auf den steinernen Wellen" wiederholt sich unter den „Kronementen" seiner drei Eingangsthüren, auch schweben hier, wie auf der „Diele" große Schiffsmodelle an langen Ketten vom Gewölbe herab.

Die Wände sind mit großen hölzernen Tafeln bedeckt, auf denen die Wappen und Namen vieler Vorsteher, Oberalten und Wohlthäter der Anstalt verzeichnet sind. Die Namen Derjenigen, welche bedeutende Capitalien an das Haus schenkten, stehen auf eine besondere Tafel, die — jedoch erst in späterer Zeit — in der Mitte der Hauptwand der Eingangsthür gegenüber aufgehängt ist. Die Summe welche sie darbrachten, steht neben dem Namen der Geber. Selten stattet ein Fremder hier seinen Besuch ab, ohne am Ende des Verzeichnisses ein Paar erst kürzlich dargereichter „hundert" oder „tausend Thaler" in ganz frischer Vergoldung strahlen zu sehen. Um diese mittlere Tafel herum gruppiren sich die Denktafeln der Vorsteher aus den Kaufleuten. Sie beginnen mit dem Jahre 1586 und endigen mit dem laufenden Jahre.

Auf der langen Seitenwand zur Linken hängen die Tafeln der Oberalten aus dem Schifferstande, die gleichfalls mit dem Jahre 1586 anfangen. Trotz dieser Jahreszahl ist es kaum wahrscheinlich, daß diese Tafeln noch aus dem alten Sandbeck= schen Hause von 1561 herrühren, weil alle alten Wappen von 1586 bis 1663 ganz in derselben Größe und Form und in demselben Style ausgeführt sind, und durchaus keine Spur höheren Alters als die spätern an sich tragen. Vermuthlich hatte man in dem alten Hause andere Gedenktafeln seit 1586, ließ aber 1663 neue für das neue Lokal anfertigen und dar= auf gleichzeitig die alten Namen und Wappen übertragen.

Dieser alte „Herrensaal" hat in der Hauptsache so fort= bestanden, wie ihn Anno 1663 die damaligen Maurermeister und Steinmetzen aus „Pielern", „Schortusen", „Punt= und Streck= Stücken" zusammensetzten, nur daß die dämmerigen kleinen Bleifenster, wie überall im Hause, mit neumodigen großen Scheiben vertauscht wurden.

In neuerer Zeit, wo mit dem Wachsthume der Bremischen Schifffahrt die Anzahl der Theilnehmer der Seefahrt sich mehrte, ist dieser sogenannte große Saal für die jährlichen Feste der Gesellschaft doch viel zu klein geworden und man hat daher in einem, auf ehemaligem Gartengrunde neu aufgeführten Haus= flügel einen zweiten noch größeren Saal erwachsen lassen, der im Jahre 1834 eingeweiht wurde und in welchem nun die großen Jahresmahlzeiten gehalten werden. Seit alten Zeiten pflegt auch die Seefahrt alle diese eben genannten Räumlichkeiten, die sie selbst nur dann und wann benutzt, zu anderweitigen Zwecken, zu Hochzeiten, Bällen, Ausstellungen ꝛc. an fremde Privatpersonen zu vermiethen, um kein allzu todtes Capital in ihnen zu besitzen.

Unter dem Hause zieht sich ein Complex von geräumigen Kellergewölben und Küchen hin, die namentlich bei der großen

Mahlzeit eine Hauptrolle zu spielen haben, und das Ganze ist schließlich mit einem hohen und breiten Schieferdache zugedeckt, auf dem noch die alten großen Schornsteine „mit steinernen Leisten, Platen, Gallerien und Kugel darauf", so wie ich sie in der alten Baukosten-Rechnung, die für jeden Schornstein 12 Thaler betrug, beschrieben finde. — Die vier übereinander aufgezimmerten Böden unter dem Dache werden noch heutiges Tages, wie ehedem, als Packräume und Kornböden benutzt und an Liebhaber vermiethet. Zum Theil dienen sie auch als Polterkammern des Hauses für die Tafelgerüste, die man nur einmal im Jahre braucht, und für allerlei Kisten und Kasten, unter denen ich aber vergebens nach jener alten „Kiste", die im Stiftungs-Dokumente der Seefahrt von 1545 erwähnt ist, oder nach sonst historisch merkwürdigen Antiquitäten geforscht habe.

Das Haus wurde in die Quere mitten auf das lange Grundstück, das die Seefahrt von dem Herrn von Sandbecke gekauft hatte, hingesetzt, so daß zu beiden Seiten ein langgestreckter Hof blieb.*) Der eine dieser Höfe oder Gänge führt nach der etwas versteckten Jakobistraße, die ein Nebenarm des Schützenwalls ist. Er wurde zu beiden Seiten mit den kleinen Prövenwohnungen der Schiffer-Wittwen und invaliden Capitäne besetzt, die ich später noch näher schildern muß. Diese Pforte nennt man gewöhnlich „Hinter der Seefahrt".

Nach vorn führt ein eben so langer Gang und Garten zwischen dem Ilsabeen-Stifte und dem ehemaligen „Brockhorstschen Hause" zur Hutfilterstraße, einem der Hauptcanäle der Stadt. Hier mündet das Besitzthum der Seefahrt gewisser-

---

*) Vermuthlich erlaubte die Figur und Umgränzung des Grundstücks, das nach der Hauptstraße eine sehr schmale Fronte und in der Mitte eine geräumige Breite darbot, kein anderes Arrangement. Ob aber das Grundstück von vornherein diese unbequeme Figur hatte oder ob es dieselbe erst später (zwischen 1561 und 1663) durch unvorsichtige Terrainveräußerungen von Seiten der Vorsteher des Hauses erhielt, kann ich nicht entscheiden.

maßen aus und hier hat man Anno 1565, zwei Jahre nach
Vollendung des „großen Hauses", zur „Zierrath und zum Ruhme
der guten Stadt Bremen" das Haupteingangsthor, eine Art
stattlicher Triumphpforte aus Quadersteinen, Skulpturen und
Säulen gebaut. Diese Pforte kostete 253 Thaler 21 Grote
extra und es wurden besondere Beiträge dazu gesammelt. Ein
gewisser Wilhelm Voß verpflichtete sich 100 Mark dazu herbei-
zuschaffen. In die Mitte und auf die Spitze des Portals stellte
man wieder einen Neptun mit dem Dreizack, ein Symbol, das
sich innerhalb des Seefahrtsgehöftes mehre Male wiederholt,
unter andern auch auf dem Brunnen desselben und gleichfalls
in Silber, wie ich schon sagte, auf den Handgriffen der alten
Glockenzüge des Hauses steht.

Zu beiden Seiten des Neptuns und etwas niedriger, auf
den Ecken des Thorwegs, stellte man die Bildsäulen von zwei
derben Seeleuten in dem Costüme der Zeit, und gab ihnen die
beiden wichtigsten Instrumente des Seefahrens in die Hand,
dem einen die Sonde, und dem andern den sogenannten „Grad-
stock" oder „Jakobsstab" (Englisch: cross-staff) den der gute
Mann als etwas recht Kostbares triumphirend in die Höhe
zu halten scheint, obgleich es ein sehr plumpes Surrogat für
die jetzt zur Bestimmung der Sonnenhöhe und geographi-
schen Breite üblichen Quadranten und Sextanten war. Ihm zu
Füßen meißelte man einen Compaß oder wie es damals hieß
„Compast" ein. „Der Steuermann soll den Compast kennen"
war ein Hauptartikel unter den bescheidenen Anforderungen, die
man im 17. Jahrhundert an einen anstellungsfähigen Steuermann stellte. Beide Matrosenfiguren wurden zu besserer Sicherheit noch mit dicken eisernen Stangen von hinten her vor Anker
gelegt und mit dem Ganzen verklammert. Sie haben wieder
einen mächtigen in Stein ausgehauenen Dreimaster zwischen
sich, der, auf granitenen Wellen schaukelnd, wie ich schon sagte,
von den damaligen Steinmetzen so oft für das Haus Seefahrt,

seine Triumphpforte, seine Thür-Kronemente, und seine Herrenstube angefertigt werden mußte.

In der Mitte der Front des Gesimses wurde ein Anker
in Stein angebracht, ein Emblem, das demnach im Jahre 1665
schon als Wappen des Hauses angenommen gewesen zu sein
scheint. Und daneben ist in ehemals vergoldeten Buchstaben
die Inschrift ausgehauen: „Aus Freigebigkeit von Kaufleuten
und Schiffern. 1665." Auf der Rückseite der Pforte steht die
Inschrift: „Pax intrantibus, salus exeuntibus" (Friede den
Eintretenden, Heil den Hinausgehenden) welche aber die „Eintretenden" begreiflich selten in Sicht bekommen. Bei hohen
Festen im Hause, wallt eine große Flagge mit den Bremischen
Farben über dieser Pforte herab. Blickt aber einmal ein
vorübergehender Wanderer spät am Tage in das stille Gehöft
hinein, so gewahrt er im Hintergrunde die kleine, trübe, heim-
lich leuchtende Flamme, welche allabendlich vor der Thür des
„Großen Hauses" gleich einer Schiffslaterne angezündet wird.

XII.

Von einigen alten Freiheiten und Prärogativen des Hauses Seefahrt.

Das Haus Seefahrt will als pia causa ein Präferenzrecht in Concurs
sachen haben. — Dasselbe wird ihm in Oldenburg und von der Universität
Helmstädt zugestanden. 1620. — Zwei Bremische Bürgermeister begünstigen
das Haus Seefahrt auch darin. 1668. — Das Haus Seefahrt glaubt, höhere
Zinsen als die gewöhnlichen nehmen zu dürfen. 1636. — Der Senat be
willigt Exemtion von Accise und Consumtions-Steuer. 1659. — Das Haus
Seefahrt führt ein Wappen und vereidigt seine Beamten. — Indeventente
Stellung des Hauses als Privat-Angelegenheit der Schiffer und Kaufleute. —
Freiheit von der Inspection des Senats.

Von früh her hat das Haus Seefahrt, theils als milde
Stiftung, theils als ein aus Privatmitteln begründetes Institut
gewisse Freiheiten und Vorrechte in Anspruch genommen oder
sich zu verschaffen getrachtet, und da die meisten dieser Bestrebungen in das nach „Immunitäten" so begierige 17. Jahrhundert fallen, so darf ich wohl das Wenige, was sich darüber sagen
läßt, gleich hier einfügen.

Als eine pia causa glaubte die Seefahrt namentlich ein
Präferenzrecht bei Concursen für ihre Schuldforderungen zu be=
sitzen. Bereits im Jahre 1628 hatten die Vorsteher darüber
einen Schriftwechsel mit dem Senate. Sie hielten darin um
eine ausdrückliche und offizielle Bestätigung des „Vorzugsrechts
ihrer Armen" an.

Früher, so sagten die Seefahrtsvorsteher in ihren damals
an den Senat gerichteten Schriften, hätten sie keine Veranlassung

10

gehabt, um eine solche Bestätigung zu bitten, weil der Fall
nicht vorgekommen sei, daß ihre Creditoren sie nicht zum Vollen
bezahlt hätten. Dieselben hätten auch immer „ohne einige Con-
tradiction" die Präferenz der Seefahrtsarmen anerkannt. „In
den jetzigen bösen und wehrlosen Zeiten" — es war der dreißig-
jährige Krieg — „ständen aber wohl viele Concursus creditorum
und Prozesse bevor und es wäre zu fürchten, daß sie dabei in
einer umständlichen und kostspieligen Weise das Präferenzrecht
ihrer Armen erst zu deduciren und zu defendiren haben würden.
Sie richteten daher an den Senat ihre hochfleißige Bitte, daß
er nach seiner vernünftigen Descretion dem Hause Seefahrt
semel pro semper ein sollich Privilegium in probanti forma
großgünstig concediren und herausgeben möge."

Daß ein solches Recht der Seefahrt zustehe, meinten sie,
wäre nicht nur aus Dem klar, was man bei den Rechtsge-
lehrten über die Privilegien der milden Stiftungen der Kirche,
der Pupillen und Mitgift hin und wieder lese, sondern es
gehe auch aus einem Bescheide der gräflich Oldenburgischen
Herren Canzler und Räthe hervor, die auf eingeholte Rechts-
belehrung der Universität Helmstädt (im Jahre 1620) in einem
großen Concurse im Butjadinger Lande eine Forderung der
Bremischen Seefahrt unter die bevorzugten Forderungen neben
denen der Kirchenvorsteher und Schulen gestellt hätten.

Auf dieses Petitum der Seefahrt vom Jahre 1628 hat
der Senat, wie es scheint, gar keine Antwort gegeben. Denn schon
acht Jahre später, im Jahre 1636, kehren die Vorsteher des
Hauses mit derselben Bitte an den Rath zurück. „Weil", sagten
sie in einer vom 30. April jenes Jahres aufgesetzten Schrift,
„die Zeiten noch schlimmer geworden seien, also daß die aus-
stehenden Zinsen des seefahrenden Hauses ins Stocken gerathen,
sogar viele ansehnliche und vornehme Bürger mit ihren Aus-
zahlungen in Retardat gekommen, und daß die Seefahrt bei
den Einforderungen ihrer Ausstände oft leeres Stroh dreschen
müsse, und fast ihr gänzlicher Untergang zu befürchten sei, so

erginge an die patres patriae der dienstliche Anruf und die
fleißige Bitte, ihnen unter obgedachten Bewandtnissen mit einem
unschädlichen beneficio, privilegio und indulto besagter Art
beizuspringen, wenn auch nicht für ihre neunprocentigen doch
wenigstens für ihre sechsprocentigen Forderungen. — Ein sol=
ches Beneficium sei nicht nur der Billigkeit gemäß, sondern
auch in denen Rechten und Reichs=Constitutiones versehen und
den Armen auch in mehren andern löblichen Polizei=Ordnungen
ertheilt, und dazu noch sei dasselbe auch namentlich der Bremi=
schen Seefahrt schon vor Jahren" — (nämlich in der bereits
erwähnten Concurssache im Butjadinger Lande) — „von der
Universität Helmstädt und vom Gräflich Oldenburgischen Hofe
löblich zugesprochen und zuerkannt."

Auch dieses Gesuch müssen wohl die „patres patriae" igno=
rirt haben, denn ein halbes Jahr nachher, am 12. Sept. 1636,
reichten die Seefahrts=Vorsteher ein neues Petitum beim Senate
ein, welches mit dem vom April buchstäblich gleichlautend war.
Diese letzte Schrift scheint nun zwar der Senat beantwortet, jedoch
der darin enthaltenen Bitte nicht willfahrt zu haben. Denn
auf der im Staats=Archive befindlichen Supplik findet sich die
ganz lakonische Notiz: „N. B. Abgeschlagen".

Nichts destoweniger aber fand die Seefahrt in folgenden
Zeiten und bei spätern Gelegenheiten mit Ansprüchen dieser
Art mehr Gunst und Glück. Es kamen im Laufe des 17. Jahr=
hunderts einige Fälle vor, bei denen der Seefahrt eine Prio=
rität in Concurssachen wirklich zugesprochen wurde. Namentlich
gaben die Herren Bürgermeister Wilhelm von Bentheimb und
Simon Anton Erp von Brockhausen in einem Prozesse im
Jahre 1668 einer einfachen Forderung der Seefahrt die Prä=
ferenz, und befahlen, „daß dieselbe denen Handfesten gleich zu
achten sei."*) Alle anderen Creditoren, bloß mit Ausnahme

---

*) Nach einem in der Seefahrt befindlichen Protokollbuche.

der „Baginnen-Jungfern", wurden von den obgenannten Herrn Bürgermeistern der Seefahrt zurückgesetzt.

Auch wiederum in einer Concurssache im Anfange des 18. Jahrhunderts wurden „die Vorsteher und Eltisten der See-fahrt" neben den „Pupillen-Administratoren" unter die privi-legirten Gläubiger gestellt, und allen andern Handfesten- und Obligations-Gläubigern vorgezogen, selbst denen, deren Obliga-tionen älter waren, als das Datum der Forderung der Seefahrt.

Spätere Dokumente über die Anerkennung eines solchen Präferenzrechts finden sich nicht vor. Vielleicht ereignete sich im fernern Verlaufe des 18. Jahrhunderts kein Fall wieder, bei dem die Existenz oder Nichtexistirung desselben in Frage gekom-men wäre. Im Anfange des 19. Jahrhunderts scheinen die Vorsteher der Seefahrt ungewiß darüber gewesen zu sein, ob ihnen ein Privilegium dieser Art zustehe oder nicht. Denn im Jahre 1807 richteten sie an das Bremische Staatsarchiv ein Schreiben, in welchem sie sagten, sie hätten aus alten Protokollen ersehen, daß die einfachen Forderungen der Seefahrt den Hand-festenschulden gleich geachtet werden sollten, und bäten daher nachsuchen zu lassen, ob nicht darüber etwa ein Decretum ab amplissimo Senatu im Archive vorhanden sei.

Ein solches Decret hat man aber außer dem oben er-wähnten „Befehl der Herren Bürgermeister Bentheimb und Brockhausen de Anno 1668" nicht finden können. Und in neuer Zeit ist die ganze Frage unpraktisch geworden.

Ein anderes vom Hause Seefahrt beanspruchtes Vorrecht scheint darin bestanden zu haben, daß es von seinen Schuldnern höhere als die üblichen Zinsen erheben konnte. Ein Dokument, worin dieses dem Hause expreß zuerkannt wäre, ist zwar nicht vorhanden. Doch wird in einem Petitum der Vorsteher der Seefahrt vom Jahre 1636 desselben nicht nur als eines schon alten, sondern auch vom Senate ausdrücklich wiederholt bestä-tigten Rechtes erwähnt. „Die gestrengen und löblichen Anti-cessoren der derweiligen Rathsherren," so behaupteten die

Vorsteher der Seefahrt in jener Schrift von 1636, „hätten dem
Hause christmildlich indulgirt, von seinen Debitoren ein höhern
alß üblichen Zins zu erheben, und hätten auch dieses Indultum
biß zu dieser Stunde großgünstig maintenirt und bestätigt.*)"

Aus einer andern Stelle derselben Supplik scheint hervorzugehen, daß die Seefahrt statt der gewöhnlichen 6 Prozent
9 von Hundert berechnen konnte. Vermuthlich hat sie früher
zuweilen von diesem „Indultum" nützlichen Gebrauch gemacht.
In spätern Zeiten finde ich aber keine Spur mehr davon.

Klarer sind die Verhältnisse in Bezug auf eine andere vom
Hause Seefahrt in Anspruch genommene Prärogative, nämlich in
Bezug auf ihre Freiheit und Exemtion von den am Ende des 16.
und im Anfange des 17. Jahrhunderts eingeführten Accise- und
Consumtionsabgaben. Anfänglich unterwarf man die Seefahrt
dieser Abgabe wirklich. In den Rechnungsbüchern des Hauses
finden sich Belege genug dazu, daß wie alle Einwohner der Stadt,
so auch diese Anstalt für Alles, was sie für ihre Armen ein-
führte und consumirte, Accise und Consumtion bezahlen mußte.
Als die Vorsteher des Hauses aber in einer Supplik vom
18. Juli 1659 den Senat ersuchten, „wie andern Hospitälern
und Armen, so auch ihnen die Sublevirung von allen Accisen-
und Consumtionsbeschwerungen zu gönnen und ihnen zu mehrer
Bestätigung einen öffentlichen Schein darüber mitzutheilen,"
so erließ derselbe gleich am folgenden Tage (den 19. Juli) in
der That ein Conclusum, in welchem der Seefahrt „die ange-
führte exemption von Entrichtung der Accise- und Consum-
tionsgelder gewilligt wurde".**)

Im Jahre 1819, als alle solche Exemtionen beseitigt werden sollten, man zugleich aber den Privilegirten eine Entschä-

---

*) Das Petitum, vom 24. April 1636 datirt, befindet sich im Bremer
Staatsarchive.

**) Supplik und Senatsconclusum befinden sich noch unter den Papieren
der Seefahrt.

digung zugestehen wollte, bewiesen die Vorsteher der Seefahrt
in einem eigenen „Büchlein" die alte Existenz ihres Rechtes,
und es wurde bestimmt, daß ihnen für den Verlust desselben
jährlich vom Staate eine kleine Entschädigungssumme ausgezahlt werden sollte. Und diese Einrichtung dauert noch heutiges
Tages fort.

Wie keine Consumtion von dem, was sie verzehrte, so zahlte
die Seefahrt auch von jeher wie alle andern milden Stiftungen
keinen Schoß von ihren Einkünften.

Und wie viele andere Stiftungen und Corporationen, wie
namentlich das Collegium der Aelterleute, nahm das Haus
Seefahrt in jener auf Immunitäten so erpichten Zeit, auch sonst
noch allerlei Vorrechte in Anspruch. So z. B. die sogenannte
„Potestas constituendi sibi Officiales" (das Recht zur Anstellung ihrer Beamten und zur Vereidigung derselben;) — das
Privilegium arcae communis et proprii sigilli, dem zufolge
das Haus schon, wie ich zeigte, seit der Mitte des 17. Jahrhunderts ein Anker als Wappen führte,*) — das Privilegium,
„ihre Membra bei gewissen Strafen convociren zu lassen und
auch wirklich zu bestrafen," demzufolge die Vorsteher der Seefahrt, wie ich zeigte, zuweilen die Namen straffälliger Schiffer
in der Halle des Hauses anschlagen und ihren Schuldnern,
wie ich erwähnte, Anker und Segel confisciren ließen. Ein
Mal holten die Vorsteher des Hauses Seefahrt, um sich gegen
Einquartirung zu schützen, aus ihrer alten Prärogativen-Rüst-
kammer ein Privilegium zur „Administrirung der Sacra" hervor. Sie behaupteten nämlich, weil alle Freitage ein Prediger
in ihre Halle komme zum Gottesdienst für ihre Armen, diese
Halle für militärische Zwecke so wenig benutzt werden dürfte,
wie eine Kirche.

---

*) Ungefähr zu derselben Zeit, nämlich 1638, sollen auch die Aelterleute
der Kaufmannschaft angefangen haben, sich eines Wappens, ihres Adlers
mit dem Schlüssel, zu bedienen.

Während auf diese Weise die Seefahrt strebte und zum
Theil auch mit Erfolg es bewirkte, daß sie in Bezug auf ihre
Freiheiten und Prärogativen den andern öffentlichen milden
Stiftungen gleich gesetzt wurde, wünschte sie doch dem Staate
gegenüber als ein bloßes Privatinstitut betrachtet zu werden.
Anders als die übrigen milden Stiftungen, die einer obrig=
keitlichen Inspection und einer jährlichen Rechnungsablage an
den Senat unterworfen waren, behauptete sie, als ein aus
den Geschenken der Schiffer und Kaufleute hervorgegangenes In=
stitut, zu einer solchen Rechnungsablage nicht verpflichtet zu
sein und sie hat sich bis auf die neueste Zeit einer solchen In=
spection von Seiten des Senats nicht unterworfen, vielmehr
den Charakter einer unabhängigen Privatanstalt beständig
gewahrt.

Der Senat scheint seinerseits eine solche Independenz der
Seefahrt nie ausdrücklich anerkannt zu haben. Vielmehr bedient
er sich schon gleich in der ersten Stiftungsurkunde der Phrase:
„daß wenn er in zukommenden Zeiten etwas Besseres daran
finden könne, er als die Obrigkeit sich dies daran wolle vorbe=
halten haben." Und bei spätern Confirmationen der Gesetze
der Seefahrt, auch noch in der allerletzten vom Jahre 1855,
kehrt immer die Phrase wieder: „daß der Senat sich auch
ferner ausdrücklich dabei vorbehalte, dasjenige, was im Ver=
laufe der Zeit als nöthig oder der Stiftung zuträglich sich er=
geben möchte, abzuändern oder hinzuzufügen, namentlich eine
besondere obrigkeitliche Inspection für dieselbe eintreten zu lassen,
sobald Er sich zu dieser Maßregel zum besten der Stiftung ver=
anlaßt finden würde." Desgleichen finde ich, daß sich der
Senat zuweilen gelegentlich „Ober=Vorsteher der Seefahrt"
nennt. Und endlich hat er es zu Zeiten nicht unterlassen, die
privativsten Angelegenheiten der Seefahrt zu ordnen, z. B. den
Luxus ihrer Mahlzeiten zu beschränken. Beim Bau des Hafens
von Vegesack scheint er, wie ich oben andeutete, die Seefahrt
zu einem bedeutenden Beitrage gezwungen zu haben, und ich

bemerkte ebenfalls schon, daß Senatsmitglieder später aus diesem Vorgange den Schluß zogen, daß der Senat auch sogar über das Vermögen der Seefahrt zum allgemeinen Besten disponiren könne.

Vielleicht bewirkten es diese Umstände — zum Theil wenigstens — daß die Administratoren der Seefahrt mit dem Zustande ihrer Finanzen in alten Zeiten, namentlich aber um die Mitte des vorigen Jahrhunderts, so sehr geheim hielten. Im Jahre 1764 schlossen die Vorsteher und Aeltesten unter sich einen Bund „zur völligen Geheimhaltung ihrer Angelegenheiten."

In einer darüber aufgesetzten Schrift, welche noch auf der Seefahrt vorhanden, und vom 6. März 1764 datirt ist, „geloben sich die Herren Vorsteher und Eltesten des Hauses, weil sie es nach reiflicher Ueberlegung für nöthig gefunden haben, eine feste Verbindung unter sich dahin zu treffen, daß sie die Seefahrt betreffende Sachen an Niemanden weder mündlich noch schriftlich zu offenbaren, vornehmlich aber den Status derselben, was und wo die Capitalien beleget oder künftig beleget werden möchten, auf das Verbindlichste nach Möglichkeit in Verschwiegenheit zu halten sich verpflichten." Sie ließen diese Schrift in ein eigenes Buch eintragen und „jeder neu gewählte Vorsteher und Aelteste sollte sie, bevor er admittiret würde, durch seines Namens Unterschrift an Eidesstatt bekräftigen." Es finden sich unter demselben daher auch eine ganze Reihe von Unterschriften aus den Jahren 1764 bis 1780. Nach 1780 ist das Buch leer.

Es ist übrigens möglich, daß dieser geheime Bund zum Theil auch gegen die übrigen Mitglieder des Hauses gerichtet war, und den Vorstehern nicht nur dem Senate, sondern auch diesen letztern gegenüber freiere Hand verschaffen sollte.*)

---

*) Aehnliche Verbindungen zur Geheimhaltung ihrer Angelegenheiten finden sich aus dieser Zeit der größten Geheimnißkrämerei auch bei den Vorstehern anderer Corporationen, bei den Aelterleuten der Kaufmannschaft schon aus dem Jahre 1674.

Dies Alles sind indeß jetzt längst überwundene Stand=
punkte. Der Senat läßt trotz seines „Vorbehaltes" die See=
fahrt in ihrer gegenwärtigen Unabhängigkeit bestehen. Und die
Vorsteher des Hauses haben auf der andern Seite ihre Ver=
schwiegenheits=Verbindungen und Geheimnißkrämerei ebenfalls
aufgegeben.

Im Februar des Jahres 1835 haben sie zum ersten Male
dem großen Publikum über den Stand der Finanzen und ihrer
Wirksamkeit Etwas durch den Druck bekannt gemacht. Und seit
dem haben sich diese öffentlichen Rechnungsablagen von Zeit zu
Zeit wiederholt und geschehen jetzt alle Jahre.

XIII.

Gründung einer Seeschiffer-Witwencasse.

Wie die Seeschiffer für ihre Witwen sorgen wollten. — Ihre Anordnungen im Jahre 1700. — Lamentables Ende dieser ungeschickt angelegten
Stiftung. — Erneuerung des Versuchs in späterer Zeit.

————

Nach der Stiftung der Seeschiffer-Sterbecasse im Jahre
1618, und nach der Begründung des Hafens in Vegesack, der
die Seefahrt den größten Theil des 17. Jahrhundert beschäf-
tigte, so wie ferner nach dem Bau des neuen Hauses im
Jahre 1663, finde ich in den Annalen der Gesellschaft zunächst
nichts Wichtiges bemerkt.

Die einzige darnach ins Leben tretende Neuerung von
einigem Interesse waren die Bestrebungen der Schiffer, für ihre
Witwen noch besser und specieller zu sorgen, als es das Haus
Seefahrt seiner Einrichtung gemäß vermochte und die endliche
Stiftung einer Seeschiffer-Witwencasse im Jahre 1700.

Die Seefahrt besaß immer nur eine sehr beschränkte Anzahl
Prövenwohnungen. Dazu war es ein altes Gesetz, daß hülfsbedürftige Männer bei der Zulassung zum Genuß dieser
Wohnungen vor den Frauen den Vorzug haben sollten.*) Da
die Seefahrt, ihrer Bestimmung gemäß, gar vielen Gattungen

————

*) Ich finde dies mehre Male in den alten Protokollen der Seefahrt
ausdrücklich bestimmt.

von Bedrängten, sogar fremden Schiffbrüchigen ihre Wohl=
thaten zukommen ließ, so mochten die armen zahlreichen Witwen
der stets decimirten Schifferschaft sich oft vernachlässigt sehen.
Die Männer fingen daher an, darauf zu denken, wie sie für die
Zukunft ihrer Frauen durch ein ihnen besonders gewidmetes
Neben= oder Zweiginstitut der Seefahrt noch besser sorgen könnten.

Schon gegen Ende des 17. Jahrhunderts beriethen sich
mehrere „Brüder“ (Seefahrts=Mitglieder?) darüber. Am
12. Februar des Jahres 1700 traten sie in der Seefahrt
zusammen, und beschlossen: „eine Seefahrende=Wittwen=Caß
unter einander aufzurichten“. Sie bildeten dadurch gleich einen
Fond, daß ein jeder Beitretende etwas zuschoß. Und außerdem
wurde festgesetzt, daß für die Zukunft jedes Mitglied so viel zu
der Casse beitragen solle, „als es der Seefahrt für 20 Thaler
Bodmerei bezahlte“. Die, welche nicht mehr zur See führen
(die Landleute), sollten jährlich so viel beitragen, als sie an die
Seefahrt „für zwei Engelse Reisen“ (Reisen nach England) ent=
richteten. Aus den so zusammengebrachten Geldern sollten jeder
nachgelaßenen Witwe eines beisteuernden Bruders 20 Thaler
jährlich bezahlt werden. — Außerdem sollten auch dann und
wann noch „gebrechliche Brüder“ aus der Casse unterstützt wer=
den. „Wenn etwa die Casse zu kurz käme, und nicht allen
Witwen die ihnen versprochene Jahresrente auszahlen könnte,
so sollten die Brüder so viel zuschießen, als nöthig sein würde,
um die Witwen zu bezahlen.“

Es wurden vier „Gedeputirte“ gewählt und eine in der
Seefahrt zu deponirende „Lade“ beschafft, mit 4 Schlössern und
4 Schlüsseln, von denen jeder der vier „Gedeputirten“ einen
haben sollte, wie man denn solche 4 Vorsteher, 4 Schlösser und
4 Schlüssel fast bei allen Verbindungen und Cassen jener Zeit
in unseren Städten findet.

Allein diese „Seefahrende=Wittwen=Caß“ hatte nichts we=
niger als ein gutes Gedeihen.

Natürlich verstand man sich damals noch nicht auf die

zweckmäßige Organisation solcher Institute und vermochte die — namentlich bei Seeschiffern — so schwierige Berechnung der Wahrscheinlichkeit der Mortalität wohl noch nicht mit einiger Aussicht auf guten Erfolg anzustellen. Die Bestimmung, daß alle Brüder so viel zuschießen sollten, als zur Befriedigung der Witwen fehlte, führte schon im Jahre 1709 zu „Irrungen". Und im Jahre 1711 erkannten die Brüder, „daß die Casse auf diesem Fuße gar nicht weiter fort bestehen könne."

Zweiundvierzig unzufriedene Mitglieder waren schon nach und nach ausgetreten, und die übrigen Brüder wußten sich in mehrfachen Versammlungen und Berathungen nicht zu helfen. Am Ende wollte Niemand mehr Vorstand der unglücklichen Gesellschaft sein. „Capitän Hans Jantzen", der bis dahin Verwalter gewesen war und die „Lade" im Hause hatte, „verlangte nichts mehr mit der Sache zu thun zu haben", ließ „die Lade" auf einen Schiebkarren setzen und schickte sie einem „andern Bruder" zu.

Da auch dieser „Bruder" sich weigerte, die Verantwortung zu übernehmen, so blieb der Schiebkarren mit sammt „der Lade" auf der Straße stehen, und von da „nahm sie endlich Jakob Koster, damit sie nicht geplündert würde, in sein Haus."

Mit diesem „Koster" thaten sich der Rest der Brüder, 13 an der Zahl, zusammen, beschlossen, die Casse aufzuheben, und die darin befindlichen Gelder unter sich und den vorhandenen Witwen nach gewissen von ihnen beliebten Bestimmungen zu theilen.

Dagegen erfolgte aber dann ein Protest und eine „Weh- und demüthige Supplik" an den Senat von Seiten dieser Witwen, die sich durch die Art der Vertheilung in ihren Rechten und Ansprüchen verletzt glaubten und behaupteten, die Brüder seien den Statuten der Gesellschaft gemäß verpflichtet, so viel zuzuschießen, als nöthig wäre, um ihnen, den Witwen, für die Lebenszeit ihre Pension zu sichern.

Der Senat ernannte für diesen schwierigen Fall eine Com-

miffion, von deren Entscheidungen ich aber nichts weiter aufge=
zeichnet finde. Die ganze Angelegenheit nahm ein mir unbekanntes,
aber vermuthlich sehr unbefriedigendes Ende.*) Das Bedürfniß
zu einem solchen Institute dauerte aber fort, und die Idee dazu
lebte in besserer Gestalt nach mehren Jahrzehnten wieder auf.

Im Jahre 1780 traten wiederum in der Seefahrt fünf=
unddreißig Schiffscapitäne zusammen und erklärten, „wie sie
es zum öftern mit den empfindlichsten Schmerzen ansehen müßen,
welcher gestalt viele Seeschiffer=Witwen durch einen so unglück=
lichen als plötzlichen Verlust ihrer Ehe=Männer, in die trau=
rigste Lage versetzt worden; und wie sie es dahero für höchst
nöthig und ihrer zu ihren Ehefrauen tragenden Liebe für ge=
mäß und schuldig erachtet, einen Entwurf zu einen Beytrag
zu machen, welchergestalt nach ihrem erfolgenden seeligen Ab=
schiede aus dieser Zeitlichkeit ihre Witwen in etwas noch er=
quicket werden möchten. Und daß sie solches um so viel noth=
wendiger ansähen, da sie nach ihrem Beruf, weil derselbe zu
viel mit Lebens=Gefahr verknüpft gebe, in andere Witwen=
Cassen nicht aufgenommen werden könnten. Sie hätten daher
zur Erreichung ihres Endzwecks gewisse diensame Punkte ent=
worfen, und da dieselben zur bessern Versorgung ihrer Witwen
und zur Wohlfahrt des Staats abzweckten, schmeichelten sie sich,
daß sie einen allgemeinen Beyfall davon tragen, und mit willi=
gen Herzen auf= und angenommen werden würden."

Sie gründeten mithin eine neue „Seeschiffer=Witwencasse",
und bestimmten, daß kein Seeschiffer, der nicht die Gerechtigkeit
des Hauses Seefahrt geleistet habe, Mitglied der Casse werden
könne.

Dem zu stiftenden Fonds wurden ungefähr wieder dieselben

---

*) Die Akten über alle diese Dinge befinden sich im Besitze eines Herren
in Bremen, der die Güte hatte, mich die darauf bezüglichen Papiere einsehen
zu lassen. Nach ihnen habe ich das Schicksal der Casse darzustellen versucht.
Auch im Staats Archive K. 11. d. 7. befindet sich darüber Einiges.

Grundlagen gegeben, wie im Jahre 1700, das heißt zunächst von jedem Mitgliede gewisse zu leistende Einschüsse und dann wiederum die alten bei allen diesen Schifferinstituten so beliebten „Bodmerei- oder Reisegelder", die wie bei der Seefahrt nach der Größe der Reise tarifirt wurden.

Doch wurde dies Mal die Größe jener Einschüsse nach dem Alter der beitretenden Mitglieder und nach der Wahrscheinlichkeit ihres Todes bestimmt. Auch wurden außer jenen Einschüssen und Reisegeldern noch vierteljährliche regelmäßige Beiträge beliebt. Die, welche nicht mehr zur See führen (die Landleute) sollten statt der Reisegelder jährlich 4 Thaler beisteuern. Und aus dem so Gesammelten sollte jede Frau die ihren Mann verlöre jährlich 40 Thaler ausbezahlt erhalten.

Die Mitglieder dieser Gesellschaft hielten ihre Versammlungen in dem Hause Seefahrt, deponirten ihre Gelder und Papiere eben daselbst. Da auch nur Seefahrt-Mitglieder beitreten konnten, und noch außerdem die Bestimmung gemacht wurde, daß der administrirende Vorsteher des Hauses Seefahrt bei den Versammlungen und Beschlüssen der Gesellschaft zur Berathung hinzuzuziehen sei und endlich, wenn die Gesellschaft je aufgelöst würde, das übrigbleibende Vermögen dem Hause Seefahrt anheimfallen sollte, so ist aus dem Allen hinreichend klar, daß das Ganze nur als Filial- und Ergänzungs-Institut des Hauses Seefahrt betrachtet werden konnte.

Man begann mit einem kleinen Capitale von 397 Thaler. Da man aber die Einrichtungen und Gesetze im Verlaufe der ersten Hälfte des 19. Jahrhunderts mehrfach — zuletzt im Jahre 1861 — verbesserte, da sich in Folge dessen die Anzahl der Theilnehmer mehrte, und auch durch Geschenke und Vermächtnisse immer mehr Summen zuflossen, so stieg endlich, besonders seit 1850, das Capital der Gesellschaft bedeutend und betrug im Jahre 1860: 14,167 Thaler 39 Grote.

Im Jahre 1850 überwies das Collegium der Aelterleute, das schon seit 1839 die Seeschiffer-Wittwencasse mit jährlich

100 Thalern, (den Zinsen der auf dem Schütting deponirten
Sklavencasse) unterstützt hatte, dem Seeschiffer-Witweninstitute ein
späterhin auszuzahlendes Capital 14,004 Thaler 55 Grote,*)
(die Hälfte des bei jenem Collegium durch die Eintrittsgelder
seiner Mitglieder gebildeten Capitals), so daß daher die Mittel
dieser Anstalt in Zukunft nicht unbedeutend sein werden.

Auf eine weitere Schilderung der Einrichtungen, Geschichte
und Gesetze dieses Instituts will ich hier nicht eingehen, da ich
überhaupt das Ganze nur als eines Nebenzweiges des Hauses
Seefahrt, das dazu den Impuls gab, erwähnte.

---

*) Die andere Hälfte dieses Capitals, das die Mitglieder jenes Colle-
giums bei der Auflösung desselben unter sich zu theilen ein Recht gehabt
hätten, wurde von ihnen in eben so uneigennütziger und patriotischer Weise
dem Hause Seefahrt überwiesen. Beide Summen sollten indeß erst nach dem
Tode des letzten Mitgliedes des frühern Collegiums wirklich ausbezahlt
werden.

XIV.

Wie Bürgermeister Mindemann im Jahre 1775 die große Seefahrts-Mahlzeit abschaffen will, nebst der früheren Geschichte dieses Festes.

Das in dem Stiftungsbriefe des Hauses Seefahrt erwähnte Biertrinken der Schiffer bei der Rechnungs-Ablage ihrer Vorsteher. — Allmähliche Ausbildung und Ausartung des Festes. — Der „Haupttag". — Die „Rechnungs-Mahlzeit". — Der „dritte Tag". — Die „Danksagungs-Mahlzeit". — Die Bierprobe oder „Schmecke-Mahlzeit". — Seit 1640 eintretende Beschränkungen. — Abschaffung der „Bündels". — und der „Umschickung", des Biers und Stockfisches. — Wie Bürgermeister Mindemann 1755 alle Feste und Mahlzeiten der Brüderschaften und Aemter in Bremen abschafft und auch die große Seefahrts-Mahlzeit verbietet. — Verhandlungen der Vorsteher mit dem Rathe darüber. — Wie die Mahlzeit mit dem Wesen und der Existenz der Seefahrt verwachsen ist. — Wie der Streit geschlichtet wird. —

Aus dem ferneren Verlaufe des 18. Jahrhunderts wüßte ich keine für das Haus Seefahrt interessantere Begebenheit als seine Differenz mit dem Senate über die Fortexistenz seiner altherkömmlichen sogenannten „Schaffermahlzeit" im Jahre 1755.

Es scheint, daß der damals regierende Präsident des Senats, Bürgermeister Volchard Mindemann, ein sehr ernster und gestrenger Herr, der Freiheit und Fröhlichkeit der Bürger abhold war. Noch heut' zu Tage lebt hie und da in der Stadt das Andenken an ihn, und Leute, die etwas von ihm wissen, sprechen noch von dem „Tyrannen Mindemann."

Unter seinem Präsidium hob der Senat alle alten Feste und Mahlzeiten der Aemter und Brüderschaften auf, und mit einem gleichen Schicksale bedrohte er „die große Schafferschaft" der Seefahrt, die aber eine so eigenthümliche Bedeutung für diese Anstalt gewonnen hatte, und gewissermaßen, als ein Theil ihrer Constitution, so innig mit ihrem Wesen verwachsen war, daß die Vorsteher des Hauses erklärten, es sei damit zugleich auch die ganze Existenz ihrer Anstalt bedroht, und sich gegen ein ihre Mahlzeit antastendes Dekret des Senats nach Kräften wehrten. —

Zum bessern Verständniß dieser Dinge wird es indeß nöthig sein, die Geschichte dieses Festes und seines allmähligen Wachsthums ein wenig zu beleuchten, wobei sich denn außerdem auch noch manches für die Sitten und Gebräuche der Zeit allgemein Interessantes herausstellen wird.

Wie alle Dinge, fing auch diese „große" Angelegenheit zuerst ganz klein an. Schon in der ersten Stiftungs-Urkunde der Seefahrt vom Jahre 1545, als die Gesellschaft noch weiter nichts besaß, als eine „Kiste", gab es, nach Dem, was ich oben sagte, einen Artikel über „das Bier und was sonst bei der Rechnungsablage der Vorsteher getrunken und verzehrt werden möchte," und es wurde bestimmt, „daß die Kosten dieser Dinge nicht aus der Armencasse gedeckt werden sollten, vielmehr Jeder sie aus seinem eigenen Beutel bezahlen solle."

Die Rechnungsablage der abgehenden Vorsteher und Schaffer der Gesellschaft war die wichtigste Transaktion im Laufe des ganzen Jahres. Es wurden dabei alle Hauptmitglieder der Gesellschaft in corpore versammelt. Man erkannte dabei, was in der Zwischenzeit geleistet und gewonnen war. Man schöpfte frische Hoffnung für die Zukunft, wählte zugleich neue Häupter und berieth sich über die etwa einzuführenden Verbesserungen. Aufforderung genug, um durch ein schließliches gemeinsames Brudermahl Alles zu besiegeln, und in Harmonie aufzulösen.

Eine jährliche „Rechnungsmahlzeit" war daher wie fast

11

bei allen Aemtern, Brüderschaften und Instituten der Stadt, so auch bei dem Hause Seefahrt ein sehr natürliches Ergebniß. Bei den Schiffern erlangte sie aber von vornherein noch eine ganz eigenthümliche und erhöhte Bedeutung.

Nach der Bestimmung der ältesten Gesetze des Stifts sollten die Vorsteher Rechnung ablegen „bevor die Schiffer von Haus fahren," d. h. vor dem 22. Februar. Denn das war nach einer alten Gewohnheit, so wie auch nach den darüber zu verschiedenen Zeiten erlassenen Beschlüssen des hanseatischen Bundes der Endtermin des Winterlagers. *)

Jene Bestimmung wurde natürlich deßwegen getroffen, damit den Schiffern, die im Sommer unterwegs waren, nicht die Gelegenheit geraubt werde, dabei zugegen zu sein. So kam es denn, daß wie die Rechnungsablage auch die sie begleitende große Mahlzeit regelmäßig in den Anfang oder doch vor die Mitte Februars fiel. Sie wurde daher den Schiffern zugleich auch ein sehr bedeutungsvolles Abschiedsmahl, die letzte fröhliche und freundschaftliche Zusammenkunft, die sie kurz vor dem neu beginnenden Kampfe mit den Wogen und Winden feierten. Für viele ist es im Laufe der Zeiten die Henkersmahlzeit gewesen. Denn oft genug hat es sich ereignet, daß ein Schiffs-Commandeur, nachdem er mit seinen Brüdern aus den silbernen Seefahrtsbechern getrunken und mit ihren hübschen Töchtern auf dem Seefahrtsballe getanzt, bald darauf an den Küsten von Norwegen „mit Mann und Maus" zu Grunde ging. —

Auch in anderen Hansestädten feierten die Seeschiffer ihre jährlichen Mahlzeiten und Gilde-Festlichkeiten im Februar. Die Lübeckische Schiffer-Gesellschaft, z. B. an den Donnerstagen nach Septuagesimae und Sexagesimae, die auch meistens in die bezeichnete Zeit fielen. Ja, auch die alten Römer und

---

*) Die Bestimmungen darüber haben indeß gewechselt. Im Ganzen wurde aber Martini (Anfang November) als das gesetzmäßige Ende und meistens der 22. Februar, zuweilen auch Lichtmeß als der erlaubte Anfang der Schifffahrt in den Seestädten des nordwestlichen Deutschlands bezeichnet.

sogar schon die Egypter haben ihre Seefahrts-Festlichkeiten aus denselben Gründen ungefähr um dieselbe Jahreszeit gehabt. Bei den Römern fielen die Neptuns-Tage in den Anfang März.

In welcher Lokalität die ältesten Vorsteher der „Armen Seefahrt," bevor sie sich in der Hutfilterstraße ankauften, ihre Rechnung abgelegt und wo sie dabei ihr „Bier" getrunken haben mögen, ist mir, wie ich oben sagte, ein kleines Räthsel geblieben. Seit dem Jahre 1561, nachdem sie jenes Haus gekauft und sich auch mit den „fürnehmen Kaufleuten und Schiffsrhedern" verbunden hatten, wurde vermuthlich die Mahlzeit allmählig etwas stattlicher und umständlicher. Und sie erlangte zugleich durch diesen Beitritt der Kaufleute wieder eine ganz eigenthüm= liche und erhöhte Bedeutung; nämlich die einer heitern und zwanglosen Vereinigung zweier in ihren Interessen zwar ver= knüpfter, aber in ihrer bürgerlichen Stellung doch sehr verschie= dener Stände, die außer ihren Geschäften, wobei der eine dem andern mehr oder weniger subordinirt war, wenig gesellige Berührung mit einander hatten, sich aber bei dem großen Feste des Hauses Seefahrt auf gleichem Fuße und in gemeinsamer Fröhlichkeit begegneten. Auch als ein Bruderfest der Kauf= leute und Schiffer ist daher die Seefahrtsmahlzeit stets mit besonderer Vorliebe gepflegt worden.

Wahrscheinlich hörte auch mit dem Beitritte der Kaufleute gleich das Prorata-Zahlen bei der Mahlzeit auf, das unter den Schiffern herkömmlich und gesetzlich gewesen war. Den reichen Kaufleuten mochte es nicht gefallen, mit den Schiffern, deren Beutel so viel knapper war, pro rata zu gehen. Sie führten vermuthlich die Bestimmung ein, daß Einer oder Einige das Ganze oder doch die Hauptsache dabei auf sich nehmen sollten, und es fielen diese Mühe und Kosten nunden sogenannten „Schaffern" zu.

Ich zeigte schon oben, daß diese „Schaffer" schon 1561 in der Seefahrt existirten, und daß man anfänglich damit diejenigen Geschäftsführer bezeichnete, welche die Hauptein= nahme des Hauses, die sogenannten Bodmerei= oder Reise-Gelder und die Monatsgelder von den Schiffern einzukaſſiren hatten. Die Schaffer mußten über dieſen ihnen anvertrauten Verwal= tungszweig eine beſondere jährliche Rechnung ablegen, der dann noch eine General=Rechnungsablage der Vorſteher folgte. Den Schiffern erſchien die Rechnungsablage der Schaffer über die aus= ſchließlich von ihnen ſelbſt herrührenden Bodmereigelder vermuthlich als die Hauptſache. Daher ſie bei ihr immer zahlreich zugegen waren und auch das jährliche Feſtmahl mit ihr verbunden wurde. Die reſumirende und allgemeine Verwaltungsrechnung der Vorſteher kam dann gleich post festum. —

Soweit unſere Nachrichten hinaufreichen, ſehen wir vier Schaffer, von denen zwei aus den Kaufleuten und zwei aus den Schiffern waren. Vermuthlich nahm man von vornherein dazu jüngere Mitglieder, die ſich auszeichnen und Verdienſte um das Haus erwerben wollten. Was ſie anfänglich freiwillig auf ſich nahmen, wurde nachher zur Pflicht, und es wurde bald ein Geſetz, daß die kaufmänniſchen Mitglieder nicht zu Vorſtehern gewählt und die Schiffer=Mitglieder nicht aller Wohlthaten des Hauſes theilhaftig werden könnten, wenn ſie nicht zuvor die jährliche Mahlzeit gegeben hätten. Von dem dabei ſtattfindenden Koſtenaufwande fiel indeß ſchon frühzeitig den kaufmänniſchen Schaffern der Löwen=Antheil zu, d. h. es wurde feſtgeſetzt, daß die Schiffer=Schaffer nur eine gewiſſe kleine beſtimmte Summe (jetzt jeder 50 ℳ) dazu beizutragen, die kaufmän= niſchen Schaffer aber für den ganzen Reſt gut zu ſtehen hätten.

In den erſten Jahrzehnten 1561 muß die Schaffermahlzeit noch nicht als eine ſehr große Angelegenheit betrachtet worden ſein. Denn in den plattdeutſchen Protokollen aus jener Zeit wird ſie nie erwähnt, während die Annaliſten ſie in den ſpätern Büchern aus dem 17. und 18. Jahrhundert immer umſtändlich beſchreiben. Da es dabei die Schaffer einander zuvorthun wollten, und da Eſſen und Trinken für den Norddeutſchen über= haupt ein glitſcheriges Terrain iſt, ſo gedieh die Sache ſchon zu Anfang des 17. Jahrhunderts zu einer überflüſſigen Größe.

Zu der Mahlzeit, die anfänglich nur eine kleine Rekreation nach abgemachten Geschäften (nach Ablegung der Schaffer= rechnung über die Bodmerei=Gelder) sein sollte, wurden allmählig so viele Gäste eingeladen, und die Vorbereitungen nahmen so viel Zeit weg, daß man am Ende beides nicht an demselben Tage bestreiten konnte. Man sah sich daher genöthigt, die Rechnungsablage, ursprünglich die Hauptangelegenheit, an einem besondern Tage vorzunehmen, und die Mahlzeit auf den fol= genden Tag zu setzen.

Nun konnten aber doch auch bei der Rechnungsablage die Versammelten wieder nicht ganz nüchtern bleiben. Es mußte „etwas dabei präsentirt werden." Anfänglich war es wenig. Allmählich aber artete auch dieß Wenige wieder in eine förm= liche Mahlzeit aus, und es entstand daher neben und vor Dem, was man die „große Schaffermahlzeit," bei welcher viele Gäste geladen wurden, nannte, eine kleine „Rechnungsmahlzeit," an der indeß nur die geschäftsführenden Vorsteher, Schaffer und Aeltesten Theil nahmen. —

Bei diesen beiden Mahlzeiten wurde die ganze Freude nur Männern zu Theil. Frauen durften nicht dazu eingeladen werden. Da indeß die Gattinnen der Herren Schaffer natürlich häufig dabei zu Rathe gezogen wurden und mitunter auch ihr gutes Theil Arbeit dabei bekamen, so schien es unbillig, daß sie ganz leer ausgehen sollten. Zudem waren auch immer von der großen Mahlzeit noch manche beaux restes geblieben. Es wurde daher bald n o c h ein Festtag hinzugefügt, und an diesem den „Eheliebsten der Herren Schaffer und Vorsteher" und natürlich auch ihren schönen Töchtern und den Freundinnen derselben ein abermaliges Fest mit Musik und Tanz gegeben. Dieses Damenfest mit Ball finde ich in den ältesten Aufzeich= nungen darüber „den dritten Tag" genannt.

Da die Schaffer bei Anordnung aller dieser Mahlzeiten nicht wenig Lasten und Kosten zum Frommen der ganzen Gesellschaft übernahmen, so schien es christlich und angemessen, ihnen für ihre

Mühewaltung einen besondern Dank auszusprechen. — Dieß geschah — um eine Pause zumachen, — acht Tage nach der großen Mahlzeit im Namen des Hauses durch die Vorsteher. Natürlich mußten auch bei diesem „Danke" die Becher erklingen, und so entstand bald die sogenannte „Danksagungs-Mahlzeit," welche nun die Vorsteher den Wirthen der vorigen Festtage, d. h. den Schaffern, gaben, und bei der außer ihnen nur wenige durch eigene Beschlüsse bestimmte Personen zugezogen wurden.

Natürlich waren zur Anordnung so mannigfacher Festlichkeiten mehre Versammlungen und Berathungen nöthig. Namentlich mußte man sich so wohl das „starke" als auch das „enkelte" Bier, das Hauptgetränk bei den damaligen Gelagen, in gehöriger Quantität und Qualität verschaffen. Es wurde daher ein Tag „zum Kosten des Biers" bestimmt. Mehre Bierbrauer schickten Proben ihrer Getränke ein, und bei Dem, dessen Sorte den versammelten Kennern am besten gefiel, wurde die Bestellung gemacht. Es ist unmöglich, ein Getränk richtig zu würdigen, ohne zwischendurch etwas Trockenes zu genießen. Ein Imbiß war bei der „Bierprobe" also nothwendig. Und auch dieser Imbiß artete, auf dem für Festgelage so fruchtbaren Boden des 17. Jahrhunderts in Bremen, auch bald wieder zu einem förmlichen Diné aus, welches man „die Schmecke-Bier-Mahlzeit" nannte. —

Die verschiedenen Perioden, in denen jede dieser Festlichkeiten wie wuchernde Pilze neben einander aufschossen, lassen sich nicht mehr genau bestimmen. Doch scheint der ganze Complex von Gelagen schon 100 Jahre nach der Stiftung der Seefahrt ziemlich vollständig dagestanden zu haben. Denn aus dem Jahre 1640 datirt das erste Einschreiten gegen Uebermaaß, der erste förmliche „Beschluß der Herren und Aeltesten gegen den Mißbrauch und die hochauflaufenden Kosten der Mahlzeiten." In diesem schriftlich aufgesetzten Beschlusse, der sehr feierlich anfängt: „Kund und zu wissen sei hiermit jeder männiglich" und der „vom sechszehnten Tage des Monats Januarii im Jahre 1640 nach der heilwärtigen Geburt unseres

Herrn" datirt ist, den auch die Vorsteher „öffentlich" in der
Seefahrt aufhängen ließen," werden die verschiedenen Theile
des Festes ziemlich deutlich bezeichnet. Man beschränkte dießmal
nur die Anzahl der einzuladenden Gäste ein wenig. Am
„Haupttage" sollten die Schaffer jeder bloß zwei von „ihren
guten Freunden" und am „dritten Tage" gar keine Fremden,
sondern nur die Vorsteher, Aeltesten „und deren Frauens" ein=
laden dürfen. Wenn sie dagegen handelten, sollten sie mit
Geldbußen zum Frommen der Armen belegt werden. —

Trotz dieser Anno 1640 beliebten Beschränkung der Gäste=
zahl, scheint es dann und wann doch noch allzumunter bei der
„großen Schafferschaft" hergegangen zu sein. Die Schiffer
dermaliger Zeit waren noch ziemlich derb. Es waren darunter
viele von den kleinen Smack=Commandeuren, die in die Fisch=
lande segelten, „Bergefahrer," „Hitlandsfahrer" und dergleichen,
welche in Bezug auf ihre Manieren ungefähr denjenigen Schiffern
gleichen mochten, die man noch jetzt im Norden Skandinaviens,
bei den Loffoden und bei Hammerfest findet. Beim „Schmeckebier",
so erzählt man sich wenigstens, pflegte damals wohl der eine oder
andere dieser alten „Bergefahrer," wenn er zum Examen berufen
war, den Gerstensaft auf eine Bank zu gießen, sich darauf zu
setzen, und die Güte des Getränks darnach zu beurtheilen, ob
er mit seiner ledernen Hose auf der Bank kleben bliebe
oder nicht.

Kein Wunder, daß solche Leute, wenn ihnen das gut be=
fundene Bier nachher zu Kopf stieg, zuweilen sich in „Mißver=
ständnisse" verwickelten, und daß wir in den gewissenhaften
Protokollen des 17. Jahrhunderts manche unliebsame Andeutungen
darüber finden. Bei einer Mahlzeit „gerieth Johann Meier mit
Heinrich Brauer in Streit" und goß diesem eine Portion des
klebrigen Getränks über den Kopf, wofür er in eine Strafe von
2 Thaler genommen wurde. Ein ander Mal begegnete „Joost
Butendohr dem Johann Apers bei der Mahlzeit mit ehren=
rührigen Worten," die nach der Höhe der Pön („60 Mark")

zu schließen in der That wohl sehr kräftig, wie das Bier selbst, gewesen sein mögen. Im Jahre 1670 scheint sogar ein ziemlich umfangreicher Zwist und Kampf bei dem Brudermahl ausgebrochen zu sein. Denn es wurden „wegen über Tisch gepflogener Schlägerei" mehre Festgäste auf respective 2, 4, 6 und 12 Thaler Pön gesetzt.

An solchen Dingen nun nahmen natürlich viele ehrbare und ernste Leute Anstoß. Und bei manchen bildete sich daher schon im 17. Jahrhundert die Ansicht, daß die lärmigen und üppigen Schaffermahlzeiten der Seefahrt ein übler Gebrauch seien der mit den Zwecken der milden Anstalt in schneidendem Contraste stehe und gänzlich abgeschafft werden müsse. Viele machten sich auch ein Gewissen daraus, dazu beizutragen oder eine Wahl zum Schaffer in der Seefahrt anzunehmen.

So that ein Kaufmann Claus Mindermann „aus Gründen ein Gelübde und schwur sich zu, er wolle die Schafferschaft nie halten" und als die Wahl auf ihn fiel und eine Deputation ihn zur Uebernahme des Amtes einlud, entschuldigte er sich wegen seines Eides, schenkte aber, um zu beweisen, daß es nicht aus Knauserei geschehe, der Armen Seefahrt 14 Last Danziger Roggen und 5 Tonnen Biers. Auch ein anderer Kaufmann, Hieronymus Grebbe, schenkte der Seefahrt im Jahre 1704 dafür, daß man ihn der Schafferschaft entlassen hatte, 2 silberne Becher, 97½ Loth an Gewicht, und Johann Slichting aus demselben Grunde 200 Thaler. Wiederum einige Jahre später „ist Herr Johann Wichelhausen von der Schafferschaft entlassen worden, da er sie nicht halten wolle, glaubend, sie müsse gänzlich abgestellt werden."

Da sich solche Ansichten immer mehr geltend machten, so trat man daher im Anfange des 18. Jahrhunderts, nämlich Anno 1716, wie man es dem Gesagten nach schon 1640 versucht hatte, abermals mit einigen Beschränkungen gegen die Seefahrts-Festlichkeiten auf.

In dem besagten Jahre wurde festgesetzt, daß die

Schmeckebier-Mahlzeit· aufhören solle, und daß bei der „Bier=
probe" von den Schaffern, „hinfüro nur etwas Käse, Butter
und Zwieback nebst Pfeife und Taback" aufgesetzt werden dürfe.

Auch die „Rechnungs-Mahlzeit" hob man in demselben
Jahre auf und bestimmte, daß bei der Rechnungsablage die
Schaffer nichts als „eine Schüssel mit Ochsenzunge oder sonst
etwas kaltes Fleisch", (natürlich außer dem unausweichlichen
Seefahrtsbier und Pfeife und Taback) präsentiren lassen
sollten.

Auch bei der „großen Schafferschaft" selbst wurden in
demselben Jahre einige Reformen gemacht, namentlich die soge=
nannten „Bündels" abgeschafft. Diese „Bündels" die damals
nicht nur in der Seefahrt, sondern auch bei andern öffentlichen
Gastmahlen, bei Hochzeiten und Tauffesten in Gebrauch waren,
bestanden darin, daß jeder Gast die Erlaubniß hatte, eine
Serviette oder ein Tuch mitzubringen, darin an Backwerk und
sonstigen transportabeln Speisen beizupacken, was er lassen
konnte und dies appetitliche Bündel den Seinigen nach Hause
zu tragen. Auf Ersuchen der Herren Schaffer „wurde nun
placitirt, daß diese Bündels, sintemalen viel Unordnungen
dabei vorzugehen pflegten, abgestellt werden sollten, und daß
man statt ihrer lieber den Armen etwas zukommen lassen wollte."
Ich mag hierbei in Parenthese bemerken, daß auch bei andern
herkömmlichen Mahlzeiten in der Stadt Bremen zu derselben Zeit
diese „Bündels" abgeschafft wurden. Namentlich finde ich, [*]
daß man auch bei den jährlichen Mahlzeiten des städtischen Offizier=
Corps im Anfange des Jahrhunderts „die Bündels" aufgab.

Eine andere den sogenannten „Bündels" verwandte Mahl=
zeitssitte das „Umschicken des Biers und Stockfisches" blieb
damals (im Jahre 1716) noch bestehen. Diese sogenannte
„Umschickung" bestand darin, daß man vor dem Feste gewissen

---

[*] In einem mir darüber von einem verehrten Freunde mitgetheilten
alten Buche.

befreundeten Personen und Gesellschaften, namentlich dem der
Seefahrt so verwandten und günstigen Collegium der Herren
Aelterleute, eine Quantität des angekauften Biers und Stock=
fisches, zum Präsente und Gruße zusandte. Die Herren Aelterleute
feierten ebenfalls eine kleine „Rechnungs=Mahlzeit," gewöhnlich
im Anfange Februars und zwar meistens 8 Tage früher als
das Haus Seefahrt auf dem sogenannten „Tonnenhofe," einem
am Ufer der Weser gelegenem Hause, in welchem die Tonnen
für die Weserschifffahrt, die unter der Inspektion der Aelterleute
standen, aufbewahrt wurden. Bei dieser Mahlzeit pflegte nun
das Haus Seefahrt das „Collegium Seniorum" mit einer
Probe seines Biers und Stockfisches zu bekomplimentiren. Mehre
junge Mädchen, sauber angethan mit weißen Schürzen, trugen
im Namen des Hauses den Vorstehern der Kaufmannschaft
den Stockfisch und das Seefahrtsbier auf. Sie erhielten dafür
ein Douceur und auch eine Gabe der reichen Herren für die
milde Stiftung. Die Aelterleute pflegten daher auch wohl ihr
Tonnenhof=Fest: „die Schnecke=Mahlzeit" zu nennen, weil sie dabei
das Bier und den Stockfisch des Hauses Seefahrt kosteten.

Trotz der oben angeführten im Jahre 1716 beliebten Be=
schränkungen blieb bei den Seefahrtsmahlzeiten noch immer
genug Ueberflüssiges, was ernsten und bescheidenen Leuten Anstoß
geben konnte, und da sich gegen die Mitte des 18. Jahrhunderts
„wieder einige Unordnungen, welche den anwesenden Freunden
und Herren zur großen Beschwerde gereichten, eingestellt hatten,"
so schickten sich Vorsteher und Aeltesten der Seefahrt zu einer
abermaligen Mahlzeits=Reform an.

Im Jahre 1755 waren überhaupt in der ganzen Stadt
die Gedanken zu solchen Reformen um so leichter reif geworden,
da eben jener gestrenge Herr Bürgermeister Windemann an
der Spitze der Regierung stand. Der Senat, der eine Reform
an Haupt und Gliedern durchsetzen wollte, begann damit, an
seinen eigenen Festen die Gärtner=Scheere zu legen, und unter
andern „die große Raths=Mahlzeit am Tage Lätare nach

Vorlesung der kündigen Rolle" aufzuheben. Er mochte daher um
so unerbittlicher gegen andere Bürger = Collegien vorgehen, und
verbot noch in demselben Jahre "die verschwenderischen Mahlzeiten aller Handwerker=Aemter und Brüderschaften." *)

Die Seefahrt als ein independentes Privat = Institut der
Schiffer und Kaufleute war in dieses allgemeine Verbot nicht
förmlich eingeschlossen. Doch wußte sie wohl, daß etwas
Aehnliches auch für sie vorbereitet werde. Die Vorsteher
des Hauses beeilten sich daher um so mehr, dem Ungewitter
durch freiwillige Beschränkungen zuvorzukommen, und in einer
General=Session der Seefahrt am 22. December 1755 beschlossen
sie, daß bei ihren Mahlzeiten nur das altherkömmliche Essen
"ohne die geringste Verbesserung" gegeben werden, daß "das
"Schmeckebier" ganz und gar wegfallen," und daß wie die
alten "Bündels" so auch "die Umschickung des Biers" gänzlich
abgeschafft sein solle.

Es wurde ferner beliebt, daß hinführo kein Bremer, der
nicht wirkliches Mitglied der Seefahrt sei und der nicht schon
ein Mal selbst die große Mahlzeit gegeben habe, zum Feste
eingeladen werden dürfe. Selbst nicht ein Mal "ihre nächsten
Verwandten, Väter, Brüder und Söhne," sollten die Schaffer
einladen dürfen, wenn dieselben nicht Mitglieder des Hauses
wären.

Früher lud man und zwar seit den ältesten Zeiten auch
den Rath der Stadt, die Herren Syndici und das Collegium
seniorum (die Vorsteher der Kaufmannschaft) zu der großen
Mahlzeit ein. Zwei Vorsteher der Seefahrt pflegten "dem
Herkommen gemäß" **) diese Einladung jenen Herren in
Person zu überbringen. Jetzt aber wurde "durch plurima
beschlossen, daß sie fernerhin nicht mehr sollten geinvitirt

---

*) Duntze l. c. Band IV. S. 246.

**) So heißt es schon in einem Protocolle vom Jahre 1661.

werden", und man fertigte sogleich einige Boten ab, um dieß
dem Rathe und den Aelterleuten kund zu thun. *)

Dennoch wurde der befürchtete Schlag nicht parirt. Am
23. Januar 1756 „concludirte die Hochedle Wittheit auf ge=
schehene Vorstellung des präsidirenden Herrn Bürgermeisters
Mindemann, daß die bis anhero im Monat Februar gewöhnlich
gehaltene große Mahlzeit in der Seefahrt gänzlich abzuschaffen
und bei Ablegung der Rechnung den dazu erforderlichen Personen
hinfüro nur ein Glas Wein zu präsentiren, dabei die jähr=
liche Sammlung für die armen Seefahrenden allerdings bei=
zubehalten sei." Der Senat ernannte zugleich eine Commission,
die sowohl dieß Conclusum den Vorstehern und Aeltesten bei
der Seefahrt intimiren als auch mit denselben überlegen
sollte, wie die bisher auf Essen und Trinken gespendeten Gelder
für's Zukünftige besser für das Wohl der Armen angewandt
werden könnten.

Die Vorsteher und Mitglieder der Seefahrt, die ihre alte
Mahlzeit aus einem ganz anderen Gesichtspunke betrachteten
als der Senat, und sie für ein wesentliches Stück der ganzen
Organisation ihrer Anstalt hielten, waren darüber nicht wenig
allarmirt. Sie erschienen am 30. Januar in corpore vor
den vom Rathe ernannten Herren Commissarien, und über=
reichten ihnen eine Denkschrift, worin sie die Geschichte ihrer
ganzen Anstalt von der ersten Fundation an vortrugen, auch
zeigten, wie sehr die große Schaffermahlzeit mit dem Zwecke
derselben verwachsen sei.

Dieselbe, sagten sie, sei stets eine bedeutungsvolle Ange=
legenheit für das Haus Seefahrt gewesen. Die Kaufleute und
Schiffer setzten nicht nur eine Ehre darin, dazu eingeladen zu
werden, sondern sie machten auch besonders daraus ein point
d'honneur, daß sie ihrer Brüderschaft das Fest auf eigene Kosten

---

*) Diese Beschlüsse sind uns theils in den Protokollen, theils in beson=
deren Abschriften vollständig aufbewahrt.

gäben. Wenn die Mahlzeit, die so viele Theilnehmer herbei=
zöge, abgeschafft würde, so möchte auch wohl das Publikum,
namentlich das kaufmännische, nicht mehr so eifrigen Antheil
an der ganzen Sache nehmen. Bei der Mahlzeit fände auch
immer eine Sammlung für die Armen statt, die ein bedeutendes
aufbrächte, weil da mancher von der Fröhlichkeit des Augenblicks
bewogen, wohl mehr gäbe, als er sonst gethan haben würden.
Durch eine gänzliche Abschaffung der Mahlzeit, würden daher
auch die Armen nicht wenig leiden. Sie gäben freilich zu, daß
„das Mißvergnügen, welches ein Hochweiser Rath eine Zeit
anhero über eingeschlichene Unordnungen habe blicken lassen,"
nicht ganz unbegründet gewesen sei. Daß solche Unordnungen
eingerissen, „daran seien aber nur die Schuld, die nicht wachsam
genug gewesen. Sie selbst hätten ihr Freundschaftsmahl in
aller Unschuld von Alters her gehalten" und hätten auch schon
seit lange sich bestrebt, jenen Ungehörigkeiten entgegen zu treten.
Schon im Jahre 1640 hätten sie die Zahl der von jedem
Schaffer einzuladenden fremden Gästen auf zwei beschränkt.
Anno 1716 hätten sie „die Bündels" abgeschafft und jetzt auch
die „Umschickung," und hätten überhaupt im vorigen Jahre
1755 die ganze Mahlzeit so reformiret, daß diese „vergnügte
Begebenheit und angenehme Einrichtung" nun wohl im Stande
sein dürfte, „einem Hochweisen Rathe sein Mißvergnügen zu
benehmen."

Sie hofften daher, daß der Senat „ihre Bemühungen
hochgeneigt ansehen und die Gerechtsame der Armen Seefahrt
wie vor Alters geschehen, gütigst mainteniren würde, welches
der löblichen Kaufmannschaft zum großen Ruhme und sämmt=
lichen seefahrenden Schiffern zum innigsten Vergnügen gereichen
werde."

Allein Amplissimus ließ sich nicht sogleich erweichen und
gab am 30. Januar 1756 ein „Conclusum in pleno,"
wodurch den Vorstehern der Seefahrt intimiret wurde, „daß es
schlechterdings bei dem am 23. Januar a. c. dieserhalb ergan=

genen Dekrete zu verbleiben habe, und dieß den jetzigen
Schaffern bei der Seefahrt nochmals zu bedeuten sei."

Jedoch die Seefahrtsmitglieder, die ihre Anstalt in einer
ihrer Ehrenstücke bedroht glaubten, konnten sich natürlich hiebei
nicht beruhigen. Sie setzten sich abermals ans Werk, nahmen
ihre ganze Ueberredungsgabe und Kenntniß zusammen, stellten
ihre besten Federn an und bestürmten die „Magnifici. und Hoch=
gebietenden Herren und Obern" mit neuen umständlichen Sup=
pliken, die sowohl für die Sache selbst als auch für die
Bedeutung anderer ähnlicher Brüderschafts=Mahlzeiten und für
die damalige Zeit so interessant und charakteristisch sind, daß
ich hier noch einige Auszüge aus ihnen mittheilen mag.

Die Remonstranten und Supplikanten stellten in diesen
neuen Schriften noch eindringlicher und ausführlicher vor, „daß
die bisherigen Schaffermahlzeiten mit der Aufrechthaltung der
milden Stiftung für seefahrende Arme so genau verbunden
seien, daß jene von dieser ohne der letztern gänzlichen Untergang
nicht, dagegen aber die Mißbräuche von den Mahlzeiten wohl
könnten getrennet werden." „Wer auf den Finger Gottes Acht
giebt," sagten sie, „hat dabei hundert Gelegenheiten, die Wege
der Vorsehung zu bewundern, und zu sehen, wie sie durch
geringscheinende Mittel Großes zu Wege bringt." „Schaffen
heißt in der Seeleute Mundart zu Essen geben. Schaffer aber
heißen diejenigen, so im Hause Seefahrt auf ihre Kosten zu
Essen geben." Die reichen Kaufleute=Schaffer, so raisonniren sie
weiter, machten sich aus dieser Sache ein Vergnügen, und ver=
richteten, wenn sie die Ehre hätten, zu Schaffern gewählt zu
werden, dann auch mit Freuden die andern Geschäfte der See=
fahrt, die Unterschreibung der Bodmerei=Briefe, das Einsammeln
der Reisegelder und anderer Einkünfte. Auch die Seekapitäne
übernähmen in der Aussicht, an den großen Festmahlen der
Gesellschaft eingeladen zu werden, mit Freuden das mühselige
Amt als sogenannte „Thaler=Männer" mit der Büchse in der
Stadt herumzugehen, und von den Bürgern Beiträge für die

Armen einzusammeln. — „Die große Schaffermahlzeit ist
demnach der Grund zu dem Allen. Wenn man auf den
Ursprung der Fundation zurückgeht, so wird man finden, daß
dieselbe ihren Anfang, Aufnahme, Fortgang und Erhaltung nur
der Schafferschaft oder dem Essengeben, wodurch die Liebe zur
Station erhalten wird, zu verdanken hat." Ohne die Mahlzeit
wären die Einkünfte nie so bedeutend gestiegen. Ja selbst der
Luxus dabei sei nicht ohne Vortheil für die Armen gewesen.
Denn da der Beutel ein Mal doch dabei weit habe aufgethan
werden müssen, so habe man zuweilen zum Frommen der
Armen wohl noch tiefer hineingegriffen und ihnen bedeutendere
Geschenke gemacht, als es geschehen sein würde, wenn der Geldsack
g a n z zugeschnürt geblieben wäre. Sollte die Mahlzeit völlig
cessiren, so wäre der Umsturz der ganzen Armen Seefahrt
zu befürchten. Denn: „so wie es ohne wirkliches Essen
keine Schaffer gäbe, also könnten auch ohne Schaffer die Ein=
künfte des Hauses nicht einkommen, und ohne die Mahlzeit
werde auch niemand Lust haben, die Wahl zum Schaffer
anzunehmen, weil man den Kaufleuten die Gelegenheit
nähme, sich hervorzuthun. Auch der Thalermann werde Lust
und Curagio zum Einsammeln der Gaben verlieren, die Reise=
gelder der Schiffskapitäne würden ihre Kraft einbüßen und
selbst die Matrosen ihre Almosen zurückbehalten." Und den
Armen würde später viel schwerer zu helfen sein, wenn ein
solcher Senatsbeschluß die Seefahrt ihres stattlichen Ansehens
und Einflusses beraube. Nach ihren neuesten Reformen werde
auch Niemand mehr Anstoß an ihren Mahlzeiten nehmen können,
denn darnach werde sie nur aus circa 40 Personen bestehen,
und überhaupt kaum mehr als 40 Thaler kosten. Die Vorsteher
hätten sich auf Treue und Glauben verbunden, dabei keine
anderen Speisen aufzusetzen, als wie vor 200 Jahren gebräuchlich
gewesen, „nämlich frisch und geräuchert Fleisch, Schinken, Sauer=
kraut, Stockfisch, Karpen, Käse und Butter." Am Ende ihres
Exposés sprachen demnach die Vorsteher und Oberalten des

Hauses Seefahrt schließlich noch ein Mal die Hoffnung aus, daß ihnen der Rath die jetzt so eingeschränkte Mahlzeit, die so freundschaftlich gehalten werde, belassen und sie in dieser so kleinen unschuldigen Freiheit mainteniren werde. —

Und diese Hoffnung ging denn auch in Erfüllung. Denn noch am 20. Februar erließ die Wittheit ein neues Conclusum, worin sie „den unterdienstlich Supplicirenden erklärte, daß deren petito zwar vor der Hand zu deferiren, und die in Vorschlag gebrachten Articula zum Versuch zu confirmiren, jedoch aber denselben bei Vermeidung nachdrücklicher Ahndung zu intimiren sei, daß sie eine weitere Extension der Mahlzeit nicht wieder einreißen zu lassen hätten."

Am meisten hatte zu dieser günstigen Wendung der Dinge wohl ein Besuch mitgewirkt, den einige kluge Vorsteher dem präsidirenden Herrn Bürgermeister Mindemann machten, wobei sie ihm „privative" ihre Vorstellungen und ihre „unvorgreiflichen Gedanken und Beweggründe" persönlich einhändigten und ihm durch eine Explication der Bedeutung ihrer Mahlzeit, die, wie gesagt, gleichsam ein Ordensfest der alten Bremer Schiffergilde und ein Bruder-Mahl der Schiffer und Kaufleute sei, durch welches ihre Verbindung und ihr Stift wie ein Faß durch einen eisernen Reifen zusammen gehalten würde, umstimmten. *)

Und so finden wir denn in den Protokollen angemerkt, daß auch wirklich wenige Tage nach Beschwichtigung jenes Sturmes am 27. Februar das Haus seine Mahlzeit „nach der neuen Einrichtung mit Vergnügen vollzogen habe, und daß 56 Personen dabei gegenwärtig gewesen."

Und nach jener Zeit hat denn nun auch diese alte Festivität ununterbrochen bestanden, hat wenig bedeutende Anfechtungen

---

*) Alle jene oben erwähnten Suppliken, Eingaben, „Unvorgreiflichen Gedanken" und „Senats-Conclusa" sind noch unter den Papieren der Seefahrt vorhanden.

mehr erfahren, und dauert noch heutiges Tages fast als die einzige ihrer Art, indem sie alle ähnlichen Feste, sowohl in Bremen, als auch in unseren Hanseatischen Schwesterstädten,[*] überlebt hat, fort. Sie ist zwar seit 1756 aus ihrer Beschränkung auf 40 oder 50 Personen längst wieder herausgetreten. Sie ist durch eine weitgehende Gastfreundschaft, durch Einführung von Wein, Musik und Gesang, und durch manches Andere, was ein verfeinerter Geschmack der Neuzeit zu dem beibehaltenen Alten hinzuthat, zu einem eben so genußvollen als eigenthüm= lichen Feste geworden, dessen Jeder, der es einmal mitmachte, sich gern erinnert.

Ich will es im folgenden Capitel versuchen, die Mahlzeit so zu schildern, wie sie jetzt gehalten wird, und dabei noch manche alte Anordnungen und Gebräuche und frühere Beschlüsse über sie nachholen, die sich bei ihrer großen Vereinzelung hier nicht gut chronologisch an einander reihen ließen.

---

[*] In Lübeck hörten die ähnlichen, oben von mir erwähnten Festlich= keiten der Schiffer in ihrem alten Gildehause seit 1804 auf. In Hamburg ging die alte „Schiffer=Mahlzeit" mit ihren Eigenthümlichkeiten in der Französischen Zeit verloren. Auch wurde das alte Gildehaus der „Schiffer= Gesellschaft" daselbst im Brande von 1842 zerstört.

XV.

Wie die große Seefahrtsmahlzeit heutzutage gefeiert wird.

Die Mahlzeits-Schaffer. — Ihre Berathungen und Anschaffungen zur Mahlzeit. — Das Seefahrtsbier und der Stockfisch. — Die Seefahrtskuchen und die dafür bestimmte Bäckerei. — Wer darf und wer muß eingeladen werden? — Die ausländischen Gäste. — Ausschließung der alten Invaliden. — Eröffnung der Mahlzeit. — „Schaffen nnnen un boven! Unnen un boven schaffen!" — Der Festsaal. — Die Rangordnung der Gäste. — Die Folge der Gerichte und Getränke. — Die Bestimmung der Gesundheiten. — Altmodige Tischsitten und Gerätschaften. — Die Schaffer-Frauen. — Die Schaffer-Geschenke. — Die Beaux restes.

Die große Seefahrtsmahlzeit wurde von jeher und wird noch jetzt von den sogenannten „Schaffern" des Hauses gegeben. So lange noch die „Schaffer" Geschäftsführer oder Cassirer der Anstalt waren, war die Mahlzeit mit ihrer Rechnungsablage über den Stand ihrer Casse verbunden. Das hat, wie ich oben bemerkte, jetzt aufgehört, seitdem die „Schaffer" nichts mehr mit den Geldgeschäften der Anstalt zu thun haben, und nur noch diejenigen, theils kaufmännischen, theils seefahrenden Mitglieder des Hauses so genannt werden, welche man designirte, der Gesellschaft das jährliche Mahl zu veranstalten.

Gewöhnlich geben diese Herren das Fest 3 Jahre nach dem Datum ihrer Wahl. Sie heißen schon gleich nach Annahme der Wahl „Schaffer": — „Schaffer für 1864" oder „Schaffer für 1865" ꝛc." — Das von diesem Substantivum abgeleitete Verbum: „schaffen" bedeutet denn so viel als: „die Mahlzeit geben", und man spricht in Bremen so: „Der oder Der muß nächstes Jahr in der Seefahrt schaffen" oder: „Ich habe im vorigen Jahre geschafft", d. h. die große Seefahrtsmahlzeit gegeben.

Zum Festtage wird immer ein Freitag und zwar einer der ersten beiden Freitage des Monats Februar bestimmt. Daß und warum das Fest jedes Mal in den Anfang Februars fiel, erwähnte ich schon oben. Warum der Freitag nötbig ist, dar= über fand ich in den alten Protokollen und Gesetzen keinerlei Andeutung. Vielleicht nahm man ihn nur deßwegen, weil er noch aus den katholischen Zeiten her als Wochen-Fasttag ein großer Stockfischtag war, wie er dieß noch jetzt in den meisten Haushaltungen Bremens ist. Da die Anordnung dieses großen Februar-Festes mancherlei Vorbereitungen und Berathungen nötbig machte, so hielten von jeher die Vorsteher und Schaffer dazu schon im Januar einige Versammlungen, wo sie über den Tag der Mahlzeit, über die erforderlichen An= schaffungen, über die einzuladenden Personen und ebemals auch über ihre Rechnungsablage und über das Bierschmecken Beschlüsse faßten.

Unter den zu machenden Anschaffungen für das Fest waren und sind zunächst die wichtigsten die des Biers und Stockfisches, des Hauptgetränks und der Hauptspeise der Mahlzeit. Beide Artikel erinnern an die ältesten Zeiten des hanseatischen Bundes, als Bier und Fisch zwei der hauptsächlichsten Gegenstände des Handels waren, und die Bierbrauer und die „Bergen=, Ißland= und Jütland-Fahrer" eine so große Rolle in unseren Städten spielten.

Das Bier pflegte man sonst, wie gesagt, bei demjenigen
Bierbrauer der Stadt zu bestellen, dessen Produkt den Schiffern am
besten gefiel, bald bei diesem, bald bei jenem. Es war keine
besondere Gattung Gerstensafts, sondern das ehedem gewöhnliche
„ordinäre" Bremische Braunbier, ein etwas dickflüssiger der
Braunschweiger Mumme ähnlicher Malz=Extrakt. Erst in
neuerer Zeit, als man allgemein aufhörte dieses altmodige Bier
zu brauen und als die an dem Alten hangende Seefahrt, doch
noch fortfuhr es im Monate Februar zu verlangen, richtete sich
wenigstens ein Brauer der Stadt darauf ein, es noch in der
alten Qualität zu liefern. Und erst seit dieser Zeit sprach man
von „Seefahrtsbier," als von einem eigenthümlichen Getränke.

Der Brauer, den die Seefahrt für seine Bereitung enga=
girte, pflegte es in ziemlicher Menge zu fabriciren und während
des Monats Februar auch für andere Liebhaber in der Stadt
feil zu haben. In neuester Zeit haben schwächliche Personen
dieß nahrhafte „Seefahrtsbier" so heilsam gefunden, und so
häufig darnach verlangt, daß der Brauer, der jetzt noch die
Geheimnisse seiner Zubereitung kennt, es nun das ganze Jahr
hindurch herstellt und verkauft.

Obgleich es — nach seiner jetzigen Bereitungsweise wenig=
stens, — nicht sehr geistig und berauschend ist, ist es durch
seine eifrige Gasentwickelung doch ein so starker und unbän=
diger Geselle, daß es wie ein ächter Freiheit liebender Seemann
keinerlei Zwang und Fessel dulden will. Es sprengt die stärksten
Fässer, wenn man kein Sicherheits=Ventil daran offen ließ. Es
darf daher nur in offenen Gefäßen und ungekorkten Flaschen
transportirt werden. Weit verfahren kann man es nicht auf
polternden Wagen, sondern nur an Bord von Schiffen, wo es
dann in kühlem Wasser ruht. Es ist also recht seemännisch. *)

*) Mathaeus Merian bemerkt in seiner Topographie des Niedersächsischen
Kreises kurz nach dem Jahr 1640 von dem alten Bremer Bier folgendes:

Ganz ähnliche Biersorten sollen als Zeugen und Ueberreste der alten Norddeutschen Bierbrauerkunst auch jetzt noch in einigen andern alten Hansestädten, z. B. in Danzig, gebraut werden.

Aus den Notizen über die früheren Mahlzeiten ersehe ich, daß man bei ihnen zuweilen wohl 7 Tonnen und mehr „starkes Bier" und noch dazu einige Tonnen „enkelt Bier" consumirte. Dabei mögen freilich die Geschenke, die man mit dem Tranke machte, eingeschlossen sein. Für die jetzigen Mahlzeiten, bei denen die feinen Weine mehr um sich gegriffen haben, und das Bier nur noch bei einigen herkömmlichen Toasten de rigueur ist, hat man an einer halben Tonne bei dem Feste genug.

Des Hauptgerichtes der Mahlzeit, des Stockfisches, sucht man sich ebenfalls im Voraus in gehöriger Quantität zu ver= sichern, und läßt ihn bei Zeiten in den Keller des Hauses bringen. Es ist das einzige Gericht, das noch jetzt dort, an Ort und Stelle selbst, in einem dazu bestimmten Kessel gekocht wird, während man alle übrigen Speisen bei einem Koch be= stellt, der das ganze Diné übernimmt und in seinen Küchen zubereitet. — Jene Ausnahme für den Stockfisch machte man vielleicht deßwegen, weil man ihn schon lange vor der Mahlzeit zu den sogenannten „Umschickungen" bereit haben mußte. Einige dieser Umschickungen des Seefahrts=Stockfisches haben trotz mehr= maliger Verbote bis auf die neuere Zeit fortgedauert, namentlich die früher erwähnte an die Herren Aelterleute zu ihrer Schmecke= Mahlzeit. Da das Collegium Seniorum seit 1848 selber zu

das röthliche Bremer Bier, zu „dessen Anfertigung das Weserwasser sehr bequem, wird nach Holland hin überflüssig verführt, weilen es so wohl= geschmack und angenehm ist, und weil es kein Reißen in den Därmen leichtlich verursacht. Es ist nicht nur bei den Einheimischen und benachbarten Holländern in gutem Werth, sondern wird auch seines lieblichen Geschmacks, Tauerhaftigkeit= und Gesundheit halber noch sonst in anderen weit abgelegenen Orten versendet." — Die gelobte „Dauerhaftigkeit und Versendbarkeit" fehlt nach dem oben Bemerkten dem jetzigen Seefahrtsbier allerdings. Im Uebrigen aber paßt auf dasselbe Merians Beschreibung nicht übel.

existiren aufhörte, so hat auch diese Stockfischsendung mit jener „Schmecke=Mahlzeit" cessirt.

Doch kommt noch jetzt jährlich ein Mal von Seiten der Seefahrt der Thalermann zu den „Herren der Handelskammer," welche an die Stelle der „Aelterleute" getreten sind, und empfängt auf seinen Gruß — auch ohne Stockfisch — für die Seefahrts= Armen dasselbe Douceur (von jedem ein Goldstück), das man früher jenen hübschen oben von mir erwähnten Stockfisch= mädchen gab.

Auch einige der andern bei der Seefahrtsmahlzeit erschei= nende Gerichte sind zwar eigenthümlich genug, z. B. das sogenannte „Braunkohl und Pinkel." Doch kann man sich diese im Monat Februar überall in der Stadt Bremen ver= schaffen. Eine Ausnahme davon macht ein gewisser Kuchen, der eins der herkömmlichen Seefahrtsgerichte ist, und der bei einem besondern Bäcker expreß für die Februar=Feste gebacken wird. Es ist eine altfränkische, ziemlich unschmackhafte und trockene Gattung mit Kümmel bestreuten Fladens, etwas besser als Schiffs= zwieback. Bei der großen Mahlzeit erscheint er zwar nicht. Dagegen ist er bei einem gewissen am Tage der Danksagungs= mahlzeit stattfindenden Morgen=Imbiß herkömmlich.

Seit frühesten Zeiten bestellt man ihn in einer kleinen Bäckerei, die in einer der engsten und ältesten Straßen, der sogenannten „Kahlenstraße", liegt. Das Haus dieser Bäckerei ist uralt und der jetzige Besitzer hat noch pergamentene und plattdeutsch abgefaßte Hauspapiere aus dem 15. Jahrhunderte. Diese alte Bäckerei, die ich der Seefahrt wegen besuchte, wäre selbst einer Beschreibung werth. Der Bäcker backt seine „See= fahrtskuchen" nur gegen die Zeit, wo das Seefahrts = Fest eintritt. Doch fängt er schon früh damit an, weil einige Personen und Familien in der Stadt eine so große Vorliebe für diese Seefahrtskuchen gewonnen haben, daß sie bereits im Januar nachfragen lassen, ob man noch nicht davon bekommen könne. Nach Beendigung der Seefahrtsfeierlichkeiten (Ende

Februar) hört diese Bäckerei wieder auf. Und wer dann noch „Seefahrtskuchen" haben will, muß sie besonders bestellen. —

Einige Schaffer haben die Sorgfalt gehabt, schriftliche Aufsätze über alle ihre für die Mahlzeit getroffenen Dispositionen und bewirkten Ankäufe, nebst Hinzufügung mancher nützlicher kritischer Winke zu machen, und sie unter den Papieren des Hauses zu deponiren, um dadurch ihren Nachfolgern das Geschäft zu erleichtern. Nicht geringes Kopfbrechen, Besprechen, und Berathen verursachte ihnen von jeher insbesondere die Entscheidung der Vorfrage, wer zu der Mahlzeit eingeladen werden dürfe, wer nicht, und auch wer durchaus eingeladen werden müsse.

Die Gesetzgebung des Hauses hat darüber im Laufe der Zeiten, wie ich schon andeutete, außerordentlich gewechselt. Uranfänglich luden die Schaffer ein, wen sie wollten, ihre ganze Verwandtschaft, Fremde, den Rath und die Kaufmannschafts-Vorsteher. Dieß brachte dann eben den Luxus und hinterdrein die von mir schon erwähnten Beschränkungen hervor.

Nachdem man um die Mitte des vorigen Jahrhunderts den Rath und das Collegium der Aelterleute, auch diejenigen Verwandten der Schaffer, und überhaupt alle diejenigen Einheimischen, die nicht Mitglieder des Hauses waren, ausgeschlossen hatte, scheint man desto gastfreundlicher gegen Fremde geworden zu sein und den an der Tafel gewonnenen Raum für ausgezeichnete Gäste aus dem Auslande bestimmt zu haben.

Aus der Zeit vor 1756 finde ich in den Protokollbüchern keine Spur von der Einladung Fremder. Dagegen ist bald nachher bei der Mahlzeit von 1770 als etwas Besonderes angeführt, daß „drei französische Kaufleute" dabei zugegen gewesen seien. Und dann wieder bei 1782 die Bemerkung: „daß in diesem Jahre bei der großen Schafferschaft 16 fremde Kaufleute und Schiffer eingeladen gewesen wären," und weiter: „daß sich dieß dann in den folgenden Jahren wiederholt habe."

Ich glaube daher, daß diese gute Gewohnheit nicht aus

sehr alten Zeiten stamme, als man noch viel spießbürgerlicher und sippschaftlicher war. Nach 1782 soll es Zeiten gegeben haben, wo die Schaffer ihre Bothen von Wirthshaus zu Wirthshaus in der Stadt herumschickten, um alle in der Stadt anwesenden respektablen Fremden einzuladen. Auch jeder fremde auf der Weser angekommene Schiffskapitän bekam eine solche willkommene Botschaft. Dieß ist jetzt bei der angewachsenen Bevölkerung und dem lebhafteren Verkehre der Stadt zwar nicht mehr möglich. Doch ist es den Schaffern nicht nur erlaubt, jeden Ausländer, den sie geeignet finden, einzuladen, sondern sie fühlen sich auch fast dazu verpflichtet, und auf der andern Seite hat jeder zu Anfang Februars in Bremen anwesende Fremde, der sich einigermaßen bedeutsam hält, beinahe das Recht, sich ein wenig pikirt zu fühlen, wenn er keine Einladung zur Seefahrtsmahlzeit empfing.

Außerdem pflegt man auch noch Briefe und Einladungskarten an angesehene Beamte und einflußreiche Personen in den benachbarten Orten der Staaten Hannover, Oldenburg und Preußen zu senden, die Weser hinauf bis nach Preußisch-Minden und den Fluß hinab bis ins Land Wursten. — Diese freundliche Sitte, die man jetzt, da sie sich ein Mal Bahn gebrochen hat, recht sorgfältig pflegt, hat nicht wenig dazu beigetragen, das Bremische Haus Seefahrt im Auslande berühmt und beliebt zu machen, und hat ihm schon manchen einflußreichen Freund in der Ferne verschafft.

Während man auf diese Weise gegen die ausländischen Fremden sehr liberal wurde, die einheimischen Nichtmitglieder des Hauses völlig ausschloß, verfügte man auch sogar noch gegen die Mitglieder verschiedene Beschränkungen, um die Zahl der Gäste möglichst klein zu machen.

Von diesen sind nur diejenigen einladungsfähig und einladungsberechtigt, die schon selbst ein Mal „geschafft" haben, so wie auch diejenigen, welche für eins der nächsten drei Jahre zu Schaffern der Mahlzeit designirt sind.

Von allen übrigen zahlreichen Mitgliedern des Hauses wer=
den unter den in Bremen Anwesenden nur die 10 ältesten
ermittelt und eingeladen. Sollte, nachdem die Einladungen
schon ergangen sind, noch ein Mitglied auf der Weser angesegelt
kommen, so hat dieses alsdann kein Recht mehr auf die Einladung,
selbst wenn es viel älter wäre, als die bereits Eingeladenen.
Dabei müssen auch diese „10 ältesten Mitglieder" sich bei einer
einmaligen Einladung genügen lassen; im folgenden Jahre sind
sie ausgeschlossen, bis sie endlich selbst ein Mal als Schaffer
das Fest gegeben haben, wonach sie dann, wie gesagt, das
Glück dieser Einladung Zeitlebens genießen.

In allen diesen genauen Bestimmungen über die Ein=
ladungsfähigkeit erkennt man sowohl den Geist der Gesellschaft,
und den Eifer der Genossen des Hauses, an dem Ehrenmahle
ihrer Gesellschaft Theil zu nehmen, als auch die Schwierigkeiten,
welche die Schaffer unter Umständen in kritischen Fällen zu
überwinden haben, um eine Ueberschreitung des Herkommens
und eine Verletzung der Ansprüche zu vermeiden.

Etwas unfreundlich und hart finde ich die Bestimmung,
derzufolge die alten Praebendarien der Anstalt von der „Großen
Schafferschaft" ausgeschlossen sind. Diese alten Leute waren
früher oft tüchtige Seekapitäne und saßen wohl auch als Ober=
alte mit im Rathe der Gesellschaft. Daß sie jetzt invalide
sind und Wohlthaten annehmen müssen, ist schon hart genug
für sie. Eine Wohlthätigkeitsanstalt sollte ihren Pfleglingen,
denen sie Brod giebt, nicht die Ehre nehmen. Man sollte, so
scheint es mir, diesen alten Invaliden, statt sie vom Ehren=
und Brudermahl zu verbannen, lieber einen besonderen Ehrensitz
dabei anweisen, nach dem Beispiele der Athenienser, die es
für jeden Bürger sehr ehrenvoll hielten, wenn er in ihrer Ver=
sorgungsanstalt, „Prytaneum" genannt, als ein mit Lorbeeren
gekrönter und im Dienste des Vaterlandes gealterter Mann auf
öffentliche Kosten gespeist wurde. Ich sage: so scheint es mir;
aber freilich mag die Sache auch wieder eine andere Seite haben.

Wie die für das Fest bestimmte Jahreszeit (Anfangs
Februar) und der Wochentag (Freitag), so ist auch die Tages=
stunde von frühesten Zeiten her bestimmt und ziemlich altmodig.
Das Fest beginnt schon nicht sehr lange nach Mittag, jetzt
gegen 2 Uhr. Da sieht man die mit einer Einladungskarte
begleiteten Gäste von allen Seiten zu der großen Flagge mit
den Bremischen Farben, die zum Wahrzeichen neben der Neptuns=
Figur über dem Portale des Hauses ausgesteckt ist, herbeiströmen.
Sie versammeln sich in der alten sogenannten „Großen Herren=
stube", die wie ich sagte, mit den goldenen Namenszügen und
den farbenreichen Wappen der Wohlthäter und früheren Vor=
steher des Hauses geschmückt ist, und die — ehemals Haupt=
Festhalle — jetzt nur als Entrée=Zimmer dient.

Dort findet man nun in der zahlreichen Versammlung
manchen alten ergrauten Seemann, der nur auf plattdeutsch
antworten kann, wenn man ihn hochdeutsch anredet, manchen
reichen Kaufmann und Schiffsrheder, denen ihre Geschäftsfreunde
die Cour machen, und dann und wann einen interessanten Fremden,
der kaum weiß, wie er zu dieser merkwürdigen Einladung und
in diese bunt gemischte Gesellschaft gekommen ist, keine Seele
unter den Anwesenden kennt, nichts von Allem, was sich um
ihn her bewegt und begiebt, versteht, und namentlich auch nicht
weiß, was die Worte bedeuten, die plötzlich ein eintretender
Herr laut ausruft:

„Schaffen unnen un boven!
Unnen un boven schaffen!"

Es ist dieß aber eine alte Seemanns=Phrase, mit der am
Bord der Seeschiffe das Essen angekündigt wird, und die man
etwa so übersetzen kann: „Das Essen ist fertig unten und oben!
Unten und oben ist's fertig!" Auf den Schiffen pflegt, wenn
das Pöckelfleisch und die Erbsensuppe aufgetragen ist, der
„Kochsmat" (Küchenjunge), nachdem der Capitän ihm mit den
Worten: „Go un purre," (Geh! und rühre!) den Befehl dazu
gegeben hat, diesen Ruf in alle Räume, in denen die Matrosen

sich aufhalten, ertönen zu lassen. Mit dem „Unten und Oben" zielt er dabei vermuthlich sowohl auf die, welche oben auf dem Deck sind, als auf diejenigen, welche unter Deck in irgend einer Hängematte in ihrem sogenannten „Logis" ruhen. Gewöhnlich setzt der Kochsmat jenem Rufe ganz mechanisch noch ein oder zwei Mal die Worte hinzu: „Haiet of hört!" (Habt ihr's gehört!). —

Bei dieser großen Seefahrtsmahlzeit, bei der man die Fiktion, daß man sich an Bord eines Schiffes befinde, möglichst festgehalten und darnach das Ganze angeordnet hat, behielt man seit alten Zeiten jenen Ruf zur Tafel bei. Nur spielt hier die Rolle des „Kochsmats" der Vorsteher des Hauses selber, der die alten Eichenthüren des Speisesaales geöffnet hat, und zum Eintritte auffordert. —

Wer von dieser Aufforderung Gebrauch macht — und gewöhnlich beeilen sich Alle und zwängen und drängen sich durch den engen Eingang — der glaubt wiederum am Bord eines Schiffes zu sein, das seine sämmtlichen Segel ausspannte und alle Wimpel flattern ließ. Denn von dem Plafond und den vier Wänden wallen in bauschigen Behängen die großen Flaggen aller Nationen herab. In der Mitte der Hauptwand im Kelche einer großen Flaggen-Rose ist ein colossaler silberner Schlüssel und daneben ein Anker, die Wappen und Wahrzeichen der Stadt Bremen und des Hauses Seefahrt. Nebenbei die Adler von Preußen und anderer Deutschen Staaten. Die großen Sternenbanner der Americanischen Union, die Leoparden und der „Unionjack" Großbritanniens nebst den Farben und Wappenbildern aller andern zahlreichen seefahrenden Nationen, und derer, die es werden wollen, zwischendurch auch unser Deutsches Schwarzrothgold, sind ringsumher auf das geschmack= vollste gruppirt, und umgeben die gedeckte Tafel unter ihnen mit einem lockern und beweglichen Gewölbe von wolligen Geweben.

Wie es nach Dem, was ich sagte, drei Hauptschaffer aus

den Kaufleuten giebt, so ist darnach auch diese Tafel drei=
getheilt, wie eine Gabel mit drei Zacken. Jeder der drei
langen Flügel wird von einem der Schaffer kommandirt, der
mit seinen beiden „Mitschaffern" (zwei Schiffskapitänen), die
ihm wie Steuerleute zur Seite stehen, am untersten Ende seinen
Sitz nimmt. Die obersten Enden, die sich unter dem Bremer
Schlüssel und dem Seefahrts=Anker zu einem Hufeisen zusam=
menbiegen, werden von den Vorstehern der Gesellschaft, nebst
den vornehmsten Ehrengästen eingenommen.

Im Uebrigen gilt in Bezug auf die Rangordnung bei
diesem Feste, wie durchweg in allen Regulationen des Hauses
Seefahrt, in der Hauptsache: die Regel der Anciennität. Alle
Kaufleute und Schiffer, welche Mitglieder des Hauses sind, werden
ohne Rücksicht auf den Rang, den sie außerhalb der Mauern
des Hauses einnehmen mögen, nach dem Alter ihrer Mitglied=
schaft oder respective nach der Zeit, zu welcher sie selber früher
die Mahlzeit gegeben haben, placirt. Dieß scheint schon eine
uralte demokratische Regel des Hauses gewesen zu sein, die
ganz dem Geiste und Zwecke der Verbindung, als einer Ver=
brüderung der Schiffer und Kaufleute, entspricht. Anfänglich
scheinen sich dieser Gewohnheit auch alle selbst die „vornehmen
Aelterleute" (die Vorsteher der Kaufmannschaft) unterworfen
zu haben. In den Protokollen des 16. und 17. Jahrhunderts
finden sich unter den Mitgliedern des Hauses viele „Aelterleute"
aufgeführt. Allmählich aber, als diese Aelterleute einen höhern
Rang, — gleich nach den Senatoren, — beanspruchten und
auch mit den „Doktoren" um den Vorrang stritten, da glaubten
sie sich etwas zu vergeben, wenn sie sich dem damit in Widerspruch
stehenden Anciennitäts=Principe des Hauses Seefahrt unterwürfen.
Und seit dem Ende des 17. Jahrhunderts, wo ganz Europa
mit Rangstreitigkeiten erfüllt war, wurde es daher zur Ge=
wohnheit, daß ein kaufmännisches Mitglied des Hauses, wenn
es zum „Aeltermann" erwählt wurde, aus der Verbindung schied,

und auf seinen Posten und seine Mitgliedschaft „des Ranges wegen" resignirte. —

Die fremden Gäste, die vornehmeren Beamten, die Consuln auswärtiger Staaten, vertheilt man unter die Hausgenossen, ungefähr nach demjenigen Range, der ihnen im Allgemeinen in der Gesellschaft zu Theil wird. Jeder findet seinen Namen auf einen Zettel bei dem ihm angewiesenen Platze, und die unermüdlichen Herren Schaffer bringen jedes der noch etwa irrenden Schaafe überall an die rechte Krippe. —

Sitzest du endlich da, wohin man dich haben will, so entdeckst du alsbald, noch ehe das Treffen beginnt, allerlei un= gewöhnliche Gegenstände, deren Untersuchung dich so lange unterhält, bis die Suppe zu dir gelangt. Unter anderen Dingen ein Paar zierliche silberne und goldpapierne Tütchen neben deinem Teller und eine Partie viereckig zugeschnittener Bogen feinen Löschpapiers unter demselben. Es sind dieß wieder, wie so Vieles in diesem Hause, Reminiscenzen aus der alten Zeit, in der man die Erfindung von Salzfäßchen, Pfefferbüchsen und Ser= vietten noch nicht gemacht hatte. Unsere alten Vorfahren pflegten sich, wenn sie zu Mahlzeiten gingen, ihr Salz und Pfeffer, wie wir unsern Schnupftaback, in der Westentasche mitzubringen, und wickelten dabei das eine in Gold=, das andere in Silberpapier. Da man in jetzigen Zeiten die Gäste schwerlich darauf eingerichtet finden würde, und doch der alte Gebrauch möglichst gewahrt werden sollte, so haben die „Herren Schaffer" sich die Mühe gegeben, einige hundert von diesen Tütchen bereiten zu lassen. Die Löschpapierbogen dienten ehemals den Alten und so jetzt auch noch uns Seefahrts=Gästen statt der Servietten. Man lernt es schnell Stücke davon abzu= reißen, um sich wie den Mund, so auch die Messer und Gabeln, die bei dieser ehrwürdigen Mahlzeit fast so selten wie Lippen und Zähne gewechselt werden, damit zu putzen.

Was die Teller und Schüsseln betrifft, so hatte man sie in ganz alten Zeiten aus Zinn, und es waren auf ihnen die

Worte eingravirt: „de Seefahrt-Vehte" (der Seefahrt Fässer
oder Gefäße). Vor etwa achtzig Jahren (zuerst im Jahre 1788)
führte man nach Englischem Vorbilde Fayence ein und ließ
wiederholt (zuletzt 1829) Liverpooler Porzellanwaare kommen,
die jetzt freilich zum Theil auch schon wieder altfränkisch genug
aussieht. Die Lichterhalter, mit denen man die Tafel, wenn
es dunkel wird, illuminirt, sind auch noch sehr antik, recht-
winklich und plump gebaut, von dickem, schwerem Messing, wie
Kirchenleuchter anzusehen. (Daneben giebt es jetzt freilich auch
neumodige Kronleuchter und Gas).

Doch endlich dampft und fluthet die Suppe heran, die —
auch nach alter Weise — in doppelter Gestalt erscheint, als
sogenannte „braune" und als „weiße Suppe", diese ein Extrakt
aus Hühnerbeinen, jene aus Ochsenlenden. Und dem Suppen-
Paare folgt alsbald auf dem Fuße das historische alte Haupt-
gericht der Mahlzeit „der Stockfisch", der ebenfalls in einem
doppelten Fahrwasser schwimmt. Die Einen lieben ihn mit
klarer zerlassener Butter zu taufen, die Andern mit einer gewissen weißen, dicken, sehr wohlschmeckenden Sauce, auf deren
vorzügliche Bereitung man sich in Bremen versteht.

Wie doppelte Saucen und Suppen, wie ein doppeltes
Getränk (Bier und Wein), wie ein doppeltes Licht (Kirchenleuchter und Gas), bei dieser aus Alterthum und Neuzeit
gemischten Mahlzeit, so gab es sonst auch noch doppelten
Fisch dabei, neben dem Stockfisch nämlich noch Karpfen. Diese
delikaten und kostspieligen Karpfen hatten aber bei den verschiedenen Beschränkungs-Versuchen mehrfache Anfeindungen zu
erleiden. Sie wurden indeß selbst bei der Mahlzeitsreform von
1755 noch beibehalten. Aber 1796 wurde sie von einem besonderen Interdikte getroffen, über Bord geworfen, und —
leider! — noch nicht wieder eingeführt. —

Gleich mit dem Stockfische beginnen die üblichen Toaste und
Reden der Herren Schaffer von der Kaufmannschaft. Die
Personen und Dinge, denen diese Toaste gelten, und die

Reihenfolge derselben sind sowohl durch alten Brauch als durch
verschiedene in den Protokollen des Hauses verzeichnete Be=
schlüsse bestimmt, und haben im Laufe der Zeiten ein wenig
variirt. Der erste Toast heißt: „Zum freundlichen Willkom=
men" und gilt der ganzen anwesenden Tischgesellschaft. Der
zweite Toast galt sonst dem „deutschen Kaiser und Reiche." Den
hat im Jahre 1803 Napoleon abgeschafft und jetzt ist dafür
„die Stadt Bremen" an die Stelle getreten. Darnach kamen
in entsprechender Rangordnung „der Senat", „die Herren
Aelterleute", das „Haus Seefahrt", „die Vorsteher," „Oberalten"
und „Aeltesten" desselben, und die für das nächste Jahr ge=
wählten „Schaffer". Auch in dieser Reihe hat die Zeit eine
Bresche gemacht. Die „Herren Aelterleute" sind nämlich ge=
fallen und ausgefallen. Der neunte Toast hieß in den frühern
Aufzeichnungen: „Gott segne Schifffahrt und Handel" und so
bezeichnet man ihn noch jetzt. Und das letzte offizielle Hoch
gilt „den anwesenden Fremden".*)

Das Getränk für diese Toaste ist das alte oben geschil=
derte Seefahrts=Bier. Namentlich aber ist es de rigueur, daß
der Toast „zum freundlichen Willkommen" und ich glaube auch
der „das Haus Seefahrt" n u r in Bier ausgebracht werde. Bei den
andern k a n n man auch mit Weingläsern anstoßen. Jeder der
Herren Kaufleute=Schaffer setzt daher, ehe die Toaste beginnen,

---

*) Auch für die „Danksagungs-Mahlzeit" und die andere Seefahrts=
Mahlzeiten gab es ähnliche besondere Toast-Reglements, die ich aber hier
mit Stillschweigen übergebe. — Bemerkenswerth ist es, daß auch die Toast=
Reglements vieler anderer alten Brüderschaften denen unserer Seefahrt sehr
glichen. Auch die Glückwünsche, die ein wandernder Handwerksbursche,
wenn er in der Fremde auf einer Herberge eintrat, ansprechen mußte,
gleichen sowohl in ihrer Zahl, als in ihrer Reihenfolge mehrfach
unseren Seefahrts-Toasten. Ein Schustergeselle mußte z. B. sprechen:
1) Guten Tag! 2) Gott ehre das Reich! 3) Gott ehre das Handwerk!
4) Gott ehre das Handwerk und die Brüderschaft. 5) Gott ehre den Herrn
Vater und die Frau Mutter der Herberge und alle ehrbaren, frommen
Schusterknechte, die hier versammelt sind 2c. 2c.

an seinem Tischflügel zwei der großen silbernen Becher mit
Seefahrts-Bier gefüllt, in Umlauf. Er schickt dazu seine beiden
Mitschaffer, die Seecapitäne, die ihm bei allen Verrichtungen
gewissermaßen als Adjutanten zur Seite sind, ab. Diese tra=
gen die Becher an die obern Enden der Tafel, wo sie den
Vorstehern und fremden Ehrengästen zuerst überreicht werden,
und von wo sie während des Gesundheit-Trinkens von Mund
zu Mund an die untern Enden der Tafel zurückcoursiren. Die
Sitte erfordert es, daß sich dabei immer zwei einander gegen=
übersitzende Gäste erheben, sich gegeneinander verneigen, die
großen Humpen ergreifen, sie ein Paar Mal kreuzweise wie
Rappiere an einander schlagen und dann aus dem dicken
Biersafte auf das Wohl dessen, dem der Toast gilt, mehr oder
weniger herzhaft einen tüchtigen Zug thun.

Die Schaffer haben dazu sehr zierliche und meist äußerst
passende und angemessene Reden aufgesetzt, die sie stehend und
würdevoll vortragen. Die beiden ihnen adjungirten Mitschaffer,
die Seecapitaine, erheben sich dabei auch von ihren Sitzen und
stehen ihnen wie ein Paar Ehrensäulen stumm zur Seite.

Diese lange Reihe offizieller und herkömmlicher Toaste und
die dabei vorkommenden Ceremonien und Reden, so wie das
wiederholte Gefecht mit den silbernen Humpen, werden zwischendurch
wieder pour varier les plaisirs von allerlei mehr oder weniger
lockenden Gerichten begleitet, welche unterdeß die Diener serviren.
Unter ihnen darf vor allen Dingen jene schon erwähnte Bremische
Nationalspeise „Braunkohl und Pinkel" nicht fehlen. Diese so=
genannte „Pinkel" ist eine Art Wurst, deren Alter ohne Zweifel noch
über das Datum der Seefahrt hinausgeht. Sie hat ihren
Namen von dem Niedersächsischen Worte „Pinkel", womit der
fette Mastdarm der Ochsen bezeichnet wird. In diesen Mast=
darm stopft man noch etwas mehr Fett hinein, als schon von
Natur darin sitzt, nebst vieler Havergrütze, Zwiebeln und reich=
lichem Gewürz, was dann wieder „Pinkel" heißt, und was ganz
heiß und nie ohne „Braunkohl" mit Kastanien gegessen werden

muß. Seit seiner ins Grau der Vorzeit hinaufsteigenden Erfindung hat sich dieses Gericht — sonderbar genug — nur
innerhalb der Mauern und in den Bürgerhäusern der alten
Hansestadt gehalten. Es ist nicht einmal bei den Bauern
der Umgegend einheimisch, und man lernte es anderswo weder
bereiten noch goutiren. Die Fremden, denen man es vor-
setzt, behaupten, „daß eine alte und starke Gewohnheit dazu
gehöre, es genießbar zu finden" und sie verderben sich selten den
Appetit damit. Die eingeborenen Bremer aber haben eine
gewisse Zärtlichkeit dafür, und Winters giebt es mancherlei
Mahlzeiten in der Stadt, bei denen „Braunkohl und Pinkel"
nicht fehlen dürfen.

Eben so standhaft hat sich „Sauerkraut und Schinken", —
vermuthlich schon, wie überhaupt ein altes deutsches, auch namentlich ein altes Schiffergericht, — bei der Seefahrts-Mahlzeit
seinen Platz behauptet. Und geräuchertes Fleisch, wie sie es
auf den Schiffen haben, ist bei diesen Schiffer-Mahlzeiten natürlich auch in Fülle vorhanden. Doch haben sich zur Ab-
wechslung für die, welche den rechten Pinkel-, Sauerkraut-,
Pökel- und Rauchfleisch-Gaumen nicht besitzen, auch Frican-
deaus, Cotelletten und andere Braten nebenher eingeschlichen.

Indeß treten selbst diese Produkte einer mehr raffinirten
Küche in dem Gewande einfacher Hausmannskost auf. Französische Farcen, Trüffelsaucen und dergleichen sind, als allzu neu-
modiger und nicht seefahrtsmäßiger Flitter, gänzlich untersagt.
Auch spürt man nichts von feinem Geflügel oder Wildpret,
aus dem sich die Matrosen und Schiffer vermuthlich nach
dem Grundsatze ignoti nulla cupido von jeher wenig gemacht haben.

Ebenso fehlen bei dieser „altdeutschen" Mahlzeit alle süßen
Leckereien und Confituren. Es sind mehr solche Dinge da,
bei denen man die goldpapierenen Salz- und Pfefferdüten gebrauchen kann. Als Dessert erscheint nichts als Butter, Brod

und Käse und zur Erinnerung an die alte Bremische Colonie in Liefland „Rigaische Butten" (eine Art geräucherter Fische).

Ist man endlich bei diesen Rigaischen Butten angelangt, so haben sich unterdessen die zehn offiziellen Toaste abgesponnen und dieweil nun das Feld für jede andere beredte Zunge frei geworden ist, so treten bald andere Redner auf und es spielen fortan Toaste und Ansprachen aller Art durcheinander.

Da nimmt denn einer der Fremden das Wort und bedankt sich im Namen der Gäste. Ein anwesender Amerikaner beginnt einen Englischen Speech und bringt ein Hoch aus auf die beiden „verbrüderten Republiken", die eine kleine uralte an der Weser, und die junge große jenseits des Oceans. Andere fassen die mannigfachen Bestrebungen, Institute und Gesellschaften, die mehr oder weniger mit Handel und Seefahrt zusammenhangen, ins Auge und wünschen ihnen in schönen Redeblumen Gedeihen und Blüthe. Wenn diese ernsthaften Sachen erst beseitigt sind, so neigt man sich allmählig mehr den heitern Dingen zu.

Nach Tafelmusik haben zwar die alten für Beethovensche Sonaten wenig empfänglichen Schiffer bei ihren Bruderfesten nicht verlangt und ein Orchester ist daher auch jetzt noch selbst in diesen musikalischen Zeiten nicht gestattet. Dagegen hat man dem Gesange um so weiter die Thore geöffnet. Und wenn die Redner sich heiser gesprochen haben, beginnen nun die Sänger die Stimmung von der Prosa zur Poesie überzuführen. In der Neuzeit war man fast 30 Jahre lang gewohnt, einen alten würdigen Vorsteher, einen großen Freund und Gönner der Seefahrt und regelmäßigen Besucher der Mahlzeit, das Zeichen zu diesem Uebergange dadurch geben zu sehen, daß er sich erhob und ein langes, rührendes und herzliches Lied vortrug.

Jetzt ist dieser treffliche Mann, ein bekannter Kaufmann der Stadt, welcher der Liebling der Gesellschaft und lange die Seele des Festes war, dahin geschieden. Aehnliche aufopfernde Gönner und thätige, belebende alte Freunde mag die Schiffer-

Brüderschaft schon in ältesten Zeiten gehabt haben. Vielleicht war auch jener mysteriöse sogenannte „Fondator B. R.", von dem ich oben sprach, ein solcher.

Die Schaffer sehen besonders darauf, daß auch immer einige gute Künstler zu der Tafel eingeladen werden, womöglich ein unter den Schauspielern des Stadttheaters gewähltes Quartetto, das dann im Wetteifer mit dem Bachus die Herzen durch Deutsche Gesänge labt. Dann treten auch wohl witzige Köpfe auf, welche launige Gedichte für die Gelegenheit componirt haben und diese unter dem beifälligen Gelächter der umstehenden Gruppen vortragen. Am Ende werden die Gesänge, die Reden, die Anspielungen immer munterer und lebhafter und zuletzt hüpft der ausgelassene Gott Scherz von Tisch zu Tisch.

Wenn man so weit gelangt ist, dann thun sich allmählich die Nebengemächer des Speisesaals auf, und wem der Lärm in diesem zu groß wurde, der findet dann dort von den lie=benswürdigen Gattinnen und Töchtern der Herren Schaffer den Kaffee und die beruhigende Friedens=Pfeife bereitet.

Diese trefflichen Deutschen Hausfrauen, die altem Brauche gemäß, erst nach der Mahlzeit beim Kaffee *) erscheinen dürfen, sind unterdessen unter den Füßen der tafelnden Herren in den weitläuftigen Souterrains des Hauses in der aufopferndsten Weise thätig gewesen. Dort haben sie selber mit „Klönken" (Holzpantoffeln) und mit weißen Schürzen angethan, alle Operationen, durch die den Gästen alle erfreuliche Dinge herbeigezaubert wurden, überwacht und geleitet und beim Abzapfen des Biers, beim Tranchiren und Auftischen der Gerichte, beim Vertheilen des Porzellan= und Silberzeuges, selber, zuweilen wie Köchinnen mit zugegriffen. Sie haben sich trefflich dabei amüsirt und zu Zeiten selbst wißbegierig einen mit

---

*) Sehr alt zwar kann dieser Gebrauch nicht sein, da der Kaffee selbst vermuthlich erst im Anfange des vorigen Jahrhunderts bei der Mahlzeit eingeführt wurde.

zarten Lippen genaschten Schluck des alten Seefahrtsbiers ge-
kostet.

Jetzt haben sie, wie gesagt, die Klönken und Schürzen*) bei
Seite gelegt, und stehen nun hinter der Kaffeekanne, um den
Herren, die des Treibens im Saale müde sind, eine Tasse Mocca
nebst der gemüthlichen Pfeife zu serviren, und sie mit ihrer an-
muthigeren Unterhaltung zu erfreuen.

Lange weiße Thonpfeifen nach Holländischer Art, waren
sonst beim Kaffee herkömmlich. Sie erscheinen noch jetzt daselbst
„nach altem Brauch" und Mancher der ganz streng auf der
Väter Sitte hält, greift nur nach ihnen, und bewegt sich vorsichtig mit diesem zerbrechlichen und unbequemen Rauch-Apparate
unter den Damen herum. Doch hat man seit einigen Jahren
auch die neumodigeren Havanna-Cigarren zulassen müssen, weil
sie die jetzige Zeit, die auch die Minuettänze abgeschafft hat,
viel coulanter und handthierlicher findet.

Während Einige so unter den Auspicien des schönen Ge-
schlechts den Festtag beschließen, wird es auch unter den Männern
im Hauptsaale allgemach stiller. Zu völliger Befriedigung
gesättigt mit Toasten, Gesängen und Witzen, zieht sich Einer
nach dem Andern zurück. Die Räume lichten sich mehr und
mehr und zuletzt muß aus Mangel an Zuhörern auch der
unermüdlichste Lustigmacher von seinem Katheder, einem Stuhle
oder Tische, herabsteigen und, „bis auf Wiedersehen" im nächsten
Jahre, nach Hause schleichen.

Die beaux restes dieser Mahlzeit gingen sonst verschiedene Wege. Ein Theil von ihnen floß in die Pröven-Woh-
nungen der Armen des Hauses. Dieß hat man in neuerer
Zeit abgestellt und erfreut die armen Prövener statt dessen mit
einem Fest-Geschenke von einer halben Louisd'or.

Damit aber auch noch sonst etwas Solideres zum Andenken an
das fröhlich begangene und schnell verrauschte Fest übrig bleibe,

---

*) Ganz kürzlich habe ich freilich nicht nachgeforscht, ob dieses Bild
in allen Zügen auch noch für 1862 gilt.

ist es von Alters her zur Gewohnheit geworden, daß die Schaffer, welche die Mahlzeit gaben, in dem Hause selbst ein Geschenk zum Gedächtniß hinterließen. Doch vereinigten sich zu der Aufstellung eines solchen Monuments die Schaffer der drei letzten Mahlzeiten und es kam daher nicht gerade jedes Jahr dazu. In der guten alten Zeit bestand dieses herkömmliche „Schaffer-Geschenk" regelmäßig aus zwei anderthalb Schuh langen silbernen Bierbechern. Da man endlich silberne Becher in hinreichender Anzahl besaß, so ist man später auch auf andere nützliche Geschenke verfallen, und hat dazu bisweilen ein Theeservice oder ein Silberbesteck, ein neues Ameublement oder dergleichen gewählt. Sechs der letzten Schaffer verewigten sich durch die Einrichtung einer Gasbeleuchtung in dem alten Hause.

XVI.

Ein Blick auf die Geschichte des Hauses See-fahrt in der neuern Zeit von 1756 bis 1855.

Siebenjähriger Krieg. — Bedrängnisse des Hauses in der Französischen Zeit. — Regeneration nach der Französischen Zeit und neueste Umgestaltung der Gesetze des Hauses.

Auch die „Seefahrt", obwohl nur ein gemauertes Ge-bäude, eine fromme Anstalt und ein stiller Sicherheitshafen für Verunglückte, ist doch zuweilen, wie andere menschliche Schöpf-ungen, gleich einem von Stürmen mißhandelten Schiffe auf den Wogen der politischen Ereignisse umhergetrieben, und mit-unter sogar wohl seinem völligen Untergange nahe gebracht.

Kaum hatte man im Jahre 1756 die von jenem gestren-gen Bürgermeister Windemann drohende Gefahr abgewendet, so kamen schon bald wieder andere Bedrängnisse und „betrübte und weitaussehende Zeiten", nämlich die traurige Periode des siebenjährigen Krieges, und die Angelegenheiten des Hauses geriethen mehre Male „in Noth und Unbestand".

Obwohl die Bewohner der Stadt Bremen sich mit der Hoffnung geschmeichelt hatten, daß sie „in ihrem vom Kriegs-schauplatze ganz abgesonderten Winkel Deutschlands von den Beschwerden dieses leidigen Krieges wohl würden befreit blei-ben, so wurde doch diese Hoffnung gänzlich vereitelt, die Stadt

vielmehr im Verlaufe desselben zu wiederholten Malen von den
verschiedenartigsten Völkern, Mächten und deren Armeen bedräut,
erobert und besetzt gehalten."

Zunächst kamen die Franzosen, das erste Mal (1757) unter
dem Herzog von Richelieu und ein zweites Mal (1758) unter
dem Herzog von Broglio, und quartirten bei diesen Gelegen=
heiten ihre Truppen in den öffentlichen Gebäuden und frommen
Anstalten der Stadt ein. Ueberall verscharrten die Bürger vor
den gierigen Feinden ihre Schätze und auch die Vorsteher der
Seefahrt fanden es für gerathen, alle ihre großen und kleinen
silbernen Becher unter dem Sande ihres Hauses einzugraben.
(Januar 1758.)

Ein halbes Jahr nachher (Juni 1758), als die Franzosen
abmarschirt und es in der Stadt ein wenig ruhiger geworden
war, gruben sie dieselben zwar wieder hervor, hielten es aber doch
für angemessener, wegen der in Deutschland anhaltenden Kriegs=
Troubeln den ganzen Silberschatz zu verkaufen, weil sich das
Geld doch etwas sicherer anlegen ließe, als das baare Metall,
und dies thaten sie im Jahre 1759. Nur einige der alten
Becher behielten sie zu nothwendigem Gebrauche bei ihrer
großen Mahlzeit, an der selbst während der Kriegsstürme immer
festgehalten wurde, die aber doch auch insoweit in Unordnung
gerieth, als man in manchem Jahre erst gegen Ende März mit
ihrer Feier zu Stande kommen konnte, da doch das alte Gesetz
sie in den Anfang Februar versetzte.

Nachdem der Herzog Ferdinand von Braunschweig die
Franzosen in der glorreichen Schlacht bei Minden geschlagen
hatte, kamen darauf in den folgenden Jahren andere Völker in
die Stadt, Braunschweiger, Hessen und die mit ihnen verbün=
deten Engländer, und diese Alliirten hatten die Absicht, die Stadt
Bremen, die gleichsam im Rücken der großen Schlachtfelder lag,
in ein großes Reserve=Lazareth zu verwandeln. Vorstellungen
von Seiten des Senats, "um diese bevorstehenden Unfälle ab=
zuwenden", waren vergebens. Die Engländer vertrieben die

armen, alten Leute aus dem Armenhause Bremens und besetzten auch
mit Gewalt und ohne auf die Protestationen der Bürger zu achten,
„Krameramthaus" und noch andere öffentliche Gebäude der Stadt
und quartirten ihre Verwundeten und Kranken ein. Die Hessen
brachen die Thore des Gymnasiums, des Beguinenhauses, des
rothen Waisenhauses ein und besetzten sie mit ihren Truppen
und Kranken. (Ende 1761.)

Im folgenden Jahre kam die Reihe auch an das Haus
Seefahrt. Der Englische Commissarius Crawford besichtigte
dasselbe, fand seine geräumigen Böden für Einrichtung eines
Lazareths und Fouragierhauses sehr passend, und verlangte von
den Vorstehern der Seefahrt, daß sie die nöthigen Anstalten
träfen, um ihn und seine Truppen aufzunehmen. Diese sträub=
ten sich aber mit eifrigen Remonstrationen gegen dieses An=
sinnen, erklärten den Engländern, daß ihr Haus eine ganz
andere Bedeutung habe, als die gewöhnlichen öffentlichen Ge=
bäude. Es sei im Grunde genommen gewissermaßen ein geweih=
tes Gebäude, „denn es würden darin die Sacra administrirt und
Gottesdienst gehalten". Sie, die Vorsteher, hätten daher gar
keine Macht über das Haus, würden es nicht gutwillig übergeben,
sondern Gewalt abwarten. Jedenfalls, wenn die Engländer es zu
einem militärischen Kranken=Lazareth machen wollten. Jedoch
zu einer „Schreiberei" wollten sie es wohl hergeben und dann
auch den verwöhnten Herrn Engländern, wenn ihnen die nackten
Steine der Gemächer unangenehm sein sollten, härene Decken
legen lassen.

Bei den Engländern, die sich bei diesen Unterhandlungen
eines deutschen, dem Hause günstigen Unterhändlers bedienten,
hatte dieser Protest einen günstigen Erfolg. Sie erklärten, daß sie
geglaubt hätten, das Haus Seefahrt diene lediglich zur Abhal=
tung großer Mahlzeiten und daß sie seine Bestimmung zum
Gottesdienste und zur Administrirung der Sacra nicht gekannt
hätten; sie ständen daher von ihrem Vorhaben ab und für ihre
„Schreiberei" hätten sie auch schon anderweitig gesorgt. Um

indeß für die Folgezeit allen ähnlichen Ansinnen und noch ärge-
ren Plackereien zu entgehen, fanden die Herren der Seefahrt
es doch für gut, einige verwundet heſſiſche Offiziere bei ſich
aufzunehmen und gaben auch einigen Heſſiſchen Soldaten, ge-
wiſſermaßen als Sauvegarde in ihrem Hauſe Quartier. Mit den
Engländern aber ſchloſſen ſie einen Miethcontract in Bezug auf
ihre Bodenräume ab, die ſie denſelben gegen einen ſehr guten Preis
für längere Zeit zu Lagerräumen verpachteten. Da die Engländer dieſen Preis auszahlten, ſo zog ſich denn die Seefahrt,
als endlich im Jahre 1763 Friede im Reiche wurde, noch mit
einem ganz handlichen Vortheile aus dieſer Affaire.

Noch ſchlimmer, als in jener „Engliſchen Zeit" während
des ſiebenjährigen Krieges, wurde das alte Haus Seefahrt im
Anfange dieſes Jahrhunderts bedroht, als die Hanſeſtadt Bremen
für einige Jahre der „cheflieue" des „Departement des
Bouches du Weser" und ein Theil des Franzöſiſchen Kaiſer-
reichs wurde. Als im Jahre 1810, der ſiegreiche Napoleon
dieſe Inkorporirung dekretirte, und als es ſchien, daß die Ver-
faſſung des tauſendjährigen Freiſtaates, „gleich dem geſcheiter-
ten Schiffe, deſſen Bohlen und Planken aus einander treiben",
gänzlich zertrümmert werden ſollte, da glaubte Mancher auch,
das letzte Stündlein des alten Hauſes Seefahrt ſei gekommen. Die
Franzoſen wollten es als eine öffentliche Staatsanſtalt behandeln und zu verſchiedenen ihnen dienlich erſcheinenden Zwecken
darüber disponiren.

Zuerſt ſollte ein Waiſenhaus daraus gemacht werden, da
die andern Waiſenhäuſer der Stadt zu militairiſchen Zwecken
verwandt waren. Die Vorſteher und Oberalten proteſtirten
dagegen bei dem damaligen Franzöſiſchen Maire, welcher Klugkiſt
hieß, ſo wie auch bei dem „Comte d'Arberg, Praefect du
Departement des Bouches du Weser". Dieſem letztern ſetzten
ſie in einem vom 1. Juni 1811 datirten und Franzöſiſch ge-
ſchriebenen Sendſchreiben auseinander: „que l'établiſſement,
nommé la „Seefahrt" qu'on va envahir, a été fondé par

nos ancêtres, qui furent tous Capitaines de Navire et qui l'ont toujours soustenu à leurs depens". „Das alte Gouvernement der Stadt," sagten sie, „hätte sich nie in die Angelegenheiten ihres Hauses gemischt und hätte es immer als ein Privatinstitut und individuelles Eigenthum betrachtet und respectirt, daher auch der Herr Graf es nie in einem Bremischen Staats-Calender aufgeführt finden würde, woraus er besonders erkennen könne, daß es mit dem Staate nichts zu thun habe."

Da die Franzosen indeß doch die Seefahrt zu haben wünschten und sie der Commission des Hospices unterstellen wollten, so glaubten die Vorsteher, es sei aus mit ihrem Hause. Sie beriefen daher die zweiundzwanzig Aeltesten und traten mit dem Vorschlage hervor, „daß es den bösen Umständen nach wohl das Beste sei, das Institut unter den bestmöglichsten Bedingungen abzutreten und es für 13,000 Thaler zu verkaufen." Gegen diesen Vorschlag remonstrirten aber wieder die übrigen Schiffermitglieder des Hauses, indem sie behaupteten, daß einen solchen Beschluß die Vorsteher mit den zweiundzwanzig Aeltesten gar nicht fassen könnten, daß dazu vielmehr die Zustimmung der gesammten Mitglieder des Hauses gehöre. Da in Folge dessen der Verkauf nicht sogleich gelingen konnte, fingen die Vorsteher wieder an, zu laviren und gegen die Französischen Behörden wie vorhin zu protestiren.

Als diese nach einer kleinen Pause den 27. August 1812 die Seefahrt wiederum besahen, und darnach erklärten, daß dieselbe als eine auf Schifffahrt bezügliche Anstalt einen Theil der kaiserlich Französischen Marine bilde, und daß man sie zu einem Tribunal de Commerce gebrauchen wolle, da schrieben die Vorsteher abermals einen Brief an die Präfektur mit der wiederholten Bitte, „die alte Seefahrt ohne Aenderung bestehen zu lassen." Und auf ein neues Verlangen des Maire vom 18. Juni 1813, die Seefahrt zur Aufnahme eines „Bureau des Inscriptions et Archives de la Marine Imperiale" herzugeben, gaben sie eine ablehnende Antwort. Die Schlacht bei

Leipzig und die Kosacken machten endlich ferneres Laviren und
Protestiren überflüssig, und das Haus Seefahrt mit seinen
alten Einrichtungen rettete sich auf diese Weise eben so wie die
wiedererstehende Verfassung der Republik Bremen selbst, in die
Neuzeit hinüber.

Hierauf schien es anfänglich, als wollte sich, wie in ganz
Deutschland so auch in Bremen und eben so innerhalb der
Mauern der Seefahrt, die vorfranzösische Zeit ganz mit ihrer
alten Physiognomie wieder aus dem Grabe erheben. Die Vorsteher und Oberalten der Seefahrt, die im Laufe des 18. Jahrhunderts das Regiment des Hauses völlig an sich gerissen hatten,
wiesen im Jahre 1815, als einige Mitglieder nach den Statuten
und Gesetzen des Hauses fragten, auf die alte „Gesetz-Tafel"
aus dem 16. Jahrhunderte hin, in welcher die Verfassung der
Gesellschaft enthalten sei, und sträubten sich mit lakonischen Ab-
lehnungen gegen alle Reformen und Umänderungen dieser „ehrwürdigen" Verfassung.

Unter den Gesammtmitgliedern des Hauses bildete sich dagegen eine Verbindung zur Abstellung alter Mißbräuche. Sie
hielten mehre Versammlungen im Hause Seefahrt, ernannten fünf
Deputirte „zur Wahrnehmung ihrer Interessen bei den Vorstehern und Oberalten des Hauses Seefahrt", und diese ihre
Deputirte wechselten mit der Vorsteherschaft verschiedene Schrift-
stücke und thaten eine Reihe von Vorschlägen zur Reformirung
der alten Gesetze des Hauses, „die Niemand recht kenne, und
die in einer den Mitgliedern jetzt unverständlichen Sprache (der
Alt-Plattdeutschen) geschrieben seien."

Ihre Proposition ging hauptsächlich darauf hin, die Macht
der vier Vorsteher und Oberalten zu beschränken, „die volle
Wirksamkeit der zweiundzwanzig Aeltesten wieder herzustellen,"
den Einfluß der Gesammtmitglieder des Hauses zu erhöhen,
dieselben namentlich auch dann für wahlfähig zu den Aemtern
der Gesellschaft ansehen zu lassen, wenn sie die Kosten für die
große Schiffer-Mahlzeit n i c h t aufgewandt hätten, und die Gesetze

des Hauses durch den Druck zu publiciren, „damit sie Jeder kennen lernen und in Ueberlegung ziehen könne."

Die Vorsteher und Oberalten des Hauses zeigten Anfangs eben so wenig Eifer, auf die Reform-Vorschläge der Schiffer einzugehen, wie damals die Deutschen Regierungen, den Forderungen ihrer Völker nachzugeben. Sie antworteten auf die an sie gestellten Begehren entweder gar nicht oder sehr lakonisch nach langem Harren und Zögern. Es gelang ihnen auch die Coalation der Schiffer, welche sich gegen sie gebildet hatte, zu sprengen. Ueber die Hälfte der Schiffer, welche fanden, daß ihre fünf Deputirten in ihren Forderungen zu weit gingen, zogen ihre Vollmacht zurück und jene, die sich so allmählig auf den Sand gesetzt sahen, „hielten es endlich unter ihrer Würde, noch länger Bevollmächtigte von Personen zu sein, die so unconsequent handelten."*)

Dennoch blieben einige von ihnen an der Spitze der Bewegung, die einmal aufgeregt, nicht wieder in Stillstand gerieth. Die Sache wurde vor den Rath gebracht. Dieser setzte im Jahre 1817 eine Commision nieder, die aus mehreren Senatoren bestand und im Hause Seefahrt mit den Schifferbrüdern und ihren Vorstehern und Oberalten mehre gemeinsame Versammlungen pflog. Dies war ein sehr gefährlicher Schritt, denn wer einen mächtigen Dritten zum Friedensstifter und Schiedsrichter in sein Haus führt, verfällt bald der Oberherrschaft desselben. Es dauerte daher auch nicht lange, so trat die rathsherrliche Commission (im Laufe des Jahres 1818) mit dem Antrage hervor, „daß das Haus Seefahrt hinfüro der Oberinspection des Senats zu unterwerfen sei." Die Freiheit

---

*) Siehe über dies Alles die Schrift: „Darstellung der von den Deputirten der Seeschiffer Brüderschaft behufs Abänderung, Verbesserung und Vermehrung der Gesetze des Hauses Seefahrt bei dessen Vorsteher und Oberalten bisher unternommenen Schritte". Bremen bei G. Jöntzen. 1816.

von dieser Inspection, die unbeschränkte Verfügung über ihre
Gelder und Angelegenheiten waren aber für das Haus Seefahrt
von alten Zeiten ungefähr dasselbe gewesen, was für die Stadt
Bremen selbst die Reichsfreiheit war. Sofort waren Vorsteher,
Oberalten, Zweiundzwanziger und alle Mitglieder darüber einig,
daß diese Inspection und der daraus hervorgehende Verlust
ihrer Unabhängigkeit nicht zu dulden sei, und es regnete von
allen Seiten Proteste dagegen.*)

Vielleicht war es zum Theil diesem drohenden Umstande
zuzuschreiben, daß man sich innerhalb der Gesellschaft nun doch
auch schnell über die Revision und Umgestaltung der Gesetze
einigte, und daß endlich im Jahre 1819 „die Verfassung und
Gesetze des Hauses Seefahrt“ zum ersten Male den neuen
Vereinbarungen gemäß im Druck erschienen.

Diese Gesetze von 1819 bilden nun das neue Fundament
der Zustände und Verhältnisse des Hauses für dieses Jahrhundert. Da indeß dies bewegliche Jahrhundert stets neue
Bedürfnisse und Ideen zu Tage förderte, da der Handel und
die Schifffahrt Bremens sich ungemein schwunghaft entfalteten,
so wurden auch bald wieder Veränderungen und Zusätze zu
diesen Gesetzen von 1819 nöthig befunden, und es wurden
dieselben im Laufe der letzten Jahrzehnte noch mehre Male
mehr oder weniger wesentlich umgestaltet. Zuerst im Jahre
1823. Darauf im Jahre 1841. Abermals im Jahre 1851.
Und zuletzt im Jahre 1855.

Es würde mich hier zu weit führen, wenn ich über alle
Details, dieser successiven Umgestaltungen historisch berichten
wollte. Ich will mich darauf beschränken, den daraus hervorgegangenen jetzigen Zustand des Hauses in seinen Hauptpunkten
in den folgenden Capiteln zu schildern und dabei dann und

---

*) Siehe die Dokumente darüber im Staatsarchiv. T. 6. m 10.

wann auch einige Rückblicke auf jene nach und nach eintretenden Veränderungen zu werfen. Zuvor muß ich jedoch noch eines
mit der letzten Gesetzrevision von 1855 in Verbindung stehenden und für die Schifffahrt so wie für das Haus Seefahrt
wichtigen Ereignisses Erwähnung thun, nämlich der Stiftung
des mit jenen neuesten Gesetzen am selben Tage in Wirksamkeit tretenden Instituts der Seemanns-Casse.

XVII.

Wie man in Bremen zum erſten Male nachdrücklich für das Loos der Matroſen ſorgt. Stiftung der Seemannscaſſe. 1855.

Sorge des Hauſes Seefahrt für die Matroſen. — Wie die Matroſen ſich auch in neuerer Zeit wieder unter ſich ſelbſt verbinden. — Wie die An= zahl der Matroſen mit der Blüthe des Handels zunimmt, — und wie es mehr und mehr nöthig wird, nachhaltig für ſie zu ſorgen. — Circular der Herrn Victor. — Seemanns=Caſſe. — Ihre Einrichtung. — Aehnliche In= ſtitute im Auslande. — Warum und wie die Seemanns=Caſſe mit dem Hauſe Seefahrt verbunden wird.

————

Daß ſchon in älteren Zeiten, eben ſo wie die Schiffscapi= täne, auch die von Bremen fahrenden Matroſen, einen Verſuch dazu machten, für ihre Intereſſen und namentlich für die Unterſtützung der Nothleidenden ihrer Claſſe ſpecieller und nachhaltiger zu ſorgen, als es durch das Haus Seefahrt geſchehen konnte, zeigte ich oben. Ich erzählte, daß ſie im Jahre 1568 unter ſich „die Bootsleute=Brüderſchaft" ſtifteten, ſich mit dieſer aber nach kurzem Beſtande im Jahre 1586 an das Haus Seefahrt an= ſchloſſen und mit demſelben verſchmolzen. Darnach aber vernehmen wir nicht viel davon, daß die Matroſen ſich noch ſelbſt wieder für die Verbeſſerung ihres Looſes durch Aſſociation geregt hätten.

Faſt alle im 17. und 18. Jahrhundert zum Wohl unglück= licher Seeſchiffer geſtifteten und beſtehenden Anſtalten wurden nur

von den Capitänen gegründet und geleitet und waren auch in
der Hauptsache nur für Capitaine bestimmt. Die zahlreichen
Steuerleute und Matrosen wurden dabei nur in zweiter Linie
berücksichtigt.

Die im Jahre 1618 gestiftete Seeschiffer-Brüder-Sterbecasse
bestimmte zwar, daß in ihre Gesellschaft auch „angehende
Schiffer" oder Steuerleute aufgenommen werden könnten. Vermuthlich hatten indeß die Steuerleute selbst nur wenig Vortheil
davon, die Matrosenschaft wohl gar keinen.

Ebenso wurden auch in der von den Capitänen im Jahre
1700 gestifteten „Seeschiffer-Wittwencasse" zwar Steuerleute,
aber keine Matrosen zugelassen. Ich sagte schon, daß dieses
Institut nur 12 Jahre bestanden habe, und daß in die aus
ihrer Asche später (1780) hervorgegangene neue Seeschiffer-
Wittwencasse, nur Capitäne zugelassen, auf die Wittwen der
Steuerleute und Matrosen aber keine Rücksicht genommen wurde.
Auch die im Jahre 1792 in Vegesack begründete Schiffer-
Wittwencasse, schloß bis auf die neueste Zeit Steuerleute und
„Seefahrer noch geringeren Grades" aus.

Im Jahre 1785 traten mehrere Matrosen, die vermuthlich
die Vernachlässigung ihres Standes empfanden, zusammen und
beschlossen eine „Sklavencasse zur Befreiung armer Bremer Matrosen aus der Türkischen Gefangenschaft" und zugleich eine Art
„Seemannsheim" zu stiften. Doch wurde damals ihr Projekt,
das vermuthlich nicht die nöthige Garantie darbot, vom Senate
verworfen und ihr darauf bezügliches Gesuch abgeschlagen.*)

Die Bremer Matrosenschaft, die seit Auflösung ihrer mittel-
alterlichen Brüderschaften, kein gemeinsames Band verknüpfte,
für die auch sowohl vom Staate als von anderer Seite wenig
geschah, glich einer verwahrlosten Heerde. Denn selbst was das
Haus Seefahrt nach alter gewohnter Weise für sie thun konnte,

---

*) Nach im Staatsarchiv vorhandenen Papieren.

war im Verhältniß zu der Masse von Unheil und Leiden, welche Stürme, Schiffbrüche und Krankheiten beständig über die Matrosenschaft ausschütteten, nur ein Tropfen im Meere, zumal da das Haus seine beschränkten Wohlthaten nur solchen Steuerleuten und Matrosen spendete, die dem Bremischen Staate angehörten, „Bremer Kinder".

Diese Uebelstände traten noch mehr hervor, als seit dem neuen großartigen Aufschwunge des Handels und der Schifffahrt der Stadt in den letzten Jahrzehnten die Größe jener Heerde so bedeutend anwuchs, und dann auch weit mehr Ausländer, als „Bremer Kinder", auf der Bremischen Flotte dienten. Im Verlaufe eines Jahres gab es in der letzten Zeit nicht weniger als 5 bis 6000 Matrosen auf Bremer Schiffen. In den allerneusten Jahren sind manchmal 11,000 Leute per Jahr auf Bremer Schiffen mehr oder weniger lange engagirt gewesen. Davon gehörten wohl mehr als drei Viertel nicht dem Bremischen Staate an, und Tausende, die dem Bremischen Interesse dienten, sahen sich dennoch von allen Wohlthätigkeitsanstalten der Stadt ausgeschlossen. In den kleinen Oldenburgischen und Hannoverschen Ortschaften längs der Weser gab es Haus um Haus trauernde Witwen und Waisen, deren Männer und Väter im Dienste der Bremer Flagge ihr Leben verloren hatten, und die sich von daher keines Trostes versichern konnten.

.Die Folge dieser Verwahrlosung des Wohls der Schiffsmannschaften war, daß dieselben sich mit ihren Interessen und Sympathien nur wenig an die Bremer Marine und Flagge gefesselt fühlten, und in der Fremde sehr geneigt wurden, in die Dienste anderer Marinen überzugehen. Desertirungen der Matrosen nahmen in allarmirender Weise zu. Im Anfange der fünfziger Jahre desertirten von den Bremer Schiffen jährlich über 150 Leute.

Diese Verhältnisse erregten allmählig die Aufmerksamkeit der das Wohl unserer Schifffahrt überwachenden Behörden und Privatleute. Schon im Jahre 1852 erließ der Senat eine

neue Verordnung über die Pflichten und Rechte der auf Bremi=
schen Seeschiffen fahrenden Seeleute, in welcher verschiedene Straf=
gelder für Vergehen und für das Desertiren der Matrosen ange=
ordnet wurden.

Der Ertrag dieser Strafgelder sollte zu Wohlthätigkeits=
zwecken für die ehrenhaften und treuen Mannschaften verwendet
werden. Im Jahre 1853 aber trat ein einflußreicher Kauf=
mann Bremens mit einem Plane zur Begründung einer so=
genannten „Seemanns=Casse" hervor. Durch dieses Institut
sollte auf viel nachdrücklichere Weise, als es durch obrigkeitliche
Verordnungen und Strafandrohungen geschehen konnte, und
zwar durch eine Gemeinsamkeit des Interesses Das begründet
werden, was da fehlte, nämlich eine Verbindung der gesamm=
ten auf Bremischen Schiffen dienenden Mannschaften gegen
Unglück und Gefahr, gegen Sturm und Krankheit, eine durch
gemeinschaftliche Anstrengungen aufgebaute allgemeine Matrosen=
Versorgungs=Anstalt, die gewissermaßen eine Wiedererweckung
der alten Bremischen „Bootsleute=Brüderschaft" in einer zweck=
mäßigern Gestalt und nach liberaleren und weiteren Grund=
sätzen war.

Die Bremer Kaufleute wurden in dem von Herrn Carl
Vietor dazu in Umlauf gesetzten Circulair aufgefordert, zunächst
die zu einer Schöpfung besagter Art nöthigen Fonds zu schaffen,
und es wurde zugleich vorgeschlagen, daß jeder auf Bremischen
Schiffen Dienende verpflichtet werden solle, dieser Verbindung
beizutreten und nach Maßgabe seines Gewinns und Verdienstes
das Seine zu dem ihm selber so vortheilhaften Zwecke bei=
zutragen.

Einige andere seefahrende Nationen waren schon vor
dieser Zeit mit der Begründung ähnlicher Institute für ihre
Matrosen vorangegangen. In Lübeck hatte man bereits im
Jahre 1840 eine „Seemanns=Casse" die freilich nur mit knap=
pen Mitteln ausgerüstet wurde, begründet. In Antwerpen hatte
man im Laufe der vierziger Jahre eine „Caisse de secours et de

prevoyance en faveur des marins naviguant sous pavillon Belge et de leurs familles" errichtet. Auch in Rotterdam bestand schon seit 1847 ein sogenannter „Fonds voor Zee= lieden beneden den Rang van Kapitein" (Fonds für See= leute unter dem Range eines Capitäns). Anstalten dieser Art nahm man wohl in Bremen, zum Theil wenigstens, zum Muster.

Andere Seestädte folgten mit Begründung ähnlicher An= stalten erst später nach. So Hamburg mit seiner „Seemanns= Casse" im Jahre 1857*) und viele Holländische Städte, in denen überall nach und nach sogenannte „Seemanns=Collegien" be= gründet wurden.

Da die Uebelstände, denen man begegnen wollte, offen= kundig waren, und da der Gemeinsinn der Bremer Kaufleute sich bei dieser wie bei andern Gelegenheiten bewährte, so war im Laufe des Jahres 1854 schnell ein Capital von 15,000 Tha= lern zusammengebracht, welches einstweilen hinreichend schien, dem Unternehmen einen hoffnungsvollen Anfang zu sichern. Unter Mitwirkung der Bremer Handelskammer wurden die Statuten der neuen Anstalt entworfen. Und dieselben, vom Senate am 8. December 1854 bestätigt, traten mithin mit dem 1. Januar 1855 im Wirksamkeit.

Die Hauptzüge in dem Organismus dieser merkwürdigen und überaus wohlthätigen Stiftung, die seitdem sich kräftig zu entwickeln angefangen hat, sind etwa folgende.

Es war dabei ausschließlich auf das Wohl der Steuer= leute und Matrosen abgesehen, und die Capitäne, für welche durch das Haus Seefahrt und durch die andern, mit demselben zusammen hangenden und von mir erwähnten Institute hinrei= chend gesorgt schien, wurden daher davon ausgeschlossen, so wie auch jeder Matrose und Steuermann, sobald er den Rang eines Capitains erlangte, aus der durch die Seemanns=Casse

---

*) Die ersten Vorschläge und Pläne zu diesem Institute in Hamburg datiren schon aus dem Jahre 1852.

begründeten Verbindung austreten und seine Ansprüche an die=
selbe verlieren sollte.

Man wollte dabei zunächst den in vorübergehende Noth
und Bedrängniß gerathenen Seefahrern einige Beihülfe, ferner
den für beständig durch Krankheit oder Alter invalide Gewor=
denen eine bleibende Pension, und endlich ihren etwa in Armuth
zurückgebliebenen Witwen eine dauernde Unterstützung verschaffen.
Das ganze Institut ging daher gleich in zwei Hauptzweige
auseinander, in eine sogenannte „Hülfs= und Pensionscasse"
(für Männer) und in eine „Witwen=Unterstützungscasse". Ein
Drittel des eingesammelten Capitals und der noch ferner zu er=
wartenden Einnahmen der Gesellschaft sollte dieser, zwei Drittel
jener dienen.

Durch die „Hülfs= und Pensions=Casse" wird zunächst den
Matrosen und Steuerleuten, wenn sie durch Schiffbruch ihre
Effecten verlieren, ein Entschädigungs=Capital zugesichert, das
für den Obersteuermann 40 Thaler beträgt und mit dem Range
des Seefahrers bis zum Leichtmatrosen und Schiffsjungen ab=
nimmt. Und zweitens wird ihnen für den Fall, daß sie auf
unverschuldete Weise zum Seedienst unfähig wurden, eine jähr=
liche Pension verheißen, die lebenslänglich ist, wenn die Dienst=
unfähigkeit andauert. Doch kann auf eine solche Pension nur
Der Anspruch machen, der schon 7 Jahre lang auf Bremischen
Schiffen fuhr, der Bremischen Marine angehörte, und während
dieser Zeit wirklich 56 Monate in activem Dienste derselben
stand. Wer vor diesen sieben Jahren dienstunfähig wird, dem
wird als Unterstützung nur so viel aus= und zurückbezahlt, als
er selbst bis dahin zur Casse beitrug.

Nach sieben Fahrjahren beträgt die Pension jährlich 12 Tha=
ler und steigt mit der Anzahl der Fahrjahre für den gemeinen
Matrosen bis zu 24 Thaler, für die Unter= und Obersteuerleute
bis auf 30 und 32. Doch ist dabei noch ein Unterschied gemacht
zwischen den auf Segel= und den auf Dampfschiffen dienenden
zum Vortheil der letzten. Bei einem Alter von 60 Jahren

wird Dienstunfähigkeit ohne weiteren Nachweis angenommen. Wer desertirt oder sonst ein entehrendes Verbrechen begeht, verliert allen Anspruch auf Pension und Unterstützung.

Die „Witwen-Unterstützungs-Casse" nimmt sich der durch den Tod eines Matrosen in Bedrängniß gerathenen Witwe und Waisen an, die er als seine Gattin und ehelichen Kinder hinterließ.

Alle anderen Verwandten des Matrosen — leider auch die Mutter und alten Eltern der jungen Leute,*) — hat man von der Unterstützung ausgeschlossen. Man giebt den Witwen und Waisen entweder ein für alle Mal eine Extragabe oder eine Pension, und die Höhe beider werden nach der Länge der Dienste, die der Verstorbene der Bremer Flagge geleistet, bestimmt.

Man kann sich denken, wie wohlthuend eine Anstalt und Verbindung dieser Art, wenn sie erst ihre ganze Thätigkeit entfaltet haben wird, auf die Treue und den Diensteifer der Mannschaften einwirken muß, da für jedes neue ehrenvoll und thätig zurückgelegte Jahr, gleichsam eine erhöhte Prämie in Aussicht gestellt wird. Erst durch eine solche Seemanns-Casse erhält der Schiffer gleichsam ein dankbares Vaterland, dem er nun gern dient, auf das er hinfüro mit Ruhe und Befriedigung blicken kann, und bei dem er für sich im Alter und Unglück ein gesichertes Loos und einen Hafen bereitet weiß.

Die Einnahmen der Casse, aus denen die oben bezeichneten „Prämien der Tüchtigkeit und Treue" bestritten werden sollen, bestehen theils in den Zinsen des der Anstalt überwiesenen Kapitals, der ihr gemachten Geschenke und Vermächtnisse, hauptsächlich aber in gewissen Beiträgen der Seeleute selbst. Es ist bestimmt worden, daß jeder Steuermann oder Matrose von jedem Thaler (zu 72 Grote), den er an Lohn oder sonst wie

---

*) Ich finde, daß bei einigen andern Seemanns-Cassen auch diese unterstützt werden.

auf der Reise gewinnt, 2 Grote, d. h. $^1/_{36}$ seines ganzen Gewinns in die Casse liefern solle, und daß Niemand, der sich nicht
gleich bei seinem Engagement diesem Abzuge unterwerfe, in die
Bremische Marine eintreten könne. Da die Matrosen zuweilen,
namentlich beim Wallfischfange, sehr bedeutenden Gewinn machen, so ereignete es sich mitunter wohl, daß ihre Beiträge von
einer Reise sich auf 30 Thaler und mehr beliefen. Seeleute,
die bereits 25 Jahre hindurch der Marine gedient und der
Casse ihre Beiträge eingesandt haben, sind von ferneren Beiträgen dispensirt.

Wie die Schiffer, so sind auch die Schiffsrheder aus dem
natürlichen Grunde, daß auch ihr Vortheil mittelbar durch das
Wohl ihrer Schiffer gefördert wird, zu Beiträgen verpflichtet.
Sie zahlen bei jeder Expedition von jedem auf ihren Schiffen
dienenden Matrosen eine gewisse Quote, die mit der Größe
der Reise steigt. So zahlen sie z. B. per Kopf für eine Euro-
päische Reise diesseits der Straße von Gibraltar nur halb so
viel als für Reisen ins Mittelmeer. Und für Reisen jenseits
des Caps Horn und des Vorgebirges der guten Hoffnung
doppelt so viel, als für solche, die diesseits der beiden Caps
bleiben. Außerdem fließen der Casse auch alle Strafgelder der
Matrosen von der ganzen Bremischen Flotte zu.

Da das Institut noch sehr jung ist, und mithin noch
wenig Fälle vorkommen konnten, in denen Versorgungs- und
Pensionszahlungen nöthig wurden, so hat man bisher fast alle
Einkünfte der Anstalt zum Capital schlagen können und dieses
ist daher bald (im Jahre 1862) auf die bedeutende Summe
von mehr als 130,000 Thaler angewachsen.

Nachdem die Seemanns-Casse — diese neumodige Matrosen-
Brüderschaft — geschaffen war, wurde sie ebenso wie einst die
alte, im Jahre 1568 gestiftete „Bootsleute-Brüderschaft" mit
dem Hause Seefahrt verbunden, und der Verwaltung der kaufmännischen Vorsteher und Ober-Alten dieser Stiftung unter-
stellt. Man wird es leicht begreifen, daß die praktische Anwen-

dung und die Inslebenführung der Bestimmungen der Anstalt,
so wie die angemessene Verwendung ihrer Spenden oft zu kritischen
Fällen und nicht leicht zu lösenden Fragen führten, und daß
daher oft bei denen, welche diese Dinge behandeln sollten, eine
genaue Kenntniß der allgemeinen und persönlichen Verhältnisse
der Seeleute und dazu eine Gewandtheit in kaufmännischen
Transactionen wünschenswerth war.

Bei keinem Collegium konnte man diese doppelte Quali-
ficirung besser finden, als bei der das Haus Seefahrt verwaltenden Körperschaft, das im 16. Jahrhundert aus einer so
glücklichen und nützlichen Verschmelzung von Kaufleuten, Schiffsrhedern und Schiffern entstanden war. Die Kaufleute des
Hauses konnten am besten über die Anlegung und Nutzung der
Capitalien die nöthigen Dispositionen treffen, und die Seefahrer desselben vermochten diesen bei der ersprießlichsten und zweck-
mäßigsten Vertheilung der Gaben durch ihre Bekanntschaft mit
den persönlichen Verhältnissen der Matrosen mit dem besten
Rathe beizustehen.

Man fügte dem Hause Seefahrt neue Kräfte für die Verwaltung der neu angewachsenen Branche hinzu. Auch schlug
die Seemanns-Casse in dem Lokale des alten Hauses selbst
ihren Sitz und ihr Bureau auf.

Nur in gewissen Punkten wurde das neue Institut für die
Matrosen wieder von dem alten Stifte der Capitäne getrennt
gehalten. Die Gesammtheit der Mitglieder des Hauses Seefahrt hat über die Seemanns-Casse keine Disposition zu treffen.
Auch wird die Verwaltung und Rechnung separat geführt. Für
jede sind besondere Beamte angestellt. Von den fünf Vorstehern
widmet sich einer allein der Verwaltung der Seemanns-Casse
während die übrigen vier, wie von altersher, die Geschäfte des
Hauses führen. Auch können die, welche sich bei den Entscheidungen der Administration der Seemannscasse nicht beruhigen
wollen, an die oberste Seebehörde und endlich an den Senat
recurriren, dem die Oberaufsicht und letzte Entscheidung bei die-

sem Institute gebührt. Desgleichen muß die Verwaltung der
Seemannscasse der obersten Seebehörde und dem Senate jähr=
lich Rechenschaft ablegen, so wie auch die Hauptpunkte dieser
Jahresrechnung regelmäßig durch die öffentlichen Blätter zur
Kunde des großen Publikums bringen.

Erst durch die Organisirung der Seemanns=Casse wurde
das im Jahre 1545 begonnene Werk des Hauses Seefahrt
erweitert, abgerundet und gleichsam gekrönt. Durch die Annexi=
rung derselben an das Haus Seefahrt erlangte der Wirkungs=
kreis des letztern diejenige Ausbildung, die es seiner Bestim=
mung nach haben mußte. Es umfaßte und überwachte nun
das Wohl und Interesse des gesammten Schifferstandes und
aller seiner Angehörigen.

XVIII.

Jetzige Einkünfte des Hauses Seefahrt.

Die sogenannten „Bodmerei= oder Reisegelder". — Die Abgaben der sogenannten „Landleute". — Die Armenbüchsen auf dem Lande und auf den Schiffen. — Die jährlichen Sammlungen in der Stadt und die „Thaler= männer". — Die „Gildegelder". — Die Vermächtnisse.

———

Ursprünglich verschaffte man dem Hause Seefahrt, wie ich bei der Erzählung seiner Stiftung nachwies, dadurch einige Einkünfte, daß man mehre von alten Zeiten her auf den Schiffen zusammenfließende, aber zu keinem bestimmten wohl= thätigen Zwecke regelmäßig verwandte, — vielmehr oft wieder unnütz vergeudete Geldbeiträge, in eine gemeinsame Casse flie= ßen ließ.

Ich habe diese anfänglichen Quellen der Einnahme, — die alten auf den Schiffen üblichen Geldstrafen oder „Brüche", die sogenannten „Gottes=Gelder" bei Contrakten der Schiffer, die „Geld=Gelöbnisse" in Gefahren, die Ersparnisse oder Ueber= schüsse der sogenannten „Maschuppeien" 2c. — oben namhaft ge= macht, und habe auch bemerkt, daß schon einige Zeit nach der Stif= tung eine neue Gattung von Einnahme, nämlich die sogenann= ten „Bodmerei= oder Reisegelder" der Schiffscapitäne hinzu= gekommen sei.

Auch habe ich bemerkt, daß gleich nach dem Ankaufe eines Hauses (1561) von frommen Leuten der Gesellschaft einige Capitalien geschenkt seien, die man alsdann anlegte und deren Zinsen man zum Frommen der Stiftung verwendete.

Manche jener alten Einnahmequellen sind im Laufe der Zeiten versiegt, andere sind geblieben und bedeutend angewachsen, und wiederum ganz neue haben sich eröffnet.

Die für alle Folgezeit bis jetzt gebliebenen und neu hinzugekommenen Einkünfte lassen sich etwa unter folgenden Rubriken übersichtlich zusammenstellen:

1) Die sogenannten Bodmerei= und Reisegelder;

2) Die Abgaben der sogenannten „Seeschiffer=Landleute";

3) Die Beiträge aus den Armenbüchsen;

4) Die jährlichen Sammlungen in der Stadt und deren Gebiet;

5) Die sogenannten „Gildegelder";

6) Die der Anstalt geschenkten oder vermachten Capitalien und die Zinsen von denselben.

1) Die sogenannten Bodmerei= oder Reisegelder

waren eine sehr wichtige Quelle der Einnahmen der See= fahrt. Sie wurden schon in den ältesten Gesetzen des Hauses (bald nach 1561) begründet. Es wurde darin festgesetzt, daß jeder Schiffer berechtigt und verpflichtet sein solle, von den Armengeldern der Seefahrt 20 Thaler auf Bodmerei zu nehmen, von diesem Capital nach jeder Vollendung der Reise „die Bod= merei" (Prämie) zu entrichten, und auch das ganze Capital „auf Verlangen der Schaffer", sogleich in der Woche nach Martini zurückzuzahlen.

Bei dieser Anordnung scheint ein doppelter Zweck zum Grunde gelegen zu haben. Nämlich erstlich, den Schiffern selbst bei ihrer Abreise ein kleines Capital zu ihrer Ausrüstung, zur Anschaffung ihrer Compasse, See=Karten und sonstigen Instru=

mente in die Hand zu geben, und insofern war die Anleihe für jeden Schiffer eine Wohlthat.

Zugleich aber wünschte man die Gelder der Seefahrt auf eine nützliche Weise anzulegen. Es wurden den Schiffern daher für das kleine Capital sehr hohe Zinsen angerechnet, und ihre Schiffe wie bei dem sogenannten Bodmerei-Contrakte, für die richtige Rückzahlung des Capitals, als verpfändet angesehen. Auch ging natürlich mit dem Schiffe das ganze darauf haftende Capital verloren. Man nannte dies Darlehen wahrscheinlich deshalb „Bodmerei-Geld", obgleich dieser Ausdruck dabei in einer uns jetzt ungeläufigen Bedeutung angewendet wurde. Ein Schiffer mochte selbst zu seiner Ausrüstung Geld genug besitzen, nichtsdestoweniger aber sollte er das Capital von 20 Thalern „unweigerlich annehmen", hohe Zinsen dafür bezahlen, und sein Schiff dafür verpfänden. Der Contrakt war daher für ihn zugleich onerös. Doch verpflichteten sich, wie gesagt, in der bezeichneten Zeit, alle Schiffer dazu, um die Einkünfte der Seefahrt zu mehren.

Die Größe der „Bodmerei" oder Prämie, die der Schiffer von diesem Capital zu bezahlen hatte, richtete sich nach der Größe seiner Reise. Deßwegen und weil sie immer gleich nach vollendeter Reise eingefordert wurden, nannte man diese Gelder später auch wohl „Reisegelder". Jetzt ist dieser letztere Name allein gebräuchlich und der alterthümliche der „Bodmerei-Gelder" außer Cours gekommen.

Manche mittellose Schiffer fanden dieses Anleihen vermuthlich ganz bequem und waren daher sehr willig, zum Zweck ihrer Ausrüstung und zu andern Zwecken, nicht nur 20 Thaler, sondern auch mehr von den Geldern der Seefahrt aufzunehmen. In Folge dessen schlich sich im Laufe des 16. Jahrhunderts der gesetzwidrige Mißbrauch ein, daß die Schaffer der Seefahrt den Schiffern zuweilen mehr Geld auf Bodmerei gaben. Und es wurde endlich im Laufe dieses Jahrhunderts beliebt, daß sie dem Schiffer bis auf 250 Thaler zu 49 Grote (damals ein sehr bedeutendes Capital, vielleicht so viel wie jetzt 1000 Thaler) bewilligen dürften.

Dies führte nun, wenn die Schiffer leichtsinnig waren, zu allerlei Unordnungen und wenn ihre Schiffe scheiterten, zu schlimmen Verlusten für die Anstalt. Im Jahre 1629, den 11. Febr. wurden deswegen in einer Versammlung aller Schiffer und Vorsteher der Seefahrt Beschlüsse gefaßt, welche sie „eine Ordnung von Bodmerey=Geldern" nannten. Darin wurde das alte Gesetz, daß in der Regel jeder Schiffer nur 20 Thaler in specie „auf Abentheuer zur See" zu nehmen berechtigt und verpflichtet sein solle, wieder hergestellt. Wolle er mehr nehmen, so sollten ihm die Schaffer höchstens bis 50 Thaler zu 72 Grote bewilligen dürfen. Doch sollten sie dabei pflichtgemäß „gute Diskretion gebrauchen, und der Schiffe und Schiffer Gelegenheit berücksichtigen". Wollte ein Schiffer ein noch größeres Capital haben, sollten dies die Schaffer allein zu willigen nicht das Recht haben, sondern darüber zuvörderst mit den andern Vorstehern, Aeltesten, Buchhaltern der Seefahrt und unter Umständen auch mit den Gesammt=Aeltesten („Sampt=Oldesten") d. h. den Zweiundzwanzigern zu Rathe gehen.*) Ich glaube, daß auch diese 1629 den Schaffern gegebene Erlaubniß, 50 Thaler zu bewilligen, später wieder zurückgezogen wurde, obwohl ich keinen ausdrücklichen Beschluß darüber aufgezeichnet finde. Wenigstens ist in allen Schriften bis auf unsere Tage herab immer nur von den alten „20 Thaler Bodmerei=Geld" die Rede. Mehrfach aber wird es in den Protokollen angemerkt, daß sich dieser oder jener Schiffer geweigert habe, die 20 Thaler Bodmerei anzunehmen, daß er aber daran erinnert worden sei, wie dies in den vom Rath bestätigten alten Gesetzen absolut „anbefohlen" sei.

---

*) Siehe hierüber das in Plattdeutscher Sprache geschriebene und sowohl im Staatsarchive als im Archive der Seefahrt abschriftlich aufbewahrte Dokument betitelt: „Ordnung von Bodmerei=Geldern de Anno 1629".

Wie hoch sich anfänglich die für dieses gezwungene An=
lehen zu bezahlenden Zinsen oder Reisegelder belaufen haben,
und wie viel für jede kleinere oder größere Reise bezahlt wer=
den mußte, ist leider nirgends gesagt. Erst aus spätern Zeiten
besitzen wir darüber Aufzeichnungen, sogenannte „Neuverordnete
Taxen der Abgaben von Bodmerei= und Reisegeldern".

Früher theilte man die Schifffahrt in „Reisen nach Osten"
und in „Reisen nach Westen". Zu jenen gehörten die Fahrten
nach Dänemark, Skandinavien, Rußland und allen Ostsee=
ländern. Zu diesen die Fahrten nach Holland, England und
durch den Canal nach dem südlichen Europa und der Mittel=
ländischen See.

Bei beiden, bei der Ost= und Westfahrt, machte man
wieder einen Unterschied zwischen der „kleinen" und der „gro=
ßen Fahrt".

Ostwärts umfaßte die „kleine Fahrt" alle Häfen an der
Elbe und Eider, und überhaupt ganz Jütland und Dänemark
und die Ostseeländer „bis zur Insel Rügen". Zur „großen
Fahrt" dagegen gehörten alle Reisen nach Schweden, Norwe=
gen, Rußland und an der südlichen Ostseeküste alle die, welche
über die Insel Rügen hinaus gingen (nach Pommern, Preußen,
Curland ꝛc.)

Westwärts umfaßte die „kleine Fahrt" alle Reisen zu
Friesischen und Holländischen Häfen „bis zum Briel" (Rhein=
mündung) und die „große Fahrt" alle weiteren Reisen „jenseits
des Briels".[*)]

Für jede Reise, die innerhalb der „kleinen Fahrt" blieb
bezahlte jeder Schiffer an das Haus Seefahrt, nach dem Tarif
von 1823, einen Thaler. Die Reisen der „großen Fahrt"

---

*) So noch nach dem Tarife vom Jahre 1823.

waren natürlich wieder in eine Menge Unterabtheilungen ge=
bracht, und es gab dabei um so größere Ansätze der Reise=
gelder, je weiter die Reise ging. So mußte z. B. ein Capitain
6 Thaler beitragen, wenn er um das Nordcap herumsegelte,
dagegen nur 4 Thaler, wenn er diesseits des Nordcaps blieb.
Eine Reise nach Westindien kostete ihm 10 Thaler, nach Bra=
silien 12 Thaler, nach Ostindien 25 und nach China 25 Thaler
„Armengelder".

Meistens gehen die Schiffe direkt von Bremen nach ihrem
Bestimmungsorte und kehren von da direct nach der Weser
zurück. Namentlich war dies so in alten Zeiten gewöhnlich.
Später bei dem Wachsthume der kaufmännnischen Speculation,
kam aber das Frachtsuchen mehr und mehr auf. Das heißt,
die Schiffer segelten nun auch, nachdem sie ihre aus der Hei=
math mitgenommene Ladung abgesetzt hatten, in der Fremde
von einem Hafen zum andern herum, um Ladungen aus
einem Lande in das andere zu bringen. Man nannte das
wohl „auswärtige Reisen", während die Reisen von der
Weser ab hin und zurück „einheimische" oder „Weserreisen"
genannt wurden. Es gab nun Schiffe, die zuweilen wohl
Jahrelang wegblieben, ehe sie nach Bremen zurückkehrten.
Auch diese „auswärtigen Reisen" wurden je nach dem Abstande
der Häfen, zwischen denen sie stattfanden, zum Vortheile der
Seefahrt taxirt.

Doch machte man dabei noch einen Unterschied zwischen
Reisen mit Ladung und Reisen ohne Ladung (im Ballast).
Hatte ein Schiffer gleich Ladung von einem Hafen zum andern,
so verdiente er mehr und konnte höher für die Armen taxirt
werden. Ging er bloß von einem Hafen zum andern, um erst
Ladung zu suchen, so taxirte man ihn niedriger, oder ließ auch
wohl jeden Beitrag fallen. Reisen der letzten Art hießen:
„Versegelungen" und die dabei zu entrichtenden Abgaben
„Versegelungsgelder". War die Versegelung gezwungen, eine
etwa durch Sturm und Seeschaden gezwungene Flucht in

einen fremden Hafen, so wurde das gar nicht als eine neue Reise betrachtet.

In alten Zeiten, wo fast alle Schiffe gleich klein waren, scheint man keinen Unterschied der Beiträge nach der Größe der Schiffe gemacht zu haben. Neuerdings aber, wo man so große Schiffe von so sehr verschiedener Tragfähigkeit gebaut hat, ist dies allerdings geschehen und man hat die Schiffe je nach der Lastenanzahl in mehre Classen gebracht, so daß nun ein Capitän von einem großen Schiffe zu 800 Lasten für eine Reise wohl 3 oder 4 Mal so viel bezahlt, als er bezahlen würde, wenn er dieselbe Reise mit einem kleinen Schiffe von 50 Lasten machte.

Aus allen diesen Rücksichten sind denn nun in der Neuzeit sehr complicirte „Tarife der Reisegelder an das Haus Seefahrt" entstanden, der letzte durch ein Conclusum des Senats bestätigte und noch jetzt geltende, ist vom 20. Februar des Jahres 1860. Jeder Capitän bekommt einen Abdruck dieses Tarifs mit auf die Reise, so daß er, wie weit er auch kreuz und queer fahren mag, sich selbst seine Rechnung machen kann.

Während die Einkünfte der Seefahrt aus den Bodmerei- und Reisegeldern im Anfange dieses Jahrhunderts jährlich kaum 400 Thaler betrugen, stiegen sie in den letzten Jahrzehnten zuweilen auf über 1500 Thaler.

2) Abgaben der „Landleute".

Auch wenn die Schiffer ihre Reisen ganz einstellen und auf dem Festlande, sei es als müssige Capitalisten, sei es in anderen Gewerben weiter leben, oder sogenannte „Landleute" werden, müssen sie fortfahren zum Hause Seefahrt beizusteuern, wenn sie die Gerechtsame und Wohlthaten desselben sich und ihrer Familie wahren wollen. Doch sind diese „Landleute" nur auf $2\frac{1}{2}$ Thaler per Kopf taxirt, und unter Umständen, wenn sie nämlich am Lande ohne Broderwerb weilen, können ihnen auch diese Beiträge, unbeschadet ihrer ferneren Theilnahme an der Seefahrt, ganz erlassen werden.

3) Die Beiträge aus den Armenbüchsen.

Die „Armenbüchsen" sind eine der ältesten Einrichtungen bei der Seefahrt. Wahrscheinlich gab es solche Büchsen auf den alten Schiffen schon vor der Stiftung des Hauses, um jene „Brüche" und „Gottespfennige" zu sammeln. Jetzt ist jeder Bremer Capitän verpflichtet, an Bord seines Schiffes irgendwo eine Armenbüchse befestigt zu haben, um auf seiner Reise gelegentlich Gaben darin zu sammeln. Diese Büchsen, die von dem Verwalter des Hauses Seefahrt an die Capitäne vertheilt werden, sind alle nach demselben Modell eingerichtet. Sie tragen die Inschrift: „Bedenket der Seefahrt Armen" und dazu auch noch in der jetzt allgemeinen Seemannssprache die Phrase: „Remember the poor Seamen". — In sie thaten sonst wohl zuweilen die Matrosen, wenn sie vom Glücke besonders begünstigt wurden, einen Sparpfennig. Auch vergißt es der Capitain nicht, wenn er in fernen Landen Besuche empfängt oder, wie es sich zuweilen ereignet, ein Gastmahl giebt, seine Gäste an „die Büchse" zu erinnern. Wird eine Partie Whist mit Punsch an Bord seines Schiffes gespielt, so thut wohl ein großmüthiger Spieler seinen ganzen Gewinn hinein. „Die besten (vollsten) Büchsen" werden immer von recht muntern, geselligen Capitänen geliefert. In den alten guten Zeiten gab es mitunter in den Spanischen Colonien, auch wohl einen reichen Spanischen Pflanzer, der sich an Bord eines Bremer Schiffes vergnügt, an seinem Capitain ein Wohlgefallen gefunden hatte, und dann in die Büchse ein Papier steckte, auf das er als Ordre an seinen Cassenführer mit seiner Namens-Unterschrift die Worte schrieb: „Este vale cien pesos" (dies Papier ist 100 Thaler werth), welchem Winke

dann auf seinem Comptoir bei Einlieferung des Papiers nach=
gelebt wurde.

Das sind jedoch jetzt seltene Fälle, und gewöhnlich, wenn
man die „Armenbüchse" nach ihrer Einlieferung bei der
Heimkehr des Schiffes leert, findet man sie nur mit allen mög=
lichen Kupfermünzen und kleinen Silbermünzsorten mit Eng=
lischen Pence, Französischen Sous, ja Ostindischen und Chinesi=
schen runden, viereckigen und dreieckigen Metallstücken gefüllt.
Die Sammlungen dieser Münzen aus allen Häfen und Län=
dern der Erde, die man, bis sie beim Geldwechsler umgesetzt
werden können, in großen Säcken aufbewahrt, gehören zu den
Curiositäten der Seefahrt. Ein Liebhaber könnte daraus zu=
weilen wesentliche Lücken seines Münzcabinets füllen.

Von jeher wurden auch von Seiten der Seefahrt hie und
da auf dem Festlande solche Armenbüchsen ausgestellt. Nament=
lich hat man eine solche in der Seefahrtshalle selbst, welche,
wie ich schon sagte, die Jahreszahl 1659 trägt.

Eben solche Büchsen haben sie beim „Wasserschout" (dem
Beamten, der das Schiffsvolk mustert). Und andere stehen
noch an andern von Schiffern frequentirten Orten der Stadt
und der Weserhäfen.

Seitdem die „Seemanns=Casse" errichtet ist, zu welcher die
Matrosen Beiträge zu geben verpflichtet sind, haben sie die
Seefahrtsbüchsen zu vernachlässigen angefangen und daher ist
die Einnahme aus dieser Quelle jetzt ein wenig in Abnahme
begriffen ist.

4) Die jährliche Sammlung in der Stadt und deren Gebiete.

Die jährlichen Sammlungen durch Stadt und Land
sind in unsern Hansestädten ein besonders beliebtes Mittel zur
Unterstützung ihrer milden Stiftungen. Namentlich wird auch
in Bremen viel dadurch bewirkt. Die jährlichen Sammlungen
freiwilliger Gaben der Bürger bringen für das Armenhaus

15

und andere wichtige Institute bedeutende Summen auf. Schon
in alten Zeiten wandten die Brüderschaften und andere fromme
Stiftungen dieses Mittel an.

Es ist auch eine Haupteinkunftsquelle der Seefahrt, der
in neuester Zeit wohl 3000 Thaler jährlich daraus zugeflossen
sind. Unter den Mitgliedern der Seefahrt geht die Tradition,
daß sie die Erlaubniß zu dieser jährlichen Sammlung als Entschädigung für die zum Hafenbau zu Vegesack hergeschossenen
Summen vom Senate erhalten hätten. Allein wahrscheinlich ist
auch bei der Seefahrt, wie bei andern Instituten, der Gebrauch
schon viel älter.

Darüber, daß der Senat das Recht zu einer jährlichen
Sammlung ausdrücklich bewilligt habe, habe ich kein altes
Dokument gefunden. Doch könnte sich die Seefahrt im Noth-
falle auf das oben von mir erwähnte Senats-Dekret vom
23. Jan. 1756 berufen, worin Er die Abhaltung ihrer großen
Mahlzeit verbietet, »die jährliche Sammlung für die armen
Seefahrenden beizubehalten«, aber ausdrücklich gestattet.

Die Anstellung dieser Sammlung gehört zu den verschie-
denen Pflichten eines Candidaten für die Mitgliedschaft der
Seefahrt aus den Schiffscapitänen. Die Candidaten aus der
Kaufmannschaft übernehmen diese beschwerliche Pflicht nicht.
Aber ein Schiffscapitän kann nicht eher aller Wohlthaten und
Rechte der Seefahrt theilhaftig werden, als bis er mit der
Büchse von Haus zu Haus, von Bürger zu Bürger herumge-
gangen ist, und um eine Gabe für die Seefahrts-Armen ge-
beten hat.

Es sind jedes Jahr, meistens zur Zeit der großen Schaffermahlzeit, d. h. im Monate Februar, fünf bis sechs solcher Candidaten der Seefahrt damit beschäftigt. Jeder von ihnen bekommt
sein Stadtquartier zugetheilt. Für die Ortschaften des Gebiets
werden solche bestimmt, die in denselben wohnen.

Zuweilen, wenn nicht viele Candidaten da sind, hat derselbe Capitän diese Pflicht, wie ihn die Reihe trifft, zwei oder

drei Jahre hinter einander zu erfüllen. In alten Zeiten wurde, wie man sagt, diesen Gabensammlern beim Anfang ihrer Wanderung von den Schaffern ein Speciesthaler gegeben und ihnen aufgetragen, diesen Speciesthaler, der gleichsam als Heckepfennig dienen sollte, auf dem Markt und andern öffentlichen Plätzen der Stadt, den Kaufleuten oder auch andern gutherzigen Leuten zu präsentiren, und zu sehen, was derselbe etwa einbringen würde, „wie die Leute denn auch bei Präsentirung des Reichsthalers 12 oder 18 Grote oder noch etwas mehr, nach Belieben zu geben pflegten".[*]

Der sammelnde Capitän erhielt hiervon den Beinamen „der Thalermann", unter welcher Bezeichnung er gewöhnlich in den Büchern der Seefahrt aufgeführt wird. Und die Sammlung selbst hieß „die Thaler-Sammlung" oder auch „die Umgehung mit dem Speciesthaler". Im Jahre 1801 beschloß man, „daß auch die Thalermänner künftig zur Danksagungsmahlzeit mit eingeladen werden sollten".

Bloß durch die Bemühungen der Thalermänner sind im Laufe des verflossenen halben Jahrhunderts der Seefahrt mehr als 100,000 Thaler, die sie wie Bienen bei kleinen Gaben gesammelt haben, zu Theil geworden.

5) Die sogenannten „Gildegelder".

„Gildegeld" oder „Schiffer-Gildegeld" nannte man in Bremen eine schon von mir erwähnte Abgabe, welche von auswärtigen daselbst ein= oder ausladenden Schiffern, die nicht in der Bremer Schiffergilde waren, entrichtet werden mußte. Sie betrug je nach der Größe des Schiffs, im vorigen Jahrhunderte 36 Grote bis 2 Thaler.

Die der Bremischen Schiffergilde angehörigen Schiffer waren davon befreit. Sie hieß vermuthlich deswegen Gilde=

---

[*] Siehe darüber den Aufsatz: Das Haus Seefahrt (aus einer handschriftlichen Chronik) im Bremer Tageblatt Nr 297. 1857.

geld, weil sie im Namen der Gilde, als ein Privilegium der Einheimischen zur Beschränkung der Fremden gefordert wurde.

Es ist, wie ich zu Anfang dieser Schrift bemerkte, eine seit den frühesten Zeiten bestehende Abgabe, und sie ist ver= muthlich so alt, wie die Bremer Schiffergilde selbst. Anfäng= lich floß sie auch wohl nur dieser Schiffergilde zu. Doch hatte auch schon bald der Staat seinen Antheil daran, wie an allen übrigen Gildegeldern.

Nachdem die Seefahrt errichtet war, scheint auf diese schon bald die Hälfte des „Ueberschusses von den Gildegeldern" übertragen zu sein. Wenigstens finde ich bereits im Jahre 1659 ein Protokoll, worin die Vorsteher der Seefahrt sich beschweren, daß ihnen in diesem Jahre nicht „wie sonst" der Ueberschuß des Gildegeldes, der jährlich wohl 200 Thaler betragen habe, ausgezahlt sei, und worin sie sich zu Einreichung einer Bitte an den Senat entschließen, „daß dieser Ueberschuß bei der Gilde, der ersten Abrede gemäß der Seefahrt wieder zufallen möge".

Dieser Uebergang des Gildegeldes auf die Seefahrt scheint mir wieder zu beweisen, daß sie immer als die Hauptrepräsen= tantin der ganzen alten Schiffergilde betrachtet wurde.

Im Verlaufe des 18. und noch zu Anfang des 19. Jahr= hunderts theilte der Staat das Gildegeld beständig mit dem Hause Seefahrt zu gleichen Theilen.*)

Vom Jahre 1803 liegt eine Beschwerde der Vorsteher des Hauses Seefahrt an den Senat darüber vor, daß fremde Schiffer, namentlich Oldenburgische, sich zuweilen weigerten, die Gilde= gelder zu bezahlen, nebst einer Bitte, daß der Senat sie zur Bezahlung dieser „durch uraltes Herkommen befestigten Ab= gabe" anhalten möge.

Das Haus Seefahrt tritt also auch hierbei wieder gleich=

---

*) Siehe hierüber: „Bürger = Convents = Verhandlungen vom Jahre 1826". pag. 71.

sam als Erbe und Defensor der Rechte der alten Schiffer-
gilde auf.

Im Jahre 1826, da man viele alte unbequeme Abgaben
abschaffte und den Betheiligten von Seiten des Staats Entschädigung dafür gab, schloß die Seefahrt mit der Finanz-
deputation einen von Rath und Bürgerschaft bestätigten Vertrag ab, vermöge dessen sie auf das Gildegeld verzichtete und
statt desselben eine jährliche im Monate Juni zu zahlende
Rente annahm.*)

6) Die der Anstalt geschenkten oder vermachten Capitalien.

Ich zeigte schon bei Erzählung der frühesten Geschichte
der Anstalt, wie bereits in den ersten Zeiten ihr einige Capitalien von reichen Leuten als Geschenke, die man auf Zinsen
anlegte, dargebracht worden seien, seit 1564 die ersten Geschenke unter Lebenden, seit 1565 die ersten Legate in Testamenten.

Von jeher hat die wohlhabenden Kaufleute Bremens ein
milder und wohlthätiger Sinn belebt, und es ist stets Sitte
unter ihnen gewesen, bei Gelegenheit glücklicher Familienfeste,
namentlich z. B. bei „silbernen" oder „goldenen Hochzeiten"
die milden Stiftungen ihrer Stadt reichlich zu bedenken. Es
ist ein schönes und beneidenswerthes Schauspiel, einen reichen
Bremer Kaufmann an solchen Tagen zu sehen, wie er, ein
würdiges Greis, freudig von den Seinen umgeben, da sitzt in
seinem großväterlichen Lehnstuhle und die Huldigungen und Gra-
tulationen der an ihn abgesandten Boten der milden Stiftungen der Stadt empfängt. Indem er sie lächelnd anhört, hat
er zu einem Bleistifte gegriffen, ein Stück Papier auf sein
Knie gelegt, schreibt darauf die Summen, die er jeder Anstalt
„bei Gelegenheit seines frohen Familienfestes" präsentirt, und
überreicht dies mit wenigen Strichen werthvoll gemachte Papier
mit seinem Danke den Gratulanten.

---

*) Siehe diesen Vertrag im Staatsarchiv. T. 6. m. 6.

Den Versuch zu einer Präcisirung des Anwachses dieser
Geschenke und der Mehrung des Capitalbesitzes der Anstalt
durch den Lauf der Jahrhunderte zu machen, wäre sehr schwierig
und auch wohl kaum der Mühe werth. Ich sagte schon, daß
bereits vor dem dreißigjährigen Kriege die Geldmittel der An=
stalt nicht unbedeutend gewesen sein müssen. Sie mag damals
verhältnißmäßig vielleicht sogar reicher gewesen sein, als in
mancher spätern Epoche. Im Jahre 1704 besaß sie, den
Werth der Gebäude eingeschlossen, ein Capitalvermögen von
etwa 25,000 Thalern. Von da an erhob sich dieses Vermögen
langsam, aber stetig durch das ganze 18. Jahrhundert hindurch,
bis es im Jahre 1830 etwa das Doppelte, nämlich circa
50,000 Thaler, betrug. Von dem Jahre 1830 an, als sich
Bremens Handel immer großartiger entfaltete, fand eine Ver=
doppelung des Capitals innerhalb 20 Jahren statt. Denn
schon 1850 stieg dasselbe auf 100,000 Thaler. Die Seefahrt
wurde in dieser Zeit immer mehr so zu sagen eine Lieblings=
anstalt des Bremer Publikums. Die Listen der Vermächtnisse
und der Geschenke „bei Gelegenheit froher Familienfeste" wur=
den immer größer. Auch die jährlichen Sammlungen in der
Stadt und die andern Geldquellen der Anstalt flossen stets
reichlicher, und so betrug denn im Jahre 1862 der Capital=
besitz der Anstalt etwa 110,000 Thaler. Und rechnet man
zu diesen noch die den Vorstehern der Seefahrt unterstellten
Capitalien der Seemanns=Casse (etwa 140,000 Thaler) hinzu,
so wird jetzt von der Seefahrt eine Summe von mehr als
250,000 Thaler für die Armen verwaltet.

XIX.

Die Spenden und Wohlthaten des Hauses Seefahrt.

Extragaben und Gastgeschenke an Schiffbrüchige und durchreisende Seefahrer. — Die „Wöchentlichen Gaben". — Die Vierteljahrs-Gelder. — Die
„Prövenwohnungen" und ihre Einrichtung. — Der „Seefahrts-Hof".

Worin ursprünglich die beschränkten Wohlthaten und
Spenden des Hauses Seefahrt bestanden, habe ich oben in
einem eigenen Kapitel gezeigt. Es waren anfänglich fast nur
Victualien, Kleidungsstücke und kleine Geldalmosen, die man —
vielleicht in und bei der Lieben Frauen Kirche — vertheilte.

Als die Gesellschaft ein Haus und größere Capitalien erhielt, kamen dazu allmählig die „Wohnungs-Pröven", und die
Spenden und Leistungen des Hauses gestalteten sich dann bald
so, wie sie, mit einigen Abänderungen, im Wesentlichen noch
heute sind.

Man kann sie in folgende Classen bringen:

1) Extragaben in außerordentlichen Fällen dringender Noth;

2) wöchentliche Gaben an hülfsbedürftige Bremische Matrosen und Steuerleute.

3) regelmäßige alle Vierteljahre auszuzahlende Pensionen
an seefahrende Mitglieder des Hauses (Schiffscapitäne) und
deren Wittwen.

4) Verleihung von Wohnungen (sogenannte „Prövenwohnungen") an eben solche Mitglieder.

Es war sehr schön, daß man die „Extragaben" bei
der Seefahrt zu Bremen nicht bloß auf Einheimische beschränkte,
sondern auch von vornherein arme durchreisende Schiffbrüchige
aus der Fremde dabei einschloß. Schon in den ältesten noch
plattdeutsch geführten Protokollen, finde ich bald „eenen Engel=
schen Bootsmann", bald „eenen seefahrenden Mann, de tho
Amsterdam tho Hus hört", bald eine andere Nationalität unter
den Beschenkten aufgeführt. Zuweilen wird „einem fremden Boots=
mann, der in Ripen in Jütland gefangen gesessen" oder „einem
armen Schiffer von Enkhuyzen, so von einer verlhorenen Reise
gekamen" ein Zehrgeld mitgetheilt, — dann wieder „drei
fremden Bootsgesellen, so ihr Schiff unter Norwegen verloren,
um Gotteswillen ein Thaler" — und wieder „zwei Boots=
gesellen von einem Franzmann, der in offener See geblieben,
wie er nach Holland wollte, 1 Thaler 36 Grote gegeben."

In den unheilvollen Zeiten des dreißigjährigen Krieges
wo Unwetter und Stürme auf dem Festlande ärger wütheten
als auf der See, ging man auch sogar wohl über den Kreis
des Schifferstandes hinaus und griff einem von „den Katholi=
schen verdrewenen Pastor" oder auch einem „verjagten Schul=
mann" unter die Arme. Anno 1631, in welchem Jahre Tilly
Magdeburg zerstörte, sind auch zwei Thaler gebucht, „welche
an twe Borger fan magdeborch, up geheiß der Vorsteher, to
tergelde" (zu Zehrgeld) mitgetheilt wurden.

Als später gegen das Ende des 17. Jahrhunderts in dem
furchtbaren Seekriege zwischen Frankreich, England und Hol=
land die kühnen und unbändigen Freibeuter von Dünkirchen
auf See so viel Unheil stifteten, wie früher Tilly zu Lande, da
findet sich in den Annalen der Seefahrt mehre Jahre hindurch
die häufig wiederkehrende Anmerkung, daß einem „von den
Dünkirchnern geplünderten Seemann" ein Almosen gegeben
wurde. In diesen Unglücks= und Almosen=Verzeichnissen spie=
geln sich alle Calamitäten der verschiedenen Zeitläufe, und sie
sind mithin so zu sagen überall mit Geschichte gewürzt.

„Fälle dringender Noth", kommen wohl in keinem
Stande häufiger vor, als in dem der Seefahrer. Sie ereignen sich
oft, selbst wenn der Ernährer der Familie noch kräftig und thätig
und sein Hauswesen sonst in blühendem Stande ist, z. B.
wenn der Schiffer in fernen Meeren, in Folge der Handels=
conjuncturen und Speculationen, von einem Hafen zum andern
commandirt wird, ganz wider Erwarten Jahre lang nicht zu
Hause kömmt, und den Seinen im heimischen Neste kein Futter
bringen kann. Dann gerathen Frau und Kinder in Sorge
und Bedrängniß, in der ihnen auch wieder „Extragaben" der
Seefahrt beispringen. Kleine Almosen konnte immer der Oeko=
nom des Hauses geben. Größere Gaben sind den Oberalten
in dem von jedem von ihnen überwachten Stadtdistrikte zu ver=
theilen erlaubt. Und die verwaltenden Vorsteher dürfen Vor=
schüsse und Capitalien bis zu 20 Thaler bewilligen.

In alten Zeiten, wo Hungersnoth und Theurung noch
etwas häufig Wiederkehrendes waren, ließ man dann wohl eine
Quantität Getreide aufkaufen, sie bei dem Müller mahlen und
vertheilte das Mehl in der Seefahrt. In solchen Extrafällen
griffen auch die barmherzigen Vorsteher oft genug noch neben=
her in den eigenen Beutel, um irgend einer Noth gleich abzu=
helfen, für welche die Anstalt selbst nicht auf der Stelle sorgen
konnte. Ich finde z. B. nicht selten in den Büchern ähnliche Bemer=
kungen eingetragen, wie diese: „dem Schiffer Joh. Heuermann, weil
er sehr arm an Linnen war, seiner Frau und Kindern jedem zwei
Hemde gegeben, von meiner Frau Liebsten ihnen in der Stille
gemacht, auf daß es die andern nicht vermerken".

Die regelmäßigen und fortlaufenden Spenden der Seefahrt
sind theils wöchentliche, theils vierteljährliche. Jene, die
wöchentlichen, sind nur für arme Matrosen, Steuerleute und
deren Witwen, bei denen eine häufig sich wiederholende kleine
Gabe besonders angebracht ist. Diese, die vierteljährigen, bloß
für die Capitäne und deren Witwen, deren Angelegenheiten

beſſer geordnet ſind, und die eines häufigen Beiſpringens nicht ſo ſehr bedürfen.

In alten Zeiten, wo faſt alle Welt ſo zu ſagen von der Hand in den Mund lebte, gab es faſt nur wöchentliche Gaben. Die vierteljährlichen oder halbjährlichen Penſionen wurden erſt ſpäter eingeführt, als man mehr baar Geld hatte und ſich ge= wöhnte, größere Zeitabſchnitte vorſorglich zu überſehen.

Aus demſelben Grunde beſtanden auch die wöchentlichen Gaben, die in der Seefahrt wie auch in einigen andern Anſtalten am Freitage vertheilt wurden, anfänglich nur in Naturalien, nament= lich Brod, Käſe, Bier, Mehl, Talg, Feuerung ꝛc. Die meiſten Gaben waren ſolche Dinge, die man wegtragen und zu Hauſe conſerviren konnte. Doch ſcheint man für die Armen nicht nur gemahlen, ſondern auch gekocht zu haben, und bis zur Mitte des 17. Jahrhunderts wurde ihnen etwas Warmes, eine ſogenannte „Pottſpeiſe“ mitgegeben. Um 1650 wurde die „Pottſpeiſe“ gänzlich abgeſchafft. Auch wurde ungefähr zu der= ſelben Zeit (1654) beſchloſſen, anſtatt der Naturalien, überhaupt den Armen mehr Geld auszutheilen und damit „Anfang des nächſten Jahres (1655) zu beginnen“. Manche Naturalliefe= rungen hat man erſt in neueſter Zeit in Geld verwandelt, z. B. die Ueberreſte der großen Mahlzeit, von denen die Armen bis in dieſes Jahrhundert ihr Theil in natura bekamen, und dann erſt ſtatt deſſen einen halben Louisd'or. Torf und Holz= lieferungen hat man erſt in den allerletzten Jahren in Geld zu verwandeln angefangen.

An baarem Gelde gab es im Anfange des 16. Jahrhun= derts, nach Dem, was ich oben bemerkte, in der Regel wöchent= lich nur zwei und darnach drei Grote. Im 17. Jahrhundert wuchſen dieſe wöchentlichen Spenden baaren Geldes ſchneller. Sie beſtehen auch jetzt noch, und werden heutzutage wie in den älteſten Zeiten, am Freitage ausgetheilt, an welchem Tage denn auch noch der alte in den erſten Geſetzen angeordnete Hausgottesdienſt ſtatt findet.

Die Vorsteher und Oberalten beurtheilen und bemessen die Hülfsbedürftigkeit und theilen darnach die Bons auf größere oder kleinere Spenden aus. Der Verwalter des Hauses hat am Freitag Morgen auf dem Tische seinen Geldsack geöffnet und da kommen denn die Armen selber heran oder schicken ihre Kinder, um den kleinen Segen, für den ihr Zettelchen gut ist, ein= zustreichen.

Von den regelmäßig alle Vierteljahre ausgetheilten Pen= sionen an die seefahrenden Mitglieder des Hauses und deren Witwen bemerkte ich schon, daß ihre Größe mit den der Anstalt geleisteten Diensten steige. Die meisten Pensionäre wohnen außerhalb des Hauses in der Stadt und in ihrem Gebiete verstreut. Nur für eine gewisse Anzahl hat man auch sogenannte „Prövenwohnungen" (ehemals „Gottesbuden") bereitet.

Solche Prövenwohnungen mögen, wie ich sagte, erst einige Zeit nach dem Ankaufe des Hauses in der Hutfilterstraße (nach 1561) eingerichtet sein. Man benutzte dazu zunächst ver= muthlich die fünf „Buden" oder Nebenhäuser, die bei dem „großen Hause" auf dem Grundstücke des Herrn von dem Sandbecke standen. Im Anfange des 17. Jahrhunderts hatte man etwa ein Dutzend Prövenwohnungen. Sie wurden, wie die Protocollbücher lehren, im Laufe der Zeiten unzählige Male geflickt, renovirt und umgebaut, stellen sich aber noch jetzt in der Hauptsache so dar, wie zu Anfang, nämlich als kleine neben einander gestellte Buden, die dem großen Gildehause wie Böte einem Schiffe angehängt sind.

Nach dem in Bremen und in andern Norddeutschen Städten durchweg herrschenden Principe, demzufolge Jeder sein eigenes Haus und Feuer für sich haben will, ist jede dieser Pröven= wohnungen ein Häuschen für sich, mit eigenem Dache und trennender Mauer, und mit einer vollständigen Hauseinrichtung, Heerd, Keller, Bodenraum und besonderm Ein= und Aus=

gange *), alles natürlich sehr miniatur, und nach dem Zollstabe
gemessen, wie die Cajüten an Bord eines Schiffes.

Jedes derselben bietet für eine Witwe oder einen alten
Invaliden ein freundliches Wohn= und Schlafzimmerchen, die
sie meistens recht „pück“ halten, und mit Blumen großen
Muscheln aus dem Indischen Oceane, Schiffsmodellen, oder
hübschgemalten Bildnissen der Fahrzeuge, die sie selber oder ihre
Männer einst kommandirten, und anderen Salzwasser=Souvenirs
recht gefällig geschmückt haben.

Da hausen nun die „Pundsack'sche“ und die „Losekamp'sche“
und die „Wallemann'sche“ und die andern guten Witwen, die
in dem heißen Havana oder Calcutta oder an den harten Fel=
sen der Westküste von Irland oder an den verrätherischen San=
den Jütland's ihren Ernährer und Gatten verloren haben. Und
mitten zwischen ihnen der eine oder andere gealterte Schiffs=
commandeur, den jetzt statt der wilden Windgötter die von
ihm gefütterten Canarienvögel umpfeifen, der, des Treibens
auf den Wellen satt und müde, wie ein abgetakeltes Schiff in
diesem stillen, kleinen Hafen, bis zu seiner schließlichen Abbe=
rufung vor Anker liegt.

Alle kleinen Wirthschaften stehen wieder unter der beson=
deren Leitung einer Verwalterin, die mitten unter ihnen in einer
eben solchen kleinen Bude haust, und nach den ihr im vorigen
Jahrhunderte auferlegten „Conditiones“ die Kranken pflegt und
bedient, ihre kleinen Commissionen besorgt, sie alle täglich mit
frischem Wasser versieht, die Gänge und Plätze vor den Häusern
sauber erhält, und des Abends um 9 Uhr die Hinterpforte
schließt. —

Da sich in neuerer Zeit mit dem Glücke und der Blüthe
der Bremischen Schifffahrt auch gleichmäßig die Menge der

---

*) Dasselbe Princip herrscht auch in allen anderen alten Wohlthätig=
keitsanstalten der Stadt Bremen, z. B. in dem dem Hause Seefahrt benach=
barten Ilsabeenstift, in welchem 40 Personen wohnen und in dem sich eben
so viele separate Küchen und Haushaltungen befinden.

Unglücksfälle, und der Witwen und Invaliden gemehrt hat und da
gleichmäßig die Einkünfte und Kräfte des Hauses gewachsen
sind, so hat man denn in den letzten Jahrzehnten auch die An=
zahl der Prövenwohnungen verdoppelt. Zunächst beschloß man
schon im Jahre 1843 eine Partie der alten kleinen Häuserchen
hinter der Seefahrt abzubrechen, und statt derselben ein zwei=
stöckiges Gebäude mit geräumigeren Wohnungen aufzuführen,
was endlich im Jahre 1854 ausgeführt wurde. Und alsdann
kaufte man im Jahre 1854 ein anderes ziemlich großes Grund=
stück in einer der Vorstädte Bremens an, und beschloß auf
demselben eine Anzahl neuer Wohnungen nach einem ver=
besserten Plane aufzuführen. Man nahm dabei das Barto=
lomäus=Hospital in London zum Muster, das damals von
Technikern „als das Ideal eines Spitalgebäudes" betrachtet
wurde. 32 Wohnungen sollten von Vorgärten, kleinen Gras=
plätzen oder Bleichen umgeben und von einander durch Mauern
getrennt, um einen länglichen viereckigen Hof herumgelegt
werden. In den folgenden Jahren wurde denn auch der Bau
nach diesem Plane ausgeführt und das neue Etablissement er=
hielt den Namen „der Seefahrts=Hof".

XX.

Von der jetzigen Verfassung, Verwaltung und Gesetzgebung des Hauses Seefahrt.

Die Gesammt-Mitglieder des Hauses. — Die kaufmännischen Mitglieder. — Die seefahrenden Mitglieder. — Die „Landlente". — Die „zweiundzwanzig Männer". — Die „acht Ober-Alten". — Die Vorsteher. — Der Buchhalter oder Administrator. — Die zu verschiedenen Zeiten üblichen Namen der Anstalt.

Um schließlich die Verfassung und Verwaltungsweise des Hauses Seefahrt, die noch immer sehr eigenthümlich und alterthümlich ist, einigermaßen kurz und deutlich zu schildern, will ich bei der Basis der Pyramide beginnen und zur Spitze hinaufsteigen, zuerst daher von der „Gesammtheit der Mitglieder", dann von den „zweiundzwanzig Aeltesten", darauf von den „acht Ober-Alten" und endlich von den „Vorstehern" reden. —

I. Die Mitglieder des Hauses.

Die sämmtlichen Mitglieder des Hauses Seefahrt bilden eine, theils aus Kaufleuten, theils aus Schiffern bestehende Gemeinde oder Brüderschaft, die auf verschiedene Weise an der Gesetzgebung, so wie an der Verwaltung des Vermögens der Gesellschaft und an dem Genusse ihrer Spenden und Wohlthaten betheiligt sind.

Die Kaufleute sind gewissermaßen der Patricierstand der

Gesellschaft. Sie übernehmen nur Pflichten und die obersten
Ehrenämter, die ihnen keine Emolumente einbringen, vielmehr
nur mancherlei Sorgen und Lasten verursachen. Sie haben
keinen Theil an den Spenden und Wohlthaten des Hauses,
verliehen demselben aber von jeher ihre Intelligenz und Ge=
schäftskunde, so wie auch den Beistand ihrer Capitalien, um
die wohlthätigen Zwecke der Anstalt und zugleich die Blüthe
des Handels und der Schifffahrt der Stadt Bremen und nicht
weniger ihr eigenes Interesse, zu fördern.

Die Kaufleute werden Mitglieder des Hauses durch die
Wahl der gesammten Gesellschaft. Gewöhnlich wählt man dazu
nur sogenannte „Schiffs=Rheder" (Eigenthümer von Schiffen),
deren Interessen mehr mit dem Schifferstande verknüpft sind,
als die der Banquiers, Waarenhändler oder anderer Kaufleute,
und die daher als des Schiffers natürliche Rathgeber und
Patrone betrachtet werden können.

Von ältesten Zeiten her wurden jährlich nur 2 neue kauf=
männische Mitglieder („Kaufleute=Schaffer") gewählt. Seit dem
Jahre 1855 wurde die Zahl auf 3 erhöht. Da ihre Mitglied=
schaft für ihre Lebenszeit dauert, so sind demnach in den letzten
Jahren wohl 40 bis 50 kaufmännische Mitglieder in der Ge=
sellschaft gewesen.

So lange ein kaufmännisches Mitglied noch nicht wirklich
„geschafft", d. h. die große Mahlzeit gegeben, hat es nur das
Recht an den jährlichen Versammlungen der Gesellschaft und
an den Wahlen neuer Schaffer Theil zu nehmen und auch zu
ihren Festen eingeladen zu werden. Erst nachdem es „geschafft"
hat, wird es fähig zu den Ehrenstellen der Vorsteher der Ge=
sellschaft erwählt zu werden, die nur aus den kaufmännischen
Mitgliedern hervorgehen.

Die Mitglieder aus dem Schifferstande theilen mit den
Kaufleuten die Leistungen und Pflichten, haben etwas beschränktere
Ansprüche an die Ehren der Gesellschaft, genießen dafür aber
ausschließlich die Wohlthaten des Hauses.

Ihre Aufnahme in die Gesellschaft geschieht nicht wie die der Kaufleute durch Wahl. Vielmehr gelangt dazu jeder ehrenhafte Bremische Seekapitän durch bloße Anmeldung und durch Unterschrift der Gesetze zur Mitgliedschaft.

Ehemals konnte ein Schiffer nur erst dann aufgenommen werden, nachdem er wenigstens drei Jahre für Bremer Rechnung gefahren hatte. In neuerer Zeit hat man dieß umgekehrt, und hat, um so viel Schiffer als möglich heranzuziehen, bestimmt, daß ein Schiffer spätestens, nachdem er drei Jahre als Kapitän eines Bremischen Schiffs gefahren habe, sich zur Aufnahme melden müsse. Meldet er sich später, so setzt er sich gewissen Nachtheilen aus. Die Vorsteher und Oberalten berathen dann über seine Aufnahme oder Nichtaufnahme. Auch muß er gewisse, je nach der Länge der Zeit, die er verstreichen ließ, größere oder geringere „Strafgelder", nachzahlen.

Manche große Schiffsrheder haben es auch, um dem Hause Seefahrt mehr Kräfte zuzuwenden und aus andern Gründen, als Prinzip angenommen nur solche Kapitäne zu engagiren, die schon Mitglieder der Seefahrt geworden sind. Nichtsdestoweniger gab es von jeher und giebt auch noch jetzt viele Schiffskapitäne in der Bremischen Flotte, die dem Hause nicht angehören.

Durch den Eintritt in die Gesellschaft erlangt der Schiffer zunächst weiter nichts, als das Recht, an den jährlich stattfindenden Versammlungen der gesammten Gesellschaft Theil zu nehmen, und sollte er alsbald Invalide werden, für sich eine jährliche Pension von 20 Thaler, oder sollte er sogleich sterben, für seine Wittwe ein Gehalt von derselben Größe, so wie auch, falls er lebend und rüstig bleibt, die Anwartschaft auf gewisse Ehrenämter der Gesellschaft.

Erst mit der längern Dauer seiner Mitgliedschaft kann er zu diesen Aemtern selbst gelangen, so wie durch die Erfüllung gewisser Pflichten und Leistungen seine Ansprüche auf größere Pensionen und Wohlthaten für sich und seine Wittwe begründen. Um zum Genuß der höchsten Ehren und Vortheile zu gelangen, muß er so zu sagen einen ganzen Cursus von Verdiensten und guten Werken durchmachen. Je mehr diese sich häufen, desto höher steigt er, nach den bei allen alten Brüderschaften, Ritter- und Mönchs-Orden geltenden Gewohnheiten und Prinzipien.

Er muß 1) von jeder Reise, die er macht, die „Bodmerei- oder Reise-Gelder" richtig dem Hause bezahlen.

Er muß 2) auf jeder Reise an Bord seines Schiffes eine Armenbüchse führen, und „keine passende Gelegenheit versäumen, um darin für das Haus — namentlich in der Fremde — Gaben zu sammeln", und dieselben nach der Heimkehr abliefern.

Er muß 3) zwei oder drei Mal hinter einander, als soge- nannter „Thalermann", die jährliche Sammlung für die See- fahrt in der Stadt von Haus zu Haus anstellen,

und 4) muß er, sobald die Reihe ihn trifft, sich als „Mit- Schaffer" an dem großen Bruderfeste der Genossenschaft bethei- ligen. (Doch kann er sich durch Einzahlung von 50 Thalern von dieser letzten Pflicht loskaufen.)

Wer unausgesetzt die Pflichten 1 und 2 geübt hat, erhöht dadurch seine und seiner Witwe Pension. Wer dazu auch noch 3 und 4 geleistet hat, dessen Pension hebt sich wieder einen Grad höher. Aber nur wer Alles, 1, 2, 3 und 4 vollbrachte, der steigt so hoch, wie er es überhaupt als Schiffer in der Brüderschaft bringen kann. Er wird für die Ehrenstelle eines „Ober-Alten" qualificirt, er hat den Anspruch, zu den Bruder- festen der Gesellschaft jedes Mal eingeladen zu werden, und sichert sich und seiner Witwe die höchste Pension, wird auch, wenn er sich für sich oder seine Witwe um eine offen gewor- dene Pröven-Wohnung im Hause bewirbt, allen Anderen, die weniger geleistet haben, vorgezogen. Endlich wird auch die Güte dieser Prövenwohnung nach den „Leistungen" des In- dividuums abgewogen. Die Witwe dessen, der nur „1, 2, 3" oder gar nur „1 und 2" oder „1 und 4" geleistet hat, muß sich eine Wohnung gefallen lassen, die vielleicht einige Nachtheile hat. Die Bewohnerinnen der Seefahrts-Pröven wissen immer

sehr genau, was ihre Männer „geleistet" und besprechen dabei
namentlich oft die Frage, ob sie auch „geschafft" haben,
oder nicht.

So wie nur aus den kaufmännischen Mitgliedern die
regierenden und administrirenden Vorsteher der Brüderschaft
gewählt werden, so gehen nur aus den Schiffern die bera=
thenden „Zweiundzwanzig" und die „Ober=Alten" hervor. In
welcher Weise werde ich sogleich zeigen.

Wenn die Kaufleute, wie ich sagte, die Patricier, dar=
stellen, so sind die Schiffer die Equites oder Plebejer und
die Gesammtheit beider bildet gleichsam das Volk, das als
solches für gewöhnlich jedes Jahr nur ein Mal zusammen
berufen wird, theils um eine allgemeine Rechnungsablage der
Verwalter, die eine Uebersicht des Vermögens=Zustandes geben,
anzuhören, theils um die Wahl der drei neuen Mitglieder aus
der Kaufmannschaft („Schaffer") vorzunehmen. Diese Wahl ist
die vornehmste Funktion der Gesammtheit. Da in dieser
die Schiffer die Mehrheit bilden, so können sie immer vermeiden,
daß nicht ein Kaufmann in die Brüderschaft komme, der bei
ihnen etwa mißliebig sein sollte. Die Wahlen sind schon zu=
weilen ein wenig stürmisch gewesen. Auch hat es mitunter,
namentlich, wie ich schon oben andeutete, in der Periode der
Regeneration des Instituts (kurz nach der französischen Zeit)
Unzufriedenheit, und Reform=Bewegungen unter der Schiffer=
Majorität gegen die Vorsteher und Verwalter, und Zwistig=
keiten zwischen beiden gegeben.

2. Von den Zweiundzwanzig.

Aus der Masse der Schiffer=Brüderschaft geht, wie ich
sagte, zunächst die Körperschaft der Zweiundzwanzig hervor,
die gleichsam das Unter=Parlament der Commune bilden.

Sie sind das älteste Organ der Gemeinde, und sind in
ihrer Einrichtung, Berechtigung und Zahl seit frühester Zeit
völlig wechsellos und unverändert geblieben, während bei den

andern Organen sich bis auf die Neuzeit immer dann und wann etwas gemodelt hat.

Schon in der ersten Stiftungs-Urkunde des Hauses See= fahrt (vom Jahre 1545) werden die Zweiundzwanzig als etwas Bestehendes erwähnt. Nach der Art und Weise, wie sie darin bezeichnet und angeführt werden: „de twe un twintig Mannen ut den gemeenen Schippern", möchte man beinahe vermuthen, daß sie ein noch aus dem Mittelalter stammendes Organ der alten Schiffer-Gilde gewesen seien. Wie ihre Zahl so ist auch das Princip ihrer Ernennung seit alten Zeiten das nämliche geblieben. Sie erlangen noch jetzt ihren Posten nicht durch Wahl, sondern durch bloße Anciennität nach dem Datum, an welchem sie die Gesetze der Seefahrt unterschrieben haben.

Die Gerechtsame dieser Zweiundzwanzig waren bis auf die Neuzeit herab wenig genau bestimmt. Doch stand immer fest, daß sie den Hauptbestandtheil der gesetzgeberischen Gewalt der Commune bildeten. „Fortsetzungen, Vermehrungen und „Neuerungen in der Ordnung des Hauses", so heißt es schon in der Stiftungs-Urkunde, „sollen ohne Berathung und Ver= abredung mit den Zweiundzwanzig nicht eingeführt werden." Auch konnten von jeher die Zweiundzwanzig sich nach ihrem Gutdünken versammeln, um Reformen in Berathung zu ziehen, und solche bei den Vorstehern in Vorschlag zu bringen, hatten also das Recht der Initiative.

Eben so war es schon von vornherein bestimmt, daß die Verwalter den Zweiundzwanzig ein Mal im Jahre Rechnung ablegen sollten, und diese die Rechnung durch zwei von ihnen deputirte Revisoren prüfen dürften. Der Gesammtheit der Commune wurde dann die so von den Zweiundzwanzig ge= prüfte und confirmirte Rechnung bloß in den Haupt=Resultaten mitgetheilt.

Im 18. Jahrhunderte, wo überall Willkür oder Aristo= kratie der Behörden herrschte, scheinen diese alten Rechte der Zweiundzwanzig oft mißachtet zu sein. In der Neuzeit hat man sie aber wieder besser festgestellt, und unter andern auch (seit 1819) bestimmt, daß sie unter sich einen Vorsteher ihres Collegiums, einen sogenannten „Protokollführer der Zweiundzwanzig" wählen sollen, der über ihre Gerechtsame wacht, ihre Zusammenkünfte veranlaßt und ihre Berathungen leitet.

3. Von den Ober=Alten.

Aus den 22 Aeltesten geht das Collegium der sogenannten Ober=Alten durch Wahl hervor. Sie bilden, wie ich bemerkte, gewissermaßen das Oberhaus der Commune, nehmen aber auch mit den Vorstehern einen hervorragenden Antheil an der Administration. Ihre Zahl war ursprünglich acht, und blieb beständig dieselbe bis auf die Neuzeit, da sie im Jahre 1841 auf „10" und im Jahre 1855 auf „12 bis 14" vermehrt wurde. Doch geschah diese Vermehrung nur mit Rücksicht auf die aufblühenden Häfen Vegesack und Bremerhaven, wo man einige der Ober=Alten zur Wahrung der Interessen der Gesellschaft residiren zu sehen wünschte. Für die Stadt Bremen selbst blieb es immer bei der alten Zahl 8.

Nach den in den ältesten Gesetzen enthaltenen Bestimmungen scheint es, daß bei einer eintretenden Vacanz früher die Vorsteher und Oberalten nach ihrem Gutdünken einen neuen Oberalten aus den Zweiundzwanzig erwählt haben. In neuerer Zeit (seit 1819) hat man ein liberaleres Prinzip angenommen. Die Vorsteher und Oberalten treten jetzt im Fall einer Vacanz zusammen, designiren aus den Zweiundzwanzig drei Personen, und von diesen Dreien erwählen dann die Zweiundzwanzig ihren Ober=Alten durch Stimmenmehrheit.

Die Ober=Alten haben anfänglich ihren Posten für ihre Lebenszeit inne gehabt. In neuerer Zeit hat ihre Amtsdauer mehrfach gewechselt und endlich bei den letzten Gesetz=Reformen hat man dieselbe auf 10 Jahre bestimmt.

Nach seinem Austritte behält aber ein „Ober=Alter" seinen Rang für die Dauer seines Leben bei, und geht als solcher bei den Festen der Genossenschaft den bloßen „Aeltesten" und auch den „jüngeren Ober-Alten" stets vor. Auch wird bei allen Wohlthaten, welche das Haus verleihen kann, ein Ober-Alter den übrigen vorgezogen.

Während die Gesammtheit aller Mitglieder nur alle Jahr ein Mal berufen wird, und während die Zweiundzwanzig nur dann und wann bei Wahlen, oder wenn sie selber ausnahmsweise es für nöthig finden, zusammentreten, haben die Ober-Alten in Gemeinschaft mit den Vorstehern häufig Sessionen, in denen sie mit jenen über die Benutzung und Verwendung der Einkünfte und aller das Wohl der Stiftung angehenden Gegenstände Beschlüsse fassen. Insbesondere haben sie die Verhältnisse der um Unterstützung Bittenden zu untersuchen und darüber in den Sessionen ihr Gutachten abzugeben, so wie auch die regelmäßige Einzahlung, der von den Schiffern zu leistenden Geldbeiträge und des Ertrages ihrer „Armenbüchsen" zu überwachen. Die Stadt und ihr Gebiet sind dazu in gewisse Distrikte abgetheilt, deren jeder einem Ober-Alten speciell zugewiesen ist. Mit den Vorstehern und den Zweiundzwanzig zusammen nehmen die Oberalten natürlich auch an der Gesetzgebung Theil.

4. Von den Vorstehern des Hauses Seefahrt.

In den ältesten bei der Vereinigung der Schiffer mit den Kaufleuten beliebten Gesetzen wurde sogleich die Zahl der aus der Kaufmannschaft zu wählenden Vorsteher auf 4 bestimmt und hierbei ist es beinahe 300 Jahre lang geblieben, nämlich bis zum Jahre 1855, wo wegen der Ausdehnung der Wirksamkeit der Seefahrt und wegen der ihr nun annexirten „Seemanns-Casse" die Zahl auf 5 gebracht wurde.

Die ersten Vorsteher aus der Kaufmannschaft wurden den alten Gesetzen zufolge ohne Zuziehung der Zweiundzwanzig gewählt. Es wurde damals bestimmt, daß beim Abgange eines Vorstehers die übrigen Vorsteher mit den 8 Ober-

alten einen neuen wählen sollten. Im Ganzen scheint es bis
auf die Neuzeit dabei geblieben zu sein, daß sich Vorsteher und
Oberalten aus eigener Wahl ergänzten. Erst in diesem Jahr=
hunderte hat man ein liberaleres Prinzip angenommen und, so
wie bei der Wahl der Ober=Alten, auch bei der der Vorsteher
die Zweiundzwanzig beigezogen. Man bestimmte (seit 1819),
daß die übrigen Vorsteher und die Ober=Alten drei Personen
aus den kaufmännischen Mitgliedern der Seefahrt, die bereits
„geschafft" hätten, designiren und daß aus diesen dann die
Zweiundzwanzig den neuen Vorsteher wählen sollten. Alle zwei
Jahre tritt einer der fünf Vorsteher ab, so daß mithin alle
zehn Jahre das ganze Collegium wieder völlig neu besetzt ist.
Doch behält der Abtretende, wie die Ober=Alten, seinen Rang in
der Brüderschaft für das ganze Leben bei, und wird namentlich
bei der großen Schaffermahlzeit darnach placirt.

Die Gesammtheit der fünf Vorsteher beräth und beschließt
mit den zwölf Ober=Alten über die Belegung und Benutzung
der Capitalien oder Einkünfte des Hauses und bewilligt die Unter=
stützungen, Pensionen und Pröven=Wohnungen.

Die Ausführung ihrer Beschlüsse, so wie die Leitung ihrer
Berathungen und Sessionen ist aber jeder Zeit nur einem der
fünf Vorsteher in die Hand gegeben, der das Hauptbuch der
Seefahrt führt, und gleichsam der Regent der Gemeinde
ist. Er heißt jetzt der „Verwaltende Vorsteher". Im vorigen
Jahrhunderte führte er, wie ich schon bemerkte, den Namen
„Buchhalter" oder „der buchhaltende Vorsteher" oder auch „der
Verwalter des Buchs."

Diese „vornehmen Männer", wie sie in der Stiftungs=
Urkunde der Seefahrt genannt werden, die dann wohl nicht
bloß als die Verwalter eines Armenhauses, sondern als die
Spitzen der ganzen Classe der Schiffer und Rheder und als die
Häupter der alten Schiffer=Gilde betrachtet wurden, haben denn
auch zuweilen in Briefen, Dokumenten und Rechnungen oft
sehr vornehme und lange Titel und Addressen bekommen. Aus

den Jahren 1612 und 13 fand ich z. B. folgende Addreſſe:
„den Ehrenveſten, Ehrbaren und Wohlweiſen Herren Vorſtehern
und Verordneten der armen Seefahrt zu Bremen". Und vom
Jahre 1663 folgende: „den Edelveſten, Großachtbaren und
Wollweiſen, Ehrenveſten Wollfürnehmen Herren Vorſtehern der
armen Seefahrt." Und zwar kommen ſolche Titulaturen nicht
nur in Schriften von untergeordneten Supplikanten oder in
Rechnungen von Handwerkern, ſondern auch in Briefen und
Quittungen auswärtiger Creditoren von Rang vor.

Das Hauptgeſchäft des verwaltenden Vorſtehers beſteht
in der Einkaſſirung der der Anſtalt gemachten Geſchenke, in der
Uebernahme der von den Oberalten eingeſammelten Einkünfte
des Hauſes und der Anlegung dieſer Capitalien. Er beauf-
ſichtigt und controllirt alle Theile des ganzen Organismus.
Ihm fließen alle Gelder zu und von ihm gehen ſie wieder aus,
um durch andere Mittelsperſonen den Beneficiaten zuzu-
kommen.

Er muß ſeiner Seits alle Jahr ein Mal den übrigen
Vorſtehern und den Ober-Alten Rechnung ablegen. Dieſelben
wählen zur Reviſion und Beſtätigung der Rechnung und ihrer
Belege einen Vorſteher und zwei Ober-Alten, welche nach Be-
ſichtigung die Schlußrechnung unterſchreiben. Ich ſagte ſchon,
daß dieſe Rechnung darnach auch den zweiundzwanzig Aelteſten
vorgelegt würde, die ſie wiederum durch zwei aus ihrer Mitte
prüfen und confirmiren, ſo wie daß ſchließlich auch in einer
jährlich ſtattfindenden General-Verſammlung ſämmtlichen Mitgliedern des Hauſes eine Ueberſicht der Finanzen und des
Vermögens-Standes des Hauſes mitgetheilt wird.

Seit der Begründung der „Seemanns-Caſſe", die ihre
ganz geſonderte Verwaltung hat, ſteht einer der fünf Vorſteher
des Hauſes Seefahrt dieſer Seemanns-Caſſe beſonders vor, und
hat dabei die „Geſammtſeſſion", d. h. die ſämmtlichen Vorſteher und Ober-Alten des Hauſes Seefahrt zu Rathe zu ziehen.
Da jenes Inſtitut aber nicht wie das Haus Seefahrt ſelbſt

durch die Anstrengungen der Seefahrtsmitglieder unterhalten wird, da es nur der Obhut der Oberen des Hauses, als der kundigsten und der dazu geeignetsten Männer, anvertraut ist, so haben daher auch weder die Zweiundzwanzig noch die Gesammtmitglieder sich in die Angelegenheit desselben zu mischen, auch keine Rechenschafts-Ablage deßwegen zu fordern.

Mit diesen Bemerkungen über die Vorsteher des Hauses wäre ich denn, wie gesagt, auf der Spitze der kleinen Pyramide angelangt. Doch will ich zum völligen Schlusse dieses Capitels und des ganzen Buchs noch ein Paar Worte über die Namen, welche man der Anstalt, deren Geschichte und Einrichtungen ich darzustellen versuchte, zu verschiedenen Zeiten gegeben hat, hinzufügen.

In dem ersten Dokumente, welches wir über dieselbe haben, wird die ganze Corporation, die diese Stiftung in Vorschlag und zur Ausführung bringt als „de gemeene Schipper" (die Schiffer-Gemeinde) bezeichnet.

Auch kommt in diesem Dokumente vom Jahre 1545 schon der Ausdruck „de gemeene Szefart" für die Seefahrer-Gemeinde vor. Es heißt darin, man solle im Falle des Todes eines Vorstehers einen neuen Vorsteher aus der gemeinen Seefahrt wählen.

Der Name „die Arme Seefahrt" war so lange im Gebrauch, als die Gesellschaft noch kein Haus hatte, d. h. bis 1561. In den Kaufbriefen von 1561 heißen die Häupter der Anstalt: „die Vorsteher der Armen Seefahrt."

In den ersten alten Gesetzen nach 1561, als man schon ein Haus besaß, wird nicht nur dieses Gebäude, sondern überhaupt das ganze Institut schon als „dat arme Hus in der Seefahrt" oder auch „dat arme Seefahrende Hus" bezeichnet.

In den alten Testamenten der Bürger von 1565 bis 1600 wird die ganze Genossenschaft zuweilen so genannt: „die Brüderschaft der Armen Seefahrt" oder auch „die Gesellschaft der Armen Seefahrenden."

In den Protokollbüchern des 16. Jahrhunderts finde ich auch oft die Ausdrücke „der Armen Seevorth Huß" oder „der Seefahrenden Armen Huß" oder „dat Hus der armen Seevorth*) (auch „See Bartt" oder „Sehevart" geschrieben).

Im 17. und zum Theil noch im 18. Jahrhundert kommen häufig die Ausdrücke: „das Haus der sehefahrenden Armen" oder „das sehefahrende Armenhaus" auch bloß „der Armen Seefahrt" vor. Hie und da findet man auch wohl das Ganze mit „die seefarenden Armen" bezeichnet, z. B. in Briefen die „An die Vorsteher der seefahrenden Armen zu Bremen" gerichtet sind.

In neuerer Zeit ist als allgemein gültige Benennung des Instituts „das Haus Seefahrt" in Schwung gekommen. Im gemeinen Leben bedient man sich in Bremen sowohl zur Bezeichnung des Gebäudes als auch der ganzen Gesellschaft ganz kurz des Ausdrucks: „die Seefahrt".

---

*) Die Wendung und der Ideengang ist hierbei ganz ähnlich, wie bei dem analogen Ausdrucke: „das Elende Haus", „statt das Haus der Elenden."

Anhang.

Nähere Beleuchtung der Frage von dem Stiftungsjahre des Hauses Seefahrt.

Ich habe es zwar schon im ersten Capitel meines Büchlein im Allgemeinen ziemlich sicher gemacht, daß als die Begründungszeit der milden Stiftung, deren Geschichte ich hier darzustellen versuchte, das Jahr 1545 anzunehmen sei. Auch habe ich gleich im Anhange zu jenem Capitel einen Abdruck und eine Uebersetzung der dieses Datum enthaltenden Urkunde gegeben. Da indeß viele Derer, die über denselben Gegenstand schrieben, dies Jahr nicht angenommen, vielmehr auf gewisse alte Angaben und schriftliche Aufsätze gestützt, die Stiftung „der Seefahrt zu Bremen" in das Jahr 1525, oder auch in ein noch früheres Jahr verlegt haben, so glaube ich, daß Manchem eine nähere Beleuchtung dieses Punktes und eine Erwägung des Werthes jener, meiner Annahme entgegenstehenden, Schriften nicht unwillkommen sein wird, und ich gebe daher hier eine solche im Anhange zu dem Ganzen.

Das Original des oben von mir mitgetheilten Dokuments, welches jene Zeitangabe enthält, und das, wie ich zeigte, mit den Worten schließt: „Gegewen na Christi unses Herren gebort Dusend Vifhundert darna im vyff und vertigsten jar, am Donnerdage na deme Sonndage Letare", ist so wohl erhalten, jedes einzelne Wort darin und namentlich das Datum so deutlich und leserlich geschrieben, daß darüber keinerlei Irrungen

entstehen konnten. In diplomatischer Beziehung ist das Dokument vollkommen unanfechtbar. Es ist nicht nur ganz in dem
plattdeutschen Stile, sondern auch mit den Schriftzügen des
Jahres 1545 geschrieben. Das dazu gebrauchte große Perga-
mentblatt ist ebenso beschaffen und zusammengefaltet, wie es
damals bei Erlassen des Senats der Fall zu sein pflegte. Das
kleine Senatssiegel („der Stadt Secret") in schwarzem Wachse
ausgeprägt, mit weißem Wachse auf dem Rücken gedeckt, ist
noch völlig unversehrt und so daran befestigt, wie es nur die
Inhaber des Siegelstempels (die Beamten des Senats) daran
befestigen konnten.

Vom Jahre 1545 bis zum Jahre 1575 ist mir kein Ma-
nuscript und auch keine Druckschrift bekannt, in welchem das
Stiftungsjahr des Hauses Seefahrt wiederum erwähnt worden wäre.

Im Jahre 1575 hatten, wie ich im sechsten Capitel dieses
Buches erzählte, die sämmtlichen Schiffscapitäne Bremens eine
Generalversammlung und Berathung im Hause Seefahrt, in
welcher sie ihre Verhältnisse zu ihren „Schiffskindern" (Matrosen) und die Rechte und Pflichten derselben regulirten. In dem
über die in dem besagten Jahre aufgesetzten Documente, das
ich im Anhange zu jenem Capitel mitgetheilt habe, heißt es,
daß man diese Beschlüsse annehme, „mit Vorbehalt der vorigen
Tafel von Anno 45, die von einem Ehrbaren Rath gegeben
sei". Da wir aus dem Jahre 1545 durchaus von gar keiner
andern vom Rathe der Seefahrt gegebenen Tafel etwas wissen,
so ist hier also ohne Zweifel jene Stiftungsurkunde von 1545
gemeint. Und das Document von 1575 bestätigt mithin diese
Jahreszahl.

Außer den beiden genannten Schriften findet sich unter
den Papieren der Seefahrt keine andere alte Urkunde, welche
diese Jahreszahl gleichfalls corroborirte. Auch haben wir
leider keine gleichzeitigen Chroniken oder sonstigen Werke,
welche des Hauses Seefahrt und seiner Fundation Erwähnung

gethan hätten. Auch der alte Bremer Chronist Renner (bis
1583) enthält keine Notiz über sie. Nach 1575 spricht von
der Seefahrt zuerst der bekannte Wilhelm Dilichius, dessen
historische Schilderung Bremens im Jahre 1604 gedruckt wurde.
Er sagt ganz einfach, daß das Haus Seefahrt in Bremen
im Jahre 1545 gestiftet sei.*) Es ist die älteste gedruckte Au-
torität, welche ich für das Stiftungsjahr des Hauses Seefahrt
finden konnte und dieselbe ist um so wichtiger, da Dilichius
bei seinem Buche den Angaben des damaligen Bremischen Bürgermeisters Kresting so vielfach folgte, daß der Bremische Historiker
Roller sogar behauptet**): „der wahre Verfasser der Chronik
des Dilichius sei eigentlich der durch seine Kenntnisse und histo-
rischen Arbeiten ausgezeichnete Bürgermeister Kresting", von dem
man wohl mit Recht vermuthen kann, daß er mit den Daten
der Senats-Erlasse, die noch in seine Lebenszeit fielen, bekannt
genug sein mochte.***)

Nach Dilichius haben daher fast alle einheimischen Chro-
nisten und Geschichtschreiber unserer Stadt und gleichfalls fast
alle Fremden, welche in ihren Topographien der Bremer Seefahrt erwähnen, das Jahr 1545 als Stiftungsjahr derselben
angenommen. Von den älteren und wichtigeren Fremden will
ich nur noch den sorgfältigen Mathaeus Merion anführen, dessen
„Topographie des Niedersächsischen Kreises" bald nach 1640
erschien. Und von den Einheimischen Peter Koster, der im
Anfange des 17. Jahrhunderts „Nachrichten von den Kirchen,
Schulen und andern Anstalten Bremens" verfaßte. Beide setzen
die Stiftung der Seefahrt ebenfalls ohne Weiteres und ganz

---

*) „Inter alia vero Xenodochia anno 1545 domus, quae „der Seefahrt
armen Gesellschaft" vulgo dicitur — fuit dicata". Siehe Urbis Bremae
Chronicon etc. autore Wilhelmo Dilichio. Casselis 1604. p. 36 und 36.

**) Siehe Roller I. c. Theil I. p. XII.

***) Kresting wurde 1591 Rathsherr, war also vermuthlich noch vor
1545 geboren.

entschieden in das Jahr 1545. Es wäre überflüssig, die vielen
Späteren, die dasselbe thun, noch aufzuzählen, da sie darin
nur den älteren besseren Autoritäten folgten.

Im Widerspruch hiermit hat sich nun unter den früheren
Mitgliedern der Seefahrt selbst die traditionelle und in unzäh-
ligen schriftlichen Aufsätzen wiederholte Ansicht festgesetzt, daß
die Anstalt 1525 fundirt worden sei, und es ist diese Angabe,
namentlich auch in der Neuzeit, in mehre Druckschriften über-
gegangen und oft wiederholt worden.

Diejenigen, welche dieser Ansicht huldigen, können sich dabei auf keine untadeliche und gleichzeitige alte Urkunde berufen.
Sie haben dagegen eine Menge von Abschriften zweier verschiedener Dokumente, die sich beide in einer auf den ersten Blick
sehr auffallenden Weise bestätigen, und „1525" als das Stiftungsjahr annehmen. Diese Abschriften sind unzählige Male
wiederholt und sowohl in den Archiven der Seefahrt, als in
denen des Staates, des Schüttings und vieler bremischer Privat-
sammlungen verbreitet.

Eine Reihe solcher Abschriften enthält lauter von verschiedenen Händen und zu verschiedenen Zeiten angefertigte Copien
des Stiftungs- und Confirmationsbriefes des Senats. Keine
derselben steigt jedoch über das Ende des 17. Jahrhunderts hinaus. Sie stimmen in fast allen wesentlichen Punkten mit dem
von mir im Anhange zum ersten Capitel mitgetheilten pergamentenen Briefe von 1545 überein, obwohl sie allerdings in
einzelnen Worten und in der Orthographie des Plattdeutschen
abweichen. Dabei haben sie aber zugleich alle 1) einen ganzen
Passus mehr als jener Brief und 2) statt des Datums „1545"
das Jahr „1525".

Der „Passus" den diese Abschriften mehr haben, ist da
eingeschaltet, wo in der Urkunde die seit alten Zeiten auf den
Bremischen Schiffen bestandenen Abgaben („Strafgelder",
„Gottespfennige" 2c.), welche man nun zur Fundirung des
neuen Instituts benutzen und beiziehen wollte, aufgezählt wer-

den und lautet ins Hochdeutsche übersetzt so: „daß auch
Alles, was an Bord der Schiffe etwa von den Kaufleuten
und Schiffern in Noth, Sturm und Gefahr um Gotteswillen
gelobt würde, dem milden Werke der Armen zugewendet wer=
den sollte."

Von diesem Artikel steht kein Wort in dem pergamentenen
Briefe von 1545. Er harmonirt aber sehr wohl mit dem
ganzen Zusammenhange, in welchen er gebracht ist. Er ist in
demselben alten Plattdeutsch wie das Uebrige abgefaßt. Es ist
auch gar kein Grund denkbar, warum man ihn etwa aus In=
teresse später verfaßt und interpolirt haben sollte. Ja, man
war zu der Zeit, als die Abschriften gemacht wurden (am Ende
des 17. und am Anfange des 18. Jahrhunderts) kaum mehr
im Stande, etwas so richtig altplattdeutsch abzufassen.

Es scheint hieraus mithin hervorzugehen, daß die Copisten
außer dem Senatsbriefe noch ein anderes Papier vor sich ge=
habt haben müssen. Wahrscheinlich wird es irgend ein uns
verlorenes Concept gewesen sein, welches die Schiffer von ihren
„Artikeln" entworfen und dem Senate vorgelegt hatten. Darin
nun mag auch jener Passus von den „Gelöbnissen" vorgekom=
men sein, den der Senat in seinem Briefe ausließ. Möglich
auch, daß die Schiffer sich erst nach der Senats-Confirmation
dieser aus alter katholischer Zeit stammenden, aber selbst da=
mals vielleicht noch nicht ganz ungewöhnlichen „Gelöbnisse"
erinnerten, und indem sie dachten, daß auch aus ihnen noch etwas
für ihr Institut zu gewinnen sein möchte, den Artikel durch einen
nachträglichen Beschluß, wenn auch nicht in dem pergamentenen
Originale des Senatsbriefes doch in ihrem Concepte ein=
flickten, und daß so die späteren Abschreiber ihn als zum Briefe
gehörig aufnahmen. Im Uebrigen ist es ausgemacht, — ich
wiederhole es, — daß ihre Copien genau diesen „Brief" wie=
dergeben. Nichts mehr und nichts weniger. Sie haben sogar
auch ganz richtig die Angabe des Tages: „am Donnerstage
nach dem Sonntage Laetare."

Was nun die Veränderung der Jahreszahl „1545" zu „1525" betrifft, so ist die Annahme, daß jeder der 20 oder 25 Abschreiber — denn so viele sind es etwa — bei Anfertigung seiner Copie das vorhandene Document vor Augen gehabt und daß sie sich alle dabei verlesen haben sollten, ganz unstatthaft, weil „im vnf vnde vertigsten Jare" gar zu unverkennbar deutlich darin geschrieben steht. Ohne Zweifel begnügten sich mithin diese uns bekannten Copisten, nur wieder ältere verloren gegegangene Abschriften zu copiren, ohne sich die Mühe einer Beiziehung des altmodig geschriebenen Originals zu geben, und dabei läßt es sich denn sehr wohl denken, daß der erste dieser Copisten sich entweder versah oder seine Jahreszahl nicht so deutlich schrieb, wie sie im Originale stand, und daß auf diese Weise die Abschriften aller seiner Nachfolger verfälscht und vergiftet wurden.

Hiernach kann kein Zweifel darüber sein, daß wir jenem pergamentenen Urdocumente und seiner Jahreszahl „1545" vor den viel späteren Abschriften mit ihren Angaben von „1525" den Vorzug geben müssen und die ganze Entscheidung wäre so weit nicht schwierig, wenn nicht noch eine zweite Reihe von Abschriften einer andern verlornen Urkunde, die ebenfalls behauptet haben soll, daß die Seefahrt lange vor 1545 existirte, und welche die Jahreszahl „1525" zu bestätigen scheint, dazu käme.

Es sind dies die Abschriften jener von mir im vierten Capitel meiner Schrift erwähnten Tafel, welche im Jahre 1633 im Hause Seefahrt angefertigt und aufgehangen wurde, und auf welcher die einige Zeit nach der Stiftung beliebten Artikel zur innern Organisation der Seefahrt oder die alten Gesetze des Hauses niedergeschrieben waren. Diese vermuthlich hölzerne Gesetzes-Tafel selbst die noch lange nachher existirt zu haben scheint, ist jetzt leider nicht mehr vorhanden.*)

---

*) Ich habe darnach alle Schränke, Kisten, Böden, Winkel und Verstecke des Hauses vergebens durchsucht.

In den meisten Abschriften jener Tafel wird nun gesagt, daß diese alten Gesetze des Hauses „im Jahre 1535" gemacht und damals zum ersten Male auf eine Tafel geschrieben seien, daß die Vorsteher der Seefahrt aber ein Jahrhundert später (im Jahre 1633) gewahrt hätten, wie diese alte Gesetztafel völlig zerscheuert und unleserlich („fast unleßlich unde deels thoschöret") geworden sei, und daß sie daher für „hochnöthig" befunden hätten, diese alte Tafel*) „auß neue zu schreiben" und und in der Umschreibung aufhängen zu lassen. Es wird in dieser dem Transsumpte eingeschalteten Copie noch einmal ge= sagt, daß die Gesetze im Jahre 1535 beliebt seien und ebenso wird am Schlusse bemerkt, daß durch diese Beliebung von 1535 der Kraft „des alten Stiftungsbriefes des Senats von 1525" nichts benommen sein solle.

Beides — die zweimalige Anführung der Jahreszahl „1535" und die Erwähnung des Stiftungsbriefes „von 1525" in so vielen Abschriften — scheint auf den ersten Blick eine sehr beachtenswerthe Bestätigung der Ansicht, daß die Seefahrt schon zwei Jahrzehnte vor 1545 existirt habe. Doch wird es nicht schwer sein, auch diese Autoritäten zu entkräften und ihr Gewicht auf das gehörige Maß zu beschränken.

Zunächst dürfen wir nicht vergessen, daß es sich hier nicht um Abschriften eines diplomatischen aus einer Staats= kanzlei hervorgegangenen und gehörig beglaubigten Dokuments handelt, daß uns vielmehr nur von Privatschreibern gemachte Copien einer von irgend einem dazu angestellten Schildermaler mit gelber Oelfarbe auf schwarzem Holz gemalten Schrift vor= liegen, und daß sogar diese Schrift ihrerseits wieder die Copie einer von einem eben solchen Schildermaler verfertigten Tafel war. Ich will zugeben, daß die Jahreszahlen auf der ältesten Tafel richtig stehen mochten. Daß sie aber noch 1633, wo das

---

*) Ich brauche kaum zu versichern, daß diese ältere Tafel in der See= fahrt längst verschwunden ist.

Ganze schon „so unleserlich und zerscheuert" war, sehr deutlich gewesen seien und dann richtig copirt worden seien, ist sehr unwahrscheinlich. Die alten Schiffer und Kaufleute, selbst die Vorsteher der Seefahrt, unter deren Aufsicht natürlich diese Copien gemacht wurden, waren vermuthlich sehr wenig strenge Chronologisten. Ob die Jahreszahlen richtig transsumirt wur= den, darum kümmerten sie sich wohl weit weniger, als darum, daß ihre alten Einrichtungen, Privilegien und Gesetze im Trans= sumpte enthalten seien. Vermuthlich mochte sich schon damals (1633) bei ihnen auf die oben von mir angedeutete Weise die Idee festgesetzt haben, daß ihr Stift aus dem Jahre 1525 datire. War daher die Zeitbestimmung auf der Tafel undeut= lich, so mochten sie um so leichter 1525 hineinlesen, als dies nur in einer Ziffer von 1545 abweicht. Und darnach mochten sie dann auch für das unleserliche Datum der Gesetztafel die Jahreszahl 1535 annehmen. Es läßt sich aber auch ebenso leicht denken, daß erst die spätern Abschreiber diese Angaben hinein= brachten, oder nach den nun über die Stiftungszeit der See= fahrt allgemein geltenden Traditionen hineincorrigirten.

Fast scheint es, daß sogar auch auf der neuen hölzernen Tafel von 1633 die Jahreszahlen nicht ganz deutlich standen; denn in einigen Abschriften finde ich am Ende statt 1525, das Datum 1535 gesetzt, und dann wieder scheint es, daß man zu Anfang statt 1535 auch 1553 lesen konnte, denn in einigen Papieren der Seefahrt finde ich das letztere Jahr als die Zeit der Anfertigung der ältesten Gesetztafel erwähnt.

Dies Alles läßt die in den beiden genannten Reihen von Abschriften enthaltenen Zahlenangaben als äußerst unzuverlässige Stützen erscheinen.

Außer der Unzuverlässigkeit der für das Jahr 1525 spre= chenden Schriften und der daneben bestehenden Unantastbarkeit der für das Jahr 1545 zeugenden Originalurkunde, habe ich mich bemüht, um die Frage auch von anderer Seite her außer Zweifel zu setzen, noch andere in dem Inhalte der Documente

selbst, in den Verhältnissen der Zeit und in andern Umständen
begründete Argumente aufzufinden, die ein bedeutendes und
ohne Zweifel völlig entscheidendes Gewicht in die Wagschale
für 1545 werfen.

Zunächst stimmen die in dem Stiftungsbriefe ausgespro=
chenen Ansichten und die daselbst gebrauchten Ausdrücke durch=
aus nicht mit den politischen und kirchlichen Zuständen von
1525, obwohl sie zu 1545 ganz vortrefflich passen. Es heißt
unter andern darin: „die Schiffer hätten in Vorzeiten" (in vor=
tydenn) die auf den Schiffen zusammengebrachten Strafgelder,
Gottespfennige und andere Abgaben zu Kirchenmessen und an=
deren „ungöttlichen Diensten" (tho missen unde anderen ungödt=
lyken deensten) angelegt, was nun als dem göttlichen Worte
entgegen betrachtet werden würde (so nu ein sodant deme Godtli=
ken worde entjegens), sie sollten es jetzt lieber zu einem milden
und christlichen Werke kehren. Diese Worte stehen ganz eben so
in den Abschriften, die den Stiftungsbrief in 1525 hinauf=
setzen, wie in dem pergamentenen Briefe von 1545. Schwer=
lich konnte man schon im Jahre 1525, wo so eben erst in
einigen Kirchen der Stadt Bremen die Messe abgeschafft war,
diese geradezu einen „ungöttlichen Dienst" nennen, und als
„dem göttlichen Worte entgegen" bezeichnen. Wenigstens hätte
diese Ausdrücke der damals noch halbkatholische und vorsichtige
Rath gewiß nicht unterschrieben. Noch weniger konnte man
schon im Jahre 1525 von diesen Dingen als in „Vorzeiten"
geschehen sprechen. Mir scheint es, daß dieser Umstand allein
hinreicht, die Angaben von 1525 zu entkräften.

Zu den Ansichten und zu der Sprechweise des Jahres 1545,
wo die Reformation längst völlig gesiegt hatte, und auch in
die Rathsdocumente eingedrungen war, passen jene Ausdrücke,
wie gesagt, hingegen vollkommen.

Es wird in dem Briefe ferner gesagt, die Schiffer hätten
zum Zwecke der Ansammlung ihrer Gelder eine Kiste machen
lassen (ene Kystenn, so dartho gemaket). Solche Kisten, soge=

17 *

nannte „Gotteskisten" oder „Armenkasten" waren aber eine ganz neumodige Erfindung des Protestantismus. Sie wurden in einigen Kirchen Bremens zuerst im Jahre 1526 bei dem Anfange zur Ordnung des Armen- und Diaconenwesens eingeführt und erst im Jahre 1534 besser organisirt. In Hamburg richtete man den ersten „Gotteskasten" im Jahre 1527 und zwar zunächst nur in einer Kirche (der des St. Nicolaus auf.*)

Es läßt sich kaum denken, daß schon im Jahre 1525 die Bremer Schiffer auf diese Idee gekommen sein sollten. Es ist viel wahrscheinlicher, daß sie dieselbe erst später, als sie allgemeiner geworden war, auch für ihre besondern Zwecke nachahmten. Im Jahre 1545 konnten sie dies natürlich schon thun.

Auch in dem Umstande, daß die Abschriften denselben Ausstellungstag wie der pergamentene Brief, nämlich „den Donnerstag nach dem Sonntage Laetare" haben, kann man einen Beweis dafür finden, daß die Jahreszahl „1525" falsch sein muß. Denn bei der unanfechtbaren Voraussetzung, daß der Senat „am Donnerstage nach dem Sonntage Laetare 1545" der Seefahrt einen Confirmationsbrief gab, müßte man dann annehmen, daß er zufällig a u c h an „dem Donnerstage nach dem Sonntage Laetare" eines andern Jahres schon eine frühere Confirmation gegeben habe. Und ein solcher Zufall wäre in der That höchst singulär.

Ferner werden in dem Stiftungsdocumente von 1545 die Namen der acht damaligen Vorsteher der Schiffergesellschaft, die mit der Proposition zur Gründung einer milden Anstalt und mit der Bitte um Confirmation vor den Rath traten, genannt. Es sind folgende: Reyner Wacke, Diederich Kordewacker, Erp Focke, Hinrich Ruter, Hinrich Steenwech, Berndt Schroder,

---

*) Siehe über die erste Einrichtung der Gotteskasten bei den Kirchen in Hamburg: „Sammlung der Hamburgischen Gesetze und Verfassungen". Hamburg 1765. Theil I. p. 228.

Hermen Wedeman und Gerd Losekanne. Diese Namen sind in dem pergamentenen Briefe von 1545 ganz dieselben wie in den Abschriften, die von 1525 zu sein prätendiren. Jene acht Männer gehörten natürlich zu den namhaftesten Schiffscapitänen der Zeit. Obwohl wir bald nach 1525 (nämlich im Jahre 1532) bei den Unruhen der 104 Männer mehre „namhafte Schiffer" auftreten sehen, so findet sich unter ihnen doch keiner der acht oben Genannten, wie man mit Recht vermuthen dürfte, wenn sie schon 1525 bedeutend in der Schiffergilde gewesen wären. Dagegen läßt es sich nachweisen, daß mehre jener Namen einige noch lange nach 1545 genannten Männern angehörten. Insbesondere ist „Hermen Wedeman" noch häufig in den alten Protokollen und Documenten der Seefahrt nach der Mitte des 16. Jahrhunderts als ein sehr thätiges Mitglied des Hauses erwähnt. „Hermann Wedemann" starb im Jahre 1590 als Aeltermann der Kaufleute. Desgleichen wird in den Verzeichnissen der Aelterleute „Erp Focke" genannt. Er trat im Jahre 1548 in das Collegium Seniorum. Auch ein „Gerd Losekanne" wird in den Protokollen der Seefahrt als ein im Jahre 1567 beim Hause thätiger Schiffscapitän aufgeführt. Nun ist es zwar denkbar, daß diese nach 1545 und bis 1590 genannten Namen: „Hermen Wedeman", „Erp Focke" und „Gert Losekanne" andern Männern angehörten. Viel wahrscheinlicher ist es aber doch, daß sie mit denen im Stiftungsbriefe der Seefahrt genannten identisch sind. Und zugleich ist es äußerst unwahrscheinlich, daß diese Männer die Seefahrt im Jahre 1525 gestiftet und dann noch im Jahre 1567 bei der Seefahrt thätig gewesen und sogar zum Theil erst 1590 gestorben sein sollten.

Eine kleine Schwierigkeit würde dabei der Umstand machen, daß „Hermen Wedeman" und „Erp Focke" im Stiftungsdocumente „Vorsteher des Gemeinen Schiffers" genannt werden und später dann „Aelterleute" (Vorsteher des Gemeinen Kaufmanns) geworden sein sollten, zu welchem Ehrenamte man natürlich keine Schiffer, sondern nur Kaufleute nahm. Indeß löst sich auch diese Schwierigkeit. Denn es geht ziemlich deutlich aus dem Stiftungsbriefe hervor, daß auch schon zur Zeit seiner Ausstellung der Schiffergesellschaft einige Kaufleute beigemischt waren. Es heißt darin mehre Male, daß das ganze Unternehmen (die Stiftung der Seefahrt) zum Vortheil der „Schiffer und Kaufleute" gemacht werden solle, daß auch die Gelder dazu von den „Schiffern und Kaufleuten" an Bord der Schiffe gesammelt werden sollten. Man kann fragen was für „Kaufleute" damit gemeint seien, und es läßt sich Folgendes darüber bemerken:

In ganz alten Zeiten war Schiffer und Kaufmann häufig dieselbe Person. Der Kaufmann führte seine Waaren selbst an Bord seines Schiffes als Schiffscommandeur in die Fremde, wie dies bei dem Küstenhandel in Norwegen noch jetzt oft der Fall ist. Im 16. Jahrhundert hatten sich die beiden Gewerbe und Classen zwar schon mehr geschieden. Doch war es damals wie auch noch später gewöhnlich, daß ein kaufmännischer Agent, ein Compagnon der Firma oder Supercargo mit an Bord ging. Solche mit den Schiffern segelnde Kaufleute verfielen dann unter die Reglements der Schiffsordnung, bezahlten in vorkommenden Fällen die festgesetzten „Geldstrafen", thaten in Sturm und Nöthen, wie die Schiffer „Gelöbnisse", genossen bei Krankheit und Unglücksfällen die Unterstützung der Schifferbrüderschaft, und mochten daher auch zum Theil als zu ihr gehörend betrachtet werden und wirklich als thätige Mitglieder in sie eintreten.

„Hermen Wedeman" und „Ery Focke" mochten Kaufleute dieser Art sein, und dieselben können daher sehr wohl früher „Vorsteher der gemeinen Schiffers" gewesen und dann nachher zu „Vorstehern des Gemeinen Kaufmanns" gewählt worden sein. Vielleicht verdankten sie diese letztere Ehre gerade ihrer aufopfernden Thätigkeit bei der Stiftung der Seefahrt.

Also auch die in dem Stiftungsbriefe genannten Namen deuten weit mehr auf 1545 als auf 1525 hin.

Ich gehe jetzt zu der Untersuchung des Datums der alten Gesetztafel über, welche wie gesagt den Angaben der vielen Abschriften zufolge aus dem Jahre 1535 stammen soll. Wir können es aus dem Inhalte des Documentes selbst und aus einer Combinirung anderer Umstände und Zeitverhältnisse wahrscheinlich machen, daß es aus dem angegebenen Jahre nicht stammen kann, und vermuthlich in eins der Jahre 1561 bis 1565 verlegt werden muß.

Einen Hauptanhaltepunkt, den das Document selbst zu diesem Beweise darbietet, ist der Umstand, daß darin ein Seefahrtsgebäude deutlich beschrieben wird. Es wird nicht nur „das Haus der seefahrenden Armen" (dat arme seefahrende Hus) mehre Male genannt, sondern es wird auch von den Thüren dieses Hauses („Seefahrtsporten") gesprochen und angeordnet, daß die Thüren dieses Hauses um 9 Uhr Abends geschlossen werden sollen. Auch werden die Pflichten eines Hausverwalters („Verwalter des Huses") darin definirt. Und dies Alles wird nicht so erwähnt und beschrieben wie Etwas, was man etwa erst in Zukunft einrichten wolle, sondern offenbar wie Etwas, das man zur Zeit der Abfassung dieser Gesetze bereits besaß. Das Haus muß schon ziemlich weitläufig gewesen sein, da sich den Bestimmungen nach nicht nur Räume für die Armen, sondern auch für die Versammlungen der Vorsteher und Oberalten der Gesellschaft darin finden sollten, und und da auch ein Gottesdienst aller derer, die „innerhalb der Pforten des Hauses" wohnten, darin gehalten werden sollte.

Nun sprechen aber eine Menge Dinge dagegen, daß die Seefahrt, auch wenn sie 1525 gestiftet wäre, schon 10 Jahre nachher, im Jahre 1535 ein so weitläufiges Besitzthum gehabt haben könne. Ihre ersten Einrichtungen waren natürlich sehr bescheiden. Von den kleinen Intraden aus den Schiffen, die man nur allmählig in die neuen Canäle leitete, konnte man schwerlich sobald ein großes Capital schaffen, wie es zum Ankaufe eines Grundstückes nöthig war. Auch wissen wir nichts davon, daß der Seefahrt vor der Mitte des 16. Jahrhunderts je von reichen Wohlthätern ein Capital geschenkt oder vermacht worden sei, wodurch ein Hauskauf möglich geworden wäre. Die ersten Geschenke unter Lebenden wurden, wie ich zeigte, der Seefahrt im Jahre 1564 gemacht. Und die auf unserem Staatsarchive aufbewahrten Testamente beweisen, daß die Bürger der Stadt Bremen erst nach 1565 anfingen, das Haus Seefahrt in ihren Testamenten zu bedenken. Von diesem Jahre an wurden aber solche letztwillige Geschenke und Gaben an das Haus Seefahrt gleich sehr zahlreich.

Wir wissen, wie ich im dritten Capitel meines Buches zeigte, mit völliger Gewißheit, daß die Seefahrt im Jahre 1561 für ihre Zwecke das in der Hutfilterstraße sich befindende Grundstück und das alte Haus eines gewissen Herrn von dem Sandbecke kaufte, dasselbe Erbe, welches sie noch heutzutage besitzt und auf welchem ihr jetziges im Jahre 1663 erbautes Haus steht. Wir haben über diesen Ankauf alle nöthigen Documente: die „Kaufbriefe", die „Quittungen", die „Lassungen", die „Servituten-Verträge" ꝛc.

Von einem Hause und Grundstücke, welches die Seefahrt vor dem Jahre 1561 geeignet hätte, weder von dem Ankauf eines solchen Hauses noch von seinem Wiederverkaufe ist irgend ein Document vorhanden. Auch durchforscht man vergebens die ganze Stadt, um die Spur eines solchen alten ursprünglichen Seefahrtshauses zu finden. Ist es nun denkbar, daß eine wichtige Gesellschaft von 1535 — 1561 ein Grundstück und eine ziemlich weitläufige Anstalt besessen habe, ohne daß davon auch nur die geringste Tradition übrig geblieben sei? Ist es denkbar, daß die mildthätigen Bürger Bremens ein hülfebedürftiges Armenhaus 30 Jahre lang unter sich bestehen ließen, ohne etwas hineinzugeben? Daß sie diese Gesellschaft, so lange sie kein Haus hatte, d. h. von 1545 bis 1561, unbeschenkt ließen, ist eher begreiflich. Aber so wie sie dieses bekam, d. h. nach 1561, regnete es Testamente und Legate „für das arme seefahrende Haus". Zudem wird auch in allen den zahlreichen Schriftstücken über den Ankauf des Hauses von 1561 gar keines alten Hauses Erwähnung gethan. Auch wird nicht gesagt, daß dies ein neuer Ankauf gewesen sei. Endlich werden auch in diesen Documenten, wo sie sich auf frühere Zustände beziehen, die Vorsteher der Anstalt nicht Vorsteher eines Hauses, sondern bloß „Vorsteher der armen Seefahrt" genannt. Den „Vorstehern der armen Seefahrt", sagt Herr von dem Sand-becke, habe er sein Haus verkauft. Die Namen „Haus See-fahrt" und „Vorsteher des armen seefahrenden Hauses" datiren erst nach 1561. Bis zu diesem Jahre behalf sich die „arme Seefahrt" ohne Haus. Die Versammlungen und Be-rathungen der Gesellschaft mochten, wie es nach Ausweis der Protokolle noch sogar später oft geschah, in der Lieben Frauen-Kirche stattfinden. In oder neben dieser Kirche mochte sie, wie es auch andere alte Brüderschaften thaten, die noch spärlichen Gaben („Pröven" von Victualien und Geld) an ihre Armen vertheilen. Erst nach 1561 waren sie im Stande, auch Wohnungs-pröven zu gewähren. Auch erst im Jahre 1561, da sie ein Dach und Fach hatten, konnten sie ordentliche Protokolle führen. Daher wir gleich von 1561 an, die Protokolle besitzen, wäh-rend von der Zeit vorher außer dem pergamentenen Stiftungs-briefe von 1545 kein Flicken Papier existirt, vermuthlich weil man überhaupt nur Weniges schriftlich aufsetzte.

Also auch die unüberwindliche Schwierigkeit, ein Haus für 1535 zu finden, macht die Behauptung, daß sich die Seefahrt in diesem Jahre ihre ältesten Gesetze gegeben habe, fast zunichte.

Eben dahin zielt auch noch eine andere in jenen „Gesetzen" enthaltene Bestimmung. Es wird darin nämlich gesagt, die Schiffer hätten gefunden, daß sie und die mit ihnen gemischter seefahrenden Kaufleute (Supercargos), weil ihr Beruf ein un-stäter sei, „nicht immer zu Hause sein und der Anstalt so vor-stehen könnten, wie es der Sachen Wichtigkeit erfordere;" daß

sie daher wünschten, sich mit den reichen, ansässigen Kaufleuten zu vereinigen, und daß sie aus diesen vier Männer
zu ihren Vorstehern erwählen wollten. Von diesen vier neuen
Vorstehern sollte alle 2 Jahre Einer zur Zeit abgehen, und
dann ein neuer in seine Stelle gewählt werden.

Nun findet sich in den ältesten Protocollen der Seefahrt*),
welche wir besitzen, und die, wie gesagt, mit dem Jahre 1561
anfangen, gleich bei den Jahren 1562 die lakonische Notiz, „daß
in diesem Jahre zu den vier Vorstehern des Hauses gewählt
seien Cort Bokelman, Herman Wedeman, Jochim Scharhaar
Arent Hoysman“. Diese Protocollnotiz steht gleich hinter dem
Protocoll von 1561, worin in Kürze erwähnt wird, „daß man
in diesem Jahre das Haus und den Hof von Jost vom Sant-
becke gekauft habe“. Jene Wahl fiel also mit dem Ankauf
des Hauses beinahe in dieselbe Zeit zusammen. Wollte man
nun annehmen, daß das Collegium der vier Vorsteher aus der
Kaufmannschaft, von denen notabene „alle 2 Jahre Einer
abgehen sollte“, schon lange (seit 1535) in Wirksamkeit gewesen
wäre, so müßte man, um eine plötzliche Wahl von vier neuen
Vorstehern an demselben Tage zu erklären, zugleich annehmen,
daß im Jahre 1561 sämmtliche vier alten Vorsteher entweder
gleichzeitig gestorben wären oder auf ein Mal abgedankt hätten,
was beides beinahe undenkbar sein würde.

Auch jener hinlänglich documentirte Wahlact im Jahre 1562
macht daher die Versetzung der ersten Gesetze und Organisation
der Seefahrt in das Jahr 1535 äußerst unwahrscheinlich. Es
ist viel glaublicher, daß diese Organisation und die Vereinigung
der Schiffer und Kaufleute erst bei oder bald nach dem Ankauf
des Hauses (1561) eintrat, und daß die oben genannten im
Jahre 1562 gewählten vier Vorsteher überhaupt die ersten Vorsteher gewesen sind, welche die Seefahrt der neuen Bestimmung

---

*) Leider sind die Protocolle nicht vollständig vorhanden, aber doch
Auszüge aus ihnen.

gemäß aus der Kaufmannschaft je gehabt hat. Ich bemerke dabei zugleich, daß in dem Kaufbriefe des Herrn vom Sandbecke nicht vier Vorsteher, sondern noch nach der alten Einrichtung acht genannt werden. Wahrscheinlich war es eben diese damals eintretende Verbindung der Schiffer mit den reichen Kaufleuten, was den Haus-Ankauf möglich machte.

Man muß sich nun dabei denken, daß natürlich dieser Ab= machung manche vorläufige Besprechungen und Unterhandlungen voraufgingen. Auch mochte die Verbindung mit den Kaufleuten längst eingetreten sein, ehe man das Ganze in die Form eines Organisationspatents brachte, dieses dem Rathe zu Confirmation vorlegte und dann, auf eine hölzerne Gesetztafel geschrieben, in der Seefahrt aufhing. Es ist daher nicht gerade nöthig, daß wir diese Tafel aus dem Jahre 1561 oder 1562 datiren. Sie mag erst 1565 aufgesetzt und fertig gebracht sein. Ich bin um so mehr geneigt, sie in dies letztere Jahr zu setzen, da ich aus den Protocollen ersehe, daß man noch im Anfange desselben (den 28. Februar 1565) die Rechte und Pflichten der vier Vor= steher — „daß sie die Capitalien der Anstalt empfangen und verwalten, — daß und wie sie darüber Rechenschaft ablegen sollen", — gerade so regulirte, wie sie in dem Organisations= patente definirt sind. Ja es wird in dem Protocolle sogar ganz deutlich ausgesprochen, daß dies etwas Neues gewesen sei. Es heißt dabei: „Dit brochte in von der Seefahrt wegen Arent Hoysman" (diesen Vorschlag machte für die Seefahrt Arent Hoysman). Eine solche Bestimmung wäre zu Anfang 1565 ganz unnöthig gewesen, wenn sie schon längst in den geschrie= benen Gesetzen und auf der in der Halle aufgehängten Tafel verzeichnet gestanden hätte. Ich glaube daher, daß die ganze Organisation und Gesetzgebung erst im fernern Verlaufe des Jahres 1565 förmlich aufgeschrieben wurde. Und ich nehme dieses Jahr 1565 auch deswegen um so lieber an, weil es sich dann noch leichter erklärt, wie man später bei dem Unleserlich= werden der Gesetztafel „1535" herauslesen konnte.

Endlich und schließlich möchte ich auch hier noch einmal auf den Gang der Ereignisse und auf die Entwickelung verwandter Institute in unseren Schwesterstädten Lübeck und Hamburg aufmerksam machen, und ebenfalls daraus auf die Unwahrscheinlichkeit schließen, daß unsere Bremische „Arme Seefahrt" schon in den Jahren 1525 und 1535 bestanden habe.

In Lübeck kam, wie ich im zweiten Capitel meines Buches zeigte, die dortige Schifferbrüderschaft mit der in Folge der Kirchen-Reformation eintretenden Umschmelzung und besseren Gestaltung ihrer Angelegenheiten Anno 1542 zu Stande.

In Hamburg arbeitete man auch erst seit 1544 auf die Stiftung eines Seefahrer-Armenhauses hin und erst im Jahre 1556 kam die Fundation des „Trosthauses der seefahrenden Armen" in Hamburg zu Stande. Das vom Rathe Hamburgs confirmirte Document über diese Stiftung*) enthält mancherlei Bestimmungen und Angaben über die alten auf den Schiffen üblichen „Strafgelder", „Gottesgelder" ꝛc., die den in dem Stiftungs-Documente der Bremischen Seefahrt vom Jahre 1545 aufgeführten sehr ähnlich sind. Wollte man dieses bremische Document in das Jahr 1525 setzen, so müßte man annehmen, daß auf den Hamburger Schiffen uralte Einrichtungen noch beinahe ein halbes Jahrhundert länger fort bestanden hätten als in Bremen, und daß die Bremischen Schiffer in der Reise ihrer Einrichtungen den Hamburgischen um so vieles voraus gewesen seien. Dieser Abstand und Sprung wäre aber mit dem übrigen Gange der Entwickelung der Reformation, der „Gotteskasten", des ganzen Diaconen- und Armenwesens in großem Widerspruche. Denn wir sehen fast alle Reformen dieser Art in beiden verschwisterten Städten beinahe zu derselben Zeit ins Werk gesetzt, in der einen ein Paar Jahre früher oder später als in der anderen. Nehmen wir dagegen das Jahr

---

*) Siehe dasselbe abgedruckt in R. Staphorst Hamburgische Kirchengeschichte. Hamburg 1731. p. 504 ff.

1545 als die Stiftungszeit der Bremer Seefahrt an, so ist auch
dies Alles in der besten Harmonie und es fallen dann, wie es
dem natürlichen Gange der Geschichte gemäß ist, alle Funda-
tionen für die seefahrenden Armen in Lübeck wie in Hamburg
und Bremen ungefähr in dasselbe Jahrzehnt.

Bei einer so eminenten und fast allseitigen Festigkeit des
Fundaments, auf welchem meine Annahme von dem Stiftungsjahre der Seefahrt beruht, ist es kaum der Mühe werth, sich
noch weiter die Weise zu erklären, wie die Irrthümer in die
oben erwähnten Papiere und Abschriften gekommen sein mögen, und
wie es zugegangen ist, daß der schöne und solide Marmorblock
jenes im Anfange meiner Untersuchung beschriebenen pergamentenen Briefes von 1545, dieser allein gesunde Urkundenkern,
am Ende in ein so dichtes Gewebe papiernen Unkrauts einge-
sponnen wurde. Man ist berechtigt im Nothfalle Alles: eine
Reihe von Mißgriffen, Fälschungen und Fahrlässigkeiten, die
größte Gleichgültigkeit unserer alten Vorfahren gegen eine richtige
Chronologie 2c. vorauszusetzen.

Wollte man schließlich auch noch den „Donnerstag nach"
dem Sonntage Lätare" und den nach unserer jetzigen Zeit-
rechnung anzunehmenden eigentlichen Geburtstag der Seefahrt
genauer bestimmen, so ließe sich dies durch folgende leichte
Berechnung thun:

Der „Sonntag Lätare" ist immer der dritte Sonntag vor
dem großen Ostertage. Da nun im Jahre 1545, wo noch der
alte Julianische Kalender galt, der Ostersonntag auf den 5. April
fiel *), so war mithin der 19. März der „Donnerstag nach dem
Sonntage Lätare". Und so lange der Julianische Kalender in
Bremen galt, d. h. bis 1700, hätte daher die Seefahrt ihren
Geburtstag jedes Mal am 19. März feiern müssen.

---

*) Siehe hierüber die Ostertabellen in dem Werke „J. Helwig. Zeitrech-
nung zur Erläuterung der Daten in Urkunden. — Wien 1787".

Im Jahre 1700, als, wie bei allen protestantischen Ständen Deutschlands, so auch in Bremen der „verbesserte Kalender" eingeführt wurde, ließ man, um die Sache zu reguliren 11 Tage ausfallen und schrieb gleich nach dem 19. Februar den 1. März.

Seitdem hätte mithin die Seefahrt ihr Stiftungsfest streng genommen jedes Mal am 30. März feiern sollen, allenfalls aber hätte sie es auch nach der angenommenen Sitte, der gemäß man Geburtstage, ohne Rücksicht auf die 11 ausgefallenen Tage, jetzt noch an demselben Monatstage feiert, an welchem sie nach dem alten Kalender gefeiert wurden, am 19. März thun können.

Am 30. März 1845 hatte sie gerade 300 Jahre bestanden, und entweder damals oder, wollte man den alten Geburtstag gelten lassen, am 19. März jenes Jahres, versäumte das Haus die gebotene Gelegenheit zu einem schönen Jubelfeste.